本书得到中国语言资源保护工程"四川汉语方言调查·自贡"项目(课题编号：YB1614A003)，教育部、国家语委2015年一般科研项目"四川省农村普通话普及现状调查与研究"(课题编号YB125-168)以及四川理工学院2012年科研培育项目"清代移民历史视角下的四川仁富小片方言研究"(课题编号：2012PY22)资助，为课题阶段性成果

自贡方言研究与社会应用

王浩 著

西南交通大学出版社
·成都·

图书在版编目（CIP）数据

自贡方言研究与社会应用 / 王浩著. —成都：西南交通大学出版社，2016.7
ISBN 978-7-5643-4767-3

Ⅰ. ①自… Ⅱ. ①王… Ⅲ. ①西南官话 – 方言研究 – 自贡市 Ⅳ. ①H172.3

中国版本图书馆 CIP 数据核字（2016）第 147885 号

自贡方言研究与社会应用
王 浩 著

责 任 编 辑	吴 迪
封 面 设 计	原谋书装
出 版 发 行	西南交通大学出版社 （四川省成都市二环路北一段 111 号 西南交通大学创新大厦 21 楼）
发 行 部 电 话	028-87600564　028-87600533
邮 政 编 码	610031
网　　　　址	http://www.xnjdcbs.com
印　　　　刷	成都蓉军广告印务有限责任公司
成 品 尺 寸	170 mm × 230 mm
印　　　　张	20.25
字　　　　数	361 千
版　　　　次	2016 年 7 月第 1 版
印　　　　次	2016 年 7 月第 1 次
书　　　　号	ISBN 978-7-5643-4767-3
定　　　　价	45.00 元

图书如有印装质量问题　本社负责退换
版权所有　盗版必究　举报电话：028-87600562

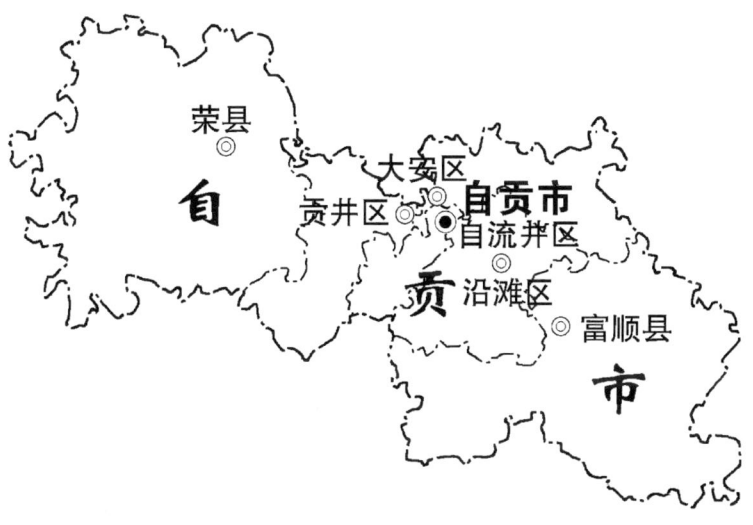

2015年　四川省测绘地图信息局　　　审图号：川S（2015）74号

自贡地图

前　言

　　自贡位于四川南部，被宜宾、乐山、泸州、内江所包围，自古就因盛产井盐而为川南重镇。自贡方言因其保留平翘舌对立、入声归去声的特点，使其在四川众多方言中别具一格，拥有独特的魅力。

　　笔者为自贡本地人，生于斯而长于斯，祖上三代均为地道的自贡人，自小习得一口流利的自贡方言。小时候并不觉得有什么特别，待到年岁稍长，在接触了四川其他方言之后，方才觉得自贡方言与众不同，仿佛与其他四川方言格格不入，虽然奇怪，却又不知何故，这是本人对自贡方言感兴趣之始。而后入学接触普通话，又觉操自贡方言者，习得普通话要比其他方言区更加便捷，对自贡方言的兴趣更加浓厚。但此时对自贡方言的认识，仅限于感兴趣，说普通话方便而已。真正走上自贡方言研究的学术道路是在参加工作以后。

　　2011年因工作需要，笔者前往四川师范大学文学院进修，有幸受教于邓英树和周及徐两位教授，两位大师级前辈均为四川方言研究的权威，且师德高尚，对晚辈不吝赐教。邓英树老师当时正在承担编纂《四川省志·方言志》的科研工作，作为学生，笔者有幸参加了为课题组整理方言文献和充当自贡方言发音人的工作，从而有机会第一次系统地了解了四川方言研究的历史与现状。周及徐教授主讲的"语音学""音韵学"及"方言学"课程，使笔者系统地学习了从事方言研究应具备的基本知识、技能。周教授承担的国家社科基金项目"四川西南地区方言研究"的系列研究成果，也使笔者对四川方言的形成、面貌有了一个全新的认识。在两位授业恩师的悉心栽培下，笔者逐渐掌握了方言研究的基本方法，开始走上了学术研究的道路，并且尝试着对家乡话——自贡方言展开了探索。

　　通过查阅资料，笔者了解到四川方言近一百年来总共有两次大的方言调查：第一次是民国时期30～40年代，中央研究院史语所进行的四川方言调查，这次调查虽然是在战乱时期展开的，但是却是第一次系统地对四川各地方言展开的调查，其学术价值不言而喻。可惜的是，在其后形成的《四川方言调查报告》（80年代在台湾整理出版）中，没有专门的自贡方言（当时自贡尚未设市，称自流井）报告，而是与隆昌县方言合并描写，使我们不能一窥自贡方言当时的全貌，成为一种遗憾。第二次是20世纪50年代，由四川大学、西南师范大学（现西南大学）、四川师范学院（现四川师范大学）联合组成的四川方言调查组，对包括自贡在内的四川150多个市县的方言进行了调查，形成了调查报告——《四川方言音系》。这是第一次对自贡方言的音系特点进行全面的描写，具有极大的学术意义，为以后自贡方言的研究奠定了基础。

这两次大规模的方言调查，对四川方言现状的描写较为详细，但对包括自贡方言在内的四川方言成因却没有进行更多的论述。而后四川大学、自贡师专等高校相继有学者和研究生对自贡方言展开了零星的研究，如川大教授崔荣昌的《四川方言的形成》、川大研究生萧玲玲的《自贡方言音系》、自贡师专教授丁隆永的《自贡卷舌音源流》、四川理工学院副教授陈家春的《自贡话量词研究》等，这些文章分别对自贡方言的语音、词汇、语法进行了研究，也对四川大部分地区方言（主要是成渝片）的形成进行了研究，但是对自贡方言的源流和形成问题没有达成共识，使之至今仍无定论。

为了解决这个问题，笔者查阅大量资料，终于在崔荣昌先生的另一本著作《四川境内的客家话》一书中，找到崔先生提出的，同属仁富方言的威远话可能来源于明初安徽话的推测。顺着这个思路，结合恩师邓英树教授的提示，以及周及徐教授的系列研究成果，我们首先提出了自贡方言应该是明清时期的移民方言，进而论证了自贡方言源自明初安徽话（或称南京型官话）的观点，这便是本书第一章最大的意义所在。

本书的第二、第三、第四章属于自贡方言的本体研究。笔者主要依据自己的第一手田野调查资料，结合前人成果，特别是借鉴恩师邓英树教授所著《四川省志·方言志》中的研究成果，对自贡方言语音、词汇、语法等方面的语言特征进行了较为全面的描写。

本书的第五、第六、第七章属于自贡方言的社会应用。主要涉及了自贡方言与普通话的学习、自贡方言与文学创作、自贡方言与音乐艺术等三大部分。这三大部分与当今的社会文化生活紧密相关，也与大多数年轻人对方言的关注点一致，更易引起普通读者的兴趣。语言是文化的载体，从文化视角审视语言，必然能给我们带来更广泛、更深入的认识。与此同时，笔者一直认为，学术研究的价值不仅要体现在理论研究的进步上，还应与社会文化生活紧密结合，体现出社会价值。秉承这样的思想，为更好地让学术成果服务于社会大众，才有了本书第五章到第七章的写作。

在四川省内，方言的爱好者众多，但是由于语言学专业知识的缺乏，他们对方言的爱好和关注往往仅限于某个词语的意思和解释，要读懂专业的方言理论研究学术著作有较大困难。为解决这一问题，本书大胆尝试，在全书的结构方式上采取了理论与应用并重，以理论研究为主、社会应用为辅的方式。理论与应用兼顾，尽量使用平实化的语言，力争做到雅俗共赏，希望能为广大的方言爱好者特别是自贡方言的爱好者提供一本可读性强的读物，为方言的保存贡献一份力量。

王 浩

2016 年 5 月

目　录

第一章　自贡方言的历史探索 …………………………………………… 1
  第一节　自贡市基本情况概貌 ………………………………………… 1
  第二节　自贡市语言概况 ……………………………………………… 4
  第三节　自贡方言的源头探讨 ………………………………………… 8
  第四节　自贡方言的来源及形成 ……………………………………… 10

第二章　自贡方言音系 …………………………………………………… 17
  第一节　自贡方言的语音系统 ………………………………………… 17
  第二节　自贡方言的语流音变 ………………………………………… 21
  第三节　自贡方言音系与中古音的比较 ……………………………… 23

第三章　自贡方言词汇 …………………………………………………… 46
  第一节　自贡方言代表词汇 …………………………………………… 46
  第二节　自贡方言词汇中的基本词汇和一般词汇 …………………… 63
  第三节　自贡方言词汇的语义分析 …………………………………… 66

第四章　自贡方言语法 …………………………………………………… 70
  第一节　自贡方言的构词特点 ………………………………………… 70
  第二节　自贡方言的虚词特点 ………………………………………… 75
  第三节　自贡方言动词体貌的特殊表达形式 ………………………… 80
  第四节　自贡方言的特殊格式 ………………………………………… 82
  第五节　自贡方言的特殊句式 ………………………………………… 84

第五章　自贡人学习普通话的方法 ……………………………………… 87
  第一节　普通话声母的学习方法 ……………………………………… 87
  第二节　普通话韵母的学习方法 ……………………………………… 90
  第三节　普通话声调的学习方法 ……………………………………… 93
  第四节　普通话语流音变的学习方法 ………………………………… 94
  第五节　普通话词汇语法的学习方法 ………………………………… 101

第六章　自贡方言与文学艺术 ································· 104
第一节　王余杞与《自流井》 ································· 104
第二节　《自流井》中的方言词汇释义 ························· 108
第三节　《自流井》与井盐文化 ······························· 117
第四节　《自流井》与自贡灯会 ······························· 121

第七章　自贡方言与说唱音乐 ··································· 127
第一节　自贡说唱音乐的基本情况 ····························· 127
第二节　自贡说唱音乐的语言特色 ····························· 130
第三节　自贡说唱音乐与地方文化 ····························· 137

附　录 ··· 142
附录一　国际音标表 ··· 142
附录二　自贡方言字表 ······································· 144
附录三　自贡方言声韵配合表 ································· 259
附录四　自贡方言常用词汇例释 ······························· 262
附录五　自贡方言语法举例 ··································· 304

参考文献 ··· 311
后　记 ··· 312

第一章　自贡方言的历史探索

　　自贡方言在归属上，被划归为西南官话区灌赤片仁富小片，属于四川方言中比较独特的方言。其区别平翘舌、入声归去声的特点，与四川方言中大部分以成都话为代表的无翘舌音、入声归阳平的"成渝片"（又称湖广话）方言截然不同。也与入声独立，以宜宾、泸州为代表的"岷江小片"（又称南路话）方言不一样。从地理上看，自贡实际上是一个方言岛，北面虽与同属仁富小片的内江接壤①，但更北却被资阳、遂宁、成都等"成渝片"方言所阻隔，东、西、南三面被"岷江小片"方言的乐山、宜宾、泸州所包围，形成了一个与周边方言截然不同的方言岛。其来源和形成有其独特性，与四川大部分官话方言有较大差异。

第一节　自贡市基本情况概貌②

一、行政区划和历史沿革

　　自贡市为四川省省辖市，下辖自流井、贡井、大安、沿滩四个区及荣县、富顺两个县。秦代，富顺和荣县地区分属巴郡、蜀郡。汉代置犍为郡，富顺地区属犍为郡江阳县，荣县则属犍为郡南安县。东汉章帝时，自贡地区即生产井盐，著名的盐井有富世井、大公井。北周武帝时，因盐置县设镇。以富世井为名置富世县，唐代改名为富义县，唐代升公井镇为公井县，隶荣州，宋代废公井县入荣德县，明代易名富顺县；以大公井为名设公井镇，降荣州为县。明代嘉靖年间，富顺盐业生产中心西移，新开自流等井。富顺县自流井盐区与荣县贡井盐区相距5千米，产、运、销联系十分密切，"前明以来

---

① 由于特殊的地理位置，属于仁富方言区的内江方言已被强势的"成渝片"方言侵蚀得非常厉害，丢失了大部分翘舌音声母。
② 本节所用数据均来自自贡市人民政府网站。

本属一厂,名曰富义"。富义厂是构成今日自贡城市框架的雏形。

清咸丰时期,太平军建都南京,淮盐不能上运,清廷饬令川盐济楚。富义厂盐业生产步入鼎盛时期,年产量占全川的一半以上,年征税银占全川盐税收入的40%,自贡成为四川井盐业的中心,被誉为"富庶甲于蜀中"的"川省精华之地""盐都"。

抗日战争时期,沿海沦陷,川盐再次济楚,但两县分治的弊端却阻碍自贡盐业的进一步发展。为适应经济发展的需要和战时军需、民食及支援抗战,国民政府决定设市。民国28年(1939年)8月,经四川省政府批准,划出富顺县第五区和荣县第二区的产盐区,取自流井和贡井第一字合称自贡市。9月1日,自贡市政府成立,隶属四川省政府。

1949年12月5日,自贡市解放,隶属川南行政公署。1952年,川南行署被撤销,隶属四川省人民政府。1978年4月,荣县全部以及富顺县何市区6个公社划归自贡市管辖。1983年3月,富顺县全部划归自贡市管辖。

2005年6月15日,国务院(国函〔2005〕52号)批复同意调整自贡市部分行政区划:①将自贡市大安区的红旗乡,自贡市沿滩区的仲权镇、舒坪镇、高峰乡、农团乡、漆树乡和自贡市贡井区的荣边镇划归自贡市自流井区管辖。②将荣县的龙潭镇、桥头镇、五宝镇、莲花镇、成佳镇、白庙镇、章佳乡、牛尾乡划归贡井区管辖。③将富顺县的庙坝镇、牛佛镇、回龙镇划归大安区管辖。④将富顺县的仙市镇、瓦市镇划归沿滩区管辖。同年,四川省政府(川府函〔2005〕123号)批复同意调整自贡市部分行政区划。

二、地理位置

自贡市地处四川盆地南部,位于北纬28°55′37″~29°38′25″、东经104°02′57″~105°16′11″。东邻隆昌、泸县,南界江安、南溪、宜宾,西与犍为、井研毗邻,北靠威远、内江。总面积4373.13平方千米。

三、气候环境

自贡的气候属亚热带波澜季风气候区。日照时间较短,四季分明,阴云天气较为常见。气候温暖,年平均气温17.0 ℃~18.0 ℃,极端最高气温40 ℃,常年日照1150~1200小时。无霜期320~350天。雨量充沛,常年降水量平均1000~1100毫米。

属典型的盆地气候,具有春早、夏热、秋凉、冬暖的气候特点。自贡气候多云雾，日照时间短，民间谚语中的"蜀犬吠日"正是这一气候特征的形象描述。自贡空气潮湿，夏天虽然气温不高，平均最高温度一般不超过30 °C，却常使人感到闷热；冬天气温不低，月平均气温均在5 °C以上，但由于阴天多，空气潮，而显得比较阴冷。自贡的雨水集中在7、8两个月，月雨量均在200毫米以上，平均月雨日有16～18天。而冬春两季则干旱少雨，极少冰雪。

四、地形地貌

自贡境内中、浅丘陵起伏，地势由西北向东南倾斜，一般海拔标高在250～500米，城区海拔高度为280～400米。市内河流主要为沱江水系，沱江下游段流经市境127千米。釜溪河为沱江在市境的主要支流，其上游有旭水河、威远河注入，流域总面积为3490平方千米。市境西部有越溪河自北向南穿越荣县，属岷江水系。

自贡大地构造系杨子淮地四川台坳、川中台拱、自贡凹陷。北与威远—龙女寺台穹相邻，东南为赤水凹陷，南与泸州凸起相接，西南与凉山相邻。境内构造简单、岩层平缓。东南部褶皱紧密，构造狭长；西北部构造相对宽缓。地形西北部地势高、东南部地势低。西北部是全市低山集中分布区，山岭海拔一般在500～800米。最高点在荣县丁家山主峰，海拔为901米。东南部海拔一般在300～400米左右，多为300米（±50米），最低点在沱江出富顺境处水面，海拔为241米。最大相对高差为661米，一般地形相对高差小于50米。

地貌类型属低山丘陵，由低山地貌、丘陵地貌、平坝地貌和沟谷地貌组成。低山呈条带状，分布在西北和东南，分布面积广，沟谷纵横交错，穿插在丘间。地形以丘陵为主，平坝地形十分狭小、分布零星，一般多为沿河阶地、丘陵间之平 地。地形分为低山、丘陵、平坝。低山主要分布于荣县正安、保华、礼佳一线以西，和双古、长山、留佳一线以东的13个乡镇，以及富顺县的青山岭、龙贯山等地区，面积约占全市总面积的17%，丘陵占80%左右，平坝仅占全市总面积的3%。此外，尚有各类沟谷，面积占全市总面积的近45%，分为冲谷、冲沟、侵蚀沟以及喀斯特槽谷和盆地、河谷。各类沟谷密度为每平方公里2.85公里。

五、自然资源

自贡市土壤在特定的气候、地形、母质、生物和人为综合作用下，形成

5个土类、9个亚类、25个土属、70个土种。高产土壤占32%，中产土壤占42%，低产土壤占26%，紫色土类占土壤总面积的50.08%，黄壤土类占土壤总面积的13.73%，黑褐土类占土壤总面积的0.71%。土地总面积大，耕地较少，分为农用地544.36万亩[①]；建设用地76.53万亩；其他用地34.98万亩。

自贡市现已探明的矿产主要有盐矿、煤矿等18种，开发利用的矿种主要有岩盐、烟煤、石灰岩、砖用页岩、陶瓷土、高岭土、矿泉水等12种，探明岩盐资源储量79.3亿吨，煤炭资源储量6480万吨，高岭土矿资源储量891万吨，石灰岩矿资源储量1.07亿吨，陶瓷用黏土187.7万吨。2010年年产矿石量1089.84万吨，矿业产值6.76亿元，占全市工业总产值669.4亿的1.01%。

第二节　自贡市语言概况

自贡市现有人口329.73万（截至2013年），除下辖的荣县使用不分平翘舌的荣县方言外，其他市辖区和富顺县都使用自贡方言。除此以外，自贡还曾经存在过客家话方言点，不过目前已消亡。富顺县境内可能还存有湘方言点，具体情况尚不明确。自贡市还有部分使用地方普通话的人口，这部分人都是外来人口及其后裔，至今在自贡仍然占有一定比例。

一、四川方言的基本概况

四川境内的汉语方言，主要包括三个部分，一是官话方言（又称北方话）、二是客家方言，三是湘方言。四川的官话方言区属于北方方言区下的西南官话区，也就是我们狭义上的四川方言，包涵四川大部分地区，四川全省除了九寨沟县以外，都使用这个方言，包括民族杂居，使用人口超过一亿。其重要的特点是绝大部分地区都古入声归阳平，另外还有部分地区保留有古入声和入声归去声或阴平；绝大部分地区没有翘舌音声母，少数地区声母有平翘舌的对立；绝大部分地区没有前鼻韵in, en和后鼻韵ing, eng的区别，古蔺县有后鼻韵eng。按照黄雪贞《西南官话的分区（稿）》(1986)的划分，官话方言区主要属于西南官话的成渝片区，少数地区属灌赤片区（入声不归阳平而归去声、阴平，或入声独立的地区），个别点属于贵昆片和黔北片。

---

① 1亩≈666.67平方米。

湘方言和客家方言散布在四川各地，其基本特点是大分散、小集中，四川现存客家方言主要在成都周边和川南一带，湘方言也散布在川北和川南个别城市。

二、自贡方言基本概况

本文讨论的自贡方言其范围大致包括自贡市辖区的自流井区、贡井区、大安区、沿滩区和富顺县等地，不包含自贡市下辖的荣县。自贡方言属于四川官话方言区的范畴，根据黄雪贞《西南官话的分区（稿）》（1986）的划分，划为西南官话区灌赤片仁富小片；李蓝将其划为西南官话区西蜀片江贡小片[①]。但是两者所涉及方言区范围相同。自贡方言语音上的重要特点是：有舌面前鼻音声母 n、舌根鼻音 ŋ，有舌尖后音声母 tʂ, tʂʰ, ʂ, z；韵母 an, ian, uan, yan 的鼻音韵尾发音着实；中古入声字归去声；上声起点较高，部分上声音节后面的音节变高平调；儿化韵往往发生变调；部分上声字归入阴平；表复数的人称代词"我们""你们""他们"，第二音节"们"的声母常常脱落。

由于明初和清初自贡地区的长期战乱，从先秦时期古蜀国流传下来的土生本地人在南宋末年应该就留存不多了。所以从明清以来，自贡人口就以外来移民为主，来自陕西、江西、湖北、广东、福建、河南、安徽、湖南等地的外省移民成了今天自贡人的主体。这些移民也带来了自己的家乡方言，经过 600 余年的融合发展，各家方言相互影响，终于形成了今天独具特色的自贡方言。现今在自贡生活的人口中，有 90% 以上均操这种融合了各地方言特征、体现出带有官话色彩的现代自贡方言。

历史上自贡除了广泛流行官话方言，也曾有过客家话方言点。如晚清著名的戊戌六君子之一、富顺赵化人刘光第，就是客家人。他曾记述自己的祖母每闻有广东、福建等地来的客家人，都要热情地与人"打乡谈"（用客家话聊天），这说明至少在刘光第生活的时代，富顺赵化地区还有客家方言点，距今不过 100 来年。然而随着时间的流逝，自贡地区的客家人后代已经主动放弃了客家话，开始使用官话方言，目前客家话已经在自贡消失，自贡方言基本上出现了官话方言一统天下的情况（据了解，富顺县境内可能还存有湘方言点，但具体情况并未调查，故不清楚）。

自 20 世纪 80 年代改革开放以来，随着普通话的推广以及广播、电视、网络等媒介的普及，自贡方言快速发展，出现了向普通话快速靠拢的趋势。

---

① 李蓝：《西南官话的分区（稿）》，《方言》，2009（1）：72-87。

由于自贡方言与普通话同属北方官话系统,故在语法上没有太大差异,变化也不太明显。较大的差异表现为词汇和语音上。词汇的变化主要表现为在词语的选用上,自贡人特别是40岁以下的城区年轻人,出现了放弃自贡方言词汇,选用普通话词汇的大趋势。特别是称谓词上"阿姨"的称谓已有取代"孃孃"的趋势,"奶奶"的称呼已逐渐取代"娘娘"。同时,由于交通条件的改善和与周边城市交往的加强,成都方言等周边强势方言也对自贡方言产生了影响,自贡方言中出现了使用成都方言词汇的情况,如"傻瓜"在自贡方言中本来用的"哈本儿"来表示,现在已出现了源于成都方言的"瓜娃子"的表现方式,不过这种影响面并不广,主要出现在城区部分30~40岁的年轻人当中。

在语音的变化上,由于普通话的影响,出现了自贡方言语音改读普通话语音的情况,这种情况主要表现为古入声字调类改读普通话调类的情况,如"法律"的"法"是古入声字,在自贡方言中本归为去声读作[fA214],在部分20岁以下的年轻人中,特别是中小学生中,已有按普通话调类改读自贡话上声调值[fA53]的情况。这样的情况在自贡年轻人中已开始广泛传播。

根据自贡年轻人中方言变化的情况,我们可以预见,自贡方言应该会在几十年后产生大的变化,很多方言词汇、语音将会消亡,目前我们所操的这种自贡方言将会消失,出现一种无限靠拢普通话,并少量结合周边方言语音、词汇特点的新式自贡方言。

三、自贡使用普通话的情况

近80年来,随着自贡地区经济的发展,外来人口逐渐增多,自贡地区人口开始出现了使用国语(新中国成立后经规范改称"普通话")的情况。其主要分为以下几部分人群:第一是20世纪30年代末40年代初,抗日战争时期,迁入自贡避难的沿海企业、学校和其他沦陷区人口,带来了华北、东北和江浙方言,由于方言的隔阂,他们之间的交流主要靠不标准的国语,这也是自贡第一批说国语的外来人口。这批人来自贡后,主要在重要的工厂、机关、学校工作,在民国后期,他们在自贡的经济、文化领域具有较高的地位,也影响和培养出了第一批会说国语的本地人口,如自贡市荣县20世纪50年代的第一批推普骨干、《荣县拼音报》主编、退休教师王正坤,就是在自贡曙光中学读的小学(当时办有小学部),该校聘请流亡东北人教授国语。这样的语言启蒙教育,使她在年逾八旬时,仍能说一口流利的普通话。不过这些北方人大部分在抗战胜利以后就离开了自贡,所以他们的影响有限。

第二是 20 世纪 50 年代初，随解放军南下的政治、军事干部。他们到自贡后，担任了人民政府的各级主要领导干部职务，在自贡市的党政机关中，形成了一个说地方普通话①的特定人群（主要居住在原人委"三宿舍"），但是他们的特殊地位并没有对自贡人口的语言结构产生多大影响，普通话并没有推广开来。主要原因是当时推普刚刚处于起步阶段，他们无法引领自贡人讲普通话，实际上除了他们自己使用地方普通话以及他们的家庭成员在家庭交流中使用普通话以外，其后代在生活、学习、工作中都以使用自贡方言为主了。如原自贡市市委书记国书麟（河南人）、原自贡市工会主席张敏（江苏人）、原自贡市副市长焦政（河南人）等，其后代一直在自贡生活，与自贡人混住。他们放弃了父辈的祖籍地方言，也没有全改说普通话，而是同时掌握普通话和自贡方言，生活中主要使用自贡方言。

第三是 20 世纪 60 年代，从北京、上海、东北等发达地区迁入自贡进行"三线建设"的企业、学校、研究机构带来的大量外来人口，扎根自贡。由于经济发展的需要和特殊的社会背景，"三线"单位也成为自贡经济的支柱，有些单位至今仍是自贡经济发展的引擎，如东方锅炉厂、东新电碳厂、长征机床厂、大西洋集团、四川理工学院等。同时随"三线建设"迁入自贡的外省人数量庞大，但是各省方言差异较大，为方便交流，这些单位中主要流行不太标准的地方普通话。同时，由于计划经济时代各单位自办医院、学校、幼儿园等社会组织，与外界交往较少，形成了一个基本与所在地相对隔绝的小社会，导致这些单位干部职工的后代没有机会学习自贡当地方言。再加上 80~90 年代"三线建设"企业的效益普遍较好，外来人口在经济收入上普遍高于自贡本地其他单位，造成了他们产生一种文化优越性的心理，他们也普遍不愿意自己的后代学习本地方言，而基本选择了使用普通话，由此自贡出现了一个说地方普通话的固定人群，这部分人群至今还在自贡占有一定的比例。不过随着市场经济的冲击、企业效益的下滑及企业中社会功能（医院、学校）的剥离，"三线建设"单位与所在地的交流增多，这些操地方普通话的固定人群中，有部分年轻人（主要是"80 后""90 后"）已经开始主动学习自贡方言，进入使用普通话和自贡方言的"双言"阶段。

第四，20 世纪 90 年代以来，由于广播、电视等媒介方式的普及，以及人口流动的加快，普通话也随之快速推广开来。部分自贡 30~40 岁的年轻父母，在对普通话和方言的语言态度上出现新的认知，出现了把操普通话或操方言视为一种身份地位、文化程度表现的观点，主观上有认为操普通话的

---

① 即带有方言口音，不标准的普通话（如川普）。

人身份地位高、文化程度高，操方言的人身份地位低、文化程度低的认识。由此导致他们对自己后代的语言启蒙教育只教普通话，不教方言的情况，这使得自贡的语言使用现状出现了一批新的年轻普通话使用者。他们主要聚集在城区之中，在自贡总人口之中所占比重不大，影响面也相对较小。当然由于父母的普通话水平程度和家庭语言环境的影响，这部分小孩子虽从小练习使用普通话，却也存在普通话水平高低参差不齐的情况。这种现象的出现，客观上对自贡方言、自贡文化的传承也是一种冲击，某种情况下，也会给这些小孩与同龄的大部分操方言的同学之间人际交往造成一些隔阂，对语言文化的认知产生一些误解，这对孩子的成长不能不说是一种缺憾。

第五，自改革开放以来，随着自贡外出务工人员的增多，自贡农村人口中也开始出现部分使用普通话的人口了。这部分人主要集中在目前20~50岁的第一代和第二代农民工之中。80年代初，第一代外出务工的农民工主要前往广东、福建等沿海地区，当地方言与自贡方言迥然不同，如果不会普通话是无法与人沟通的，而由于自贡甚至是四川省早期的普通话教育，特别是农村普通话教育基本没有开展，农民子弟在出门务工以前几乎就没有接触过普通话，因此导致第一代农民工在被迫的情况下自学掌握了并不标准的"川普"。而第二代农民工大多出生于80~90年代，在小学受过参差不齐的普通话教育，有一点普通话基础，所以在外出务工时虽也还属于被迫学、讲"川普"阶段，但总体普通话水平要比第一代农民工高。不管第一代还是第二代农民工都属于自贡农村说普通话的主要力量，但是由于方言在农村的强大势力，他们在返乡以后仍然以说自贡方言为主，并没有形成说普通话的固定人群。这种情况，从某种意义来说，也为自贡保留语言资源的多样性提供了一定的保护。

第三节 自贡方言的源头探讨

关于四川方言的来源和形成（含自贡方言点），根据现有研究被认为是"湖广填四川"移民运动造成的"湖广话"，也就是说，四川境内方言，包括四川官话都是外省移民带来的。四川的汉语方言在元明清以后被外来移入的方言替代了，[①] 但是近年来的研究显示，四川的官话方言不完全是"湖广话"，只

---

① 崔荣昌：《四川方言的形成》，《方言》，1985（1）。

有四川东部、北部地区的成渝片方言才是真正的"湖广话",①自贡方言点所在的仁富小片从音系和词汇、语法等语言特征来看,均与"湖广话"不同。

一、自贡方言的历史来源

自贡方言点实际上是一个方言岛,周围被成渝片的"湖广话"和岷江流域的"南路话"所包围。这种在音系上与四川"湖广话""南路话"截然不同的方言片,不会是古蜀方言从宋代以来自然发展的结果,因为根据方志的记载,自贡地区在明末清初时是张献忠农民军、南明军队、清军的战场,其战争连绵长达十余年,本地世居人民因长期战祸早已十室九空,导致清初富顺县城遭遇了著名的"虎患",老虎甚至比人还多,大白天人都不敢出门,怕被老虎吃掉。因此我们基本可以确定目前在这里生活的人,大部分应该是明清时期外省移民的后裔。

二、自贡方言来源地探讨

自贡方言区形成,到底以哪个移民输出地方言为母体,学术界有多种观点。综合学术界已有的成果来看,主要有两种可能性,第一种可能性是以"湖广话"为主体,江西话、陕西话等方言对其产生影响,使其产生变化。

这个观点主要基于瑞典汉学家高本汉的《中国音韵学研究》中所引用的"四川南部"方言语料。该书形成的时间是清末民初,其中所取"四川南部"方言的特点是,声母保留 tʂ, tʂʰ, ʂ 和 ts, tsʰ, s 的对立,古入声归阳平。这是个非常奇怪的现象,在现今的四川方言中,只有巴中市的南江县等少数地方同时符合这两个特点,但都并不位于四川南部。而入声归阳平的特点,正是现今成渝方言的特点,同时入声的归并,正是方言片划分的一个重要条件。由此可见,该书收录的语言材料应该是属于成渝片的方言。而从现有的自贡方言现状来看,自贡地区方言最大的语音特点就是声母保留 tʂ, tʂʰ, ʂ 和 ts, tsʰ, s 的对立,与高本汉所取材料一致。

因此有学者推测,四川地区成渝片方言原来是保留声母 tʂ, tʂʰ, ʂ 和 ts, tsʰ, s 对立的,此观点已有相关学者进行过研究,并有最新书面资料支撑,如新近发现的华西医院创始人启尔德医生撰写的外国人学成都话的教材②,

---

① 周及徐:《南路话和湖广话的语音特点——兼论四川两大方言的历史关系》//《语言历史论丛》(第五辑),巴蜀书社2011年版。
② [加]启尔德:《民国四川话英语教科书》,四川人民出版社2015年版。

该书使用罗马字母,明确记录了清末民初成都话保留有平翘舌的对立,关于此问题,相关学术著作已陆续出版,这里不再累述。成都方言声母保留平翘舌对立的特征与现在的自贡方言一致,由于清初"湖广填四川"的移民来源地包括湖广、陕西、江西、广东、福建等省。所以,有专家提出,自贡方言的来源有可能与成渝片一样,来自"湖广话",只是受到了江西话、陕西话等的影响,才出现了入声归去声的特点。

第二种可能性是自贡方言的来源与"湖广话"无关,有其特殊的来源。因为通观全国方言区,古入声全部归去声的方言片只有兰银官话区的银吴片和西南官话区的仁富小片。因此,这两个方言片极有可能有联系,根据本地民间传说,包含自贡在内的四川仁(寿)富(顺)地区的人口,大多数是明末清初张献忠农民军的后裔。查阅相关方志,我们也可以知道,此地区确实为张献忠农民军、南明军队、清军的战场。而根据《清史稿》等文献记载,张献忠的军队主体也确实来源于陕甘一带,因此,该地人口有可能是张献忠在四川战败以后,军队就地解散,在当地繁衍的后代,目前陕西部分地区称呼祖母的叫法与自贡一样,叫"娘娘niaŋ21niaŋ55"可以作为一个例证。当然本地区人口也有可能主要是南明军队战败后散落的后裔或者随清军南下的汉族驻军的后裔。但是无论这其中哪个结论成立,我们都能解释为什么自贡方言会与周边方言截然不同,具有现在的语言特征。

当然,以上两种可能性的最初提出,都只是一个大胆的假设。要科学地验证出四川自贡方言的真正历史源头,必须要有更多的文献资料和语言学材料给予支持。正是有了这样的基础,才促使我们进一步查阅资料和对比语言材料,探求自贡方言的准确来源。

第四节 自贡方言的来源及形成

随着文献资料的增多和对相关语言事实的掌握,现代自贡方言的来源问题逐渐开始清晰:这个方言区的语言与兰银官话没有关系,与湖广话的关系也没有那么直接和紧密,而是另有源头。

一、明初驻川军队与明代四川军话的形成

洪武初年,明太祖朱元璋派大将傅友德、汤和带兵攻入四川,灭了明夏

政权，在取得胜利以后，由于受到少数民族武装的反叛和元朝政权余党的滋扰，四川各地尚不安宁，明政府在四川各地设立了卫所制度，军队留驻四川各地，对各地实行强力管制。"作为军事系统的都司、卫所，既是一种军事组织，同时也是一种地理单位，负责管辖不属于行政系统的大片明帝国的疆土。"① 而这些军队的留驻，为明代四川方言的形成奠定了重要的基础。

（一）明初驻川军队主要通行安徽话

明初驻川军队的人员构成虽不可考，但是根据其主将傅友德、汤和的籍贯（安徽）来看，这支军队的主要人员构成应该是安徽人。② 虽然当年崔先生提出了这个设想，并没有对明初军队籍贯做深入的考证，但是随着社会学和民俗学对现居贵州安顺地区的屯堡人进行考察和研究可以得到印证。屯堡人是明初跟随傅友德征云南的军队后裔，这支军队在胜利后留驻贵州安顺，屯垦至今形成的一个汉族特殊群体，他们的方言、习俗等与贵州安顺的汉族不同。③ 通过对这支军队后裔的考察，我们可以从侧面得知，当初傅友德平川所带领的军队主体应该和他平云南的军队主体一样，来自明初的南京府。

明代的南京府范围非常广泛，包括今天江淮地区的安徽、江苏、上海一带，因此崔先生说的这支军队来自安徽也有道理。由于明代政府并没有规定一个方言作为统一的官话基础，而朱元璋本人的籍贯和明初淮西集团在中央政权中的特殊地位，对官话的影响应该是巨大的。"洪武三年，朱元璋大封功臣后，南京城中的'公侯族属'就达1197户，计其人口，约达万人。这些人几乎是清一色的安徽籍淮西人。"④ 我们可以想见，安徽方言（或称南京话）在明初应该具有准官话的地位。同时鉴于军队的人员构成复杂，而军队的指挥作战系统又必须要有一个统一的语言来交流，因此，军队中通行的应该主要是当时军事将领们所操的方言。由于平川军队的军事长官汤和、傅友德都是安徽人，我们可以判定，当时驻川军队中通行的应该是安徽话。

（二）明初的军队拥有特殊的政治、经济地位

明初的四川，由于元末的战乱，人口锐减，省内多地由州降县，因此世居人口大大减少。军队的进驻成为一支重要的移民队伍。"四川都司所辖的成

---

① 顾城：《明帝国的疆土管理体制》，《历史研究》，1989（3）。
② 崔荣昌：《四川境内的客家话》（上），巴蜀书社2011年版。
③ 王玮：《走过屯堡》，中国文联出版社2011年版。
④ 王世华：《安徽通史·明代卷》，安徽人民出版社2011年版。

都、重庆、利州、保宁、叙州、泸州等卫,就属于内地卫。内地卫所辖地独立存在于行政系统之外,其所辖土地、人口与相关事务则属于军事系统的四川都司而与行政系统并列。"①由于明代初期在四川各地实行卫所制度,军队成为卫所地区最强的政治力量,占据了政治上的优势,军人成为当地资源的主要支配者,由于特殊的政治地位和军队的特殊性质,军队逐渐形成了一个拥有特权,与当地居民相隔离的群体。

明代初年,人口的减少严重影响了四川生产力的恢复和发展。为了尽快恢复农业生产,增加政府财政收入,明朝政府迅速颁布了恢复农业经济的举措,通过"移民就宽乡"和验丁授田、召民垦荒、永为己业、官给牛种、减免田赋的优惠移民政策,从湖广、江西、江南等地大量移民前往四川,史称"洪武大移民"。而大量新移民实际上属于一种弱势的地位,由于军队占有特殊的政治资源,处于强势地位,军队在落实国家各项移民政策的时候也很容易与民争利,特别是在分配土地上面,军队优先占有了大量肥沃的良田,"明代卫所制的一大特点是'以屯养军'。卫所官兵皆要屯田耕种,以便解决军粮的供应问题"②,"洪武二十三年,朱元璋下令建昌卫附近田土'先尽军人,次与小旗、总旗、百户、千户、指挥、屯种自给'"③。在农耕经济时代,优先占有良田已充分说明军队在经济上的优势地位。

(三)明初军队的特殊地位影响了四川方言的发展

学界早就有人提出,明代官话分南方官话、北方官话、中原官话等三系,而南方官话是现代西南官话和江淮官话的源头。南京话是南方官话的基础方言。④明初四川军队在卫所所拥有的各项优势地位,使得军队在当地成为一个拥有特权的政治群体。同时,由于安徽方言(属于南京话)的准官话地位,来自湖广等其他省籍的新移民在卫所地区要想获得各项生存权益就必须要与军队打交道,在相互交流之中,处于弱势地位的新移民自然要模仿军队所操的安徽方言,各省新移民在模仿南京方言中,夹杂进了自己的方言,久而久之就形成了明代四川卫所控制地区所通行的军话。叙州卫、泸州卫、成都卫驻地就是今天自贡地区所辖范围,该地区军话也成为自贡方言的源头。

---

①② 陈世松等:《四川通史·卷五·元明》,四川人民出版社2009年版。
③ [明]王圻:《编文献通考》卷14。
④ 董建交:《明代官话语音演变研究》,复旦大学,2007。

与此同时，在地方行政长官控制的区域，仍然是以自元末以前四川本地所说的汉语方言为主①，即今天四川"南路话"的源头。

二、现代自贡方言的形成

（一）现代自贡地区方言及人口族属

关于自贡地区方言的来源，四川大学崔荣昌教授曾做过相关论述，他认为的威远人（与自贡方言同属仁富方言区）所说，官话方言的形成，大概与明初平蜀的傅友德大军在胜利后留驻有关。入声归去，保留平翘舌对立，是受安徽话影响，威远话同四川其他地方官话一样，是在元末明初和清朝前期两次大移民过程中形成的，表层是西南官话，底层却留下了下江官话、赣语、湘语、客家话和粤语等诸方言的痕迹。②同时，根据四川师范大学周及徐教授的研究，他认为今天的成渝片方言是清代以来"湖广填四川"移民形成的"湖广话"，与当代湖北方言有较高相似度。而岷江小片就是元末以前四川世居人民所讲的四川话发展形成的"南路话"。③周教授没有对自贡地区方言的形成做出论述，但明确指出，自贡地区方言的形成应该是移民方言，具体的移民地不会与"成渝片"相同。④

根据现有的地方志和族谱资料来看，现今自贡地区的人口主要还是来自湖广地区，有少部分来自其他省。明初入川的江南军人和明清两代"湖广填四川"的湖广人都是现代四川自贡地区人口构成的主要来源，且湖广人所占比例要大大高于其他省籍的人口。但是，要确定一个地区方言的形成以哪种方言为基础，不能仅仅靠人员构成的多少来分析，而应综合考虑人员构成的政治地位、经济实力、文化优势等因素。

（二）现代自贡地区方言源头

我们认为，现代自贡地区方言，主要来源于明初军队所操安徽话，这种方言在清初的社会动荡中没有消亡，而是经过其他方言的持续影响，不断地演进，顽强地传承至今，形成了以明代安徽官话为主，吸收了西南官话、江

---

①③ 周及徐：《南路话和湖广话的语音特点——兼论四川两大方言的历史关系》//《语言历史论丛》第五辑，巴蜀书社2011年版。
② 崔荣昌：《四川境内的客家话》（上），巴蜀书社2011年版。
④ 周及徐：《从移民史和方言分布看四川方言的历史》//《语言历史论丛》第五辑，巴蜀书社2011年版。

淮官话、赣语、湘语、客家话和粤语等诸方言特点的现代自贡地区方言。明初军队在四川各地卫所占有政治经济的各项优势，使得安徽方言也成为卫所地区一种强势语言迅速推广，这样，我们就可以解释，为什么同样是人口主要来源于湖广地区，却保留明代四川军话特点的自贡地区方言与成渝片方言有较大区别。

（三）清初战乱招抚政策对于自贡地区的影响

1. 主要回乡的都是上层人士

在明末清初的战乱中，自贡地区下层劳动人民无处逃亡，几乎被屠杀干净，或者逃亡到很近的岷江小片地区。而大量的上层富裕阶层，则举家远避到贵州等地，免于遇难。

清初采取招抚流亡的政策，招抚避乱外省的遗民回乡。"不仅明末清初逃亡省外的乡绅富豪'应归原籍'，'次第行之'，即使清代以功名科举宦游滞留他省者，也应'疏令还籍以实地方'。"① 同时，清政府还采取了优厚的政策帮助遗民返乡置业，"顺治十六年，内江县'奉文招还流遗士庶。先于流寓处领牒报明里籍，有无科名。士子归里定业后，送学道考复。原名乡里庐墓，听旧主据认。于是风闻爱戴，陆续归来'"②。

2. 富豪文人回乡后占有统治地位

盐业历来是政府税收的重要来源。而明代末年，自贡地区已经成为了四川重要的产盐地，一些世族大家掌握了盐业生产的各个环节，成为左右当地政事的大盐商。"嘉靖末年，张瀚入蜀，记"内江、富顺之交，有盐井曰自流，新开，原非人工所凿，而水自流出，汲之可以煎盐。流甚大，利颇饶，多为势家所擅。"③虽然在清初的战乱中，富荣盐厂遭受重大打击，各富豪文人奔走他乡避祸。但"康、雍、乾三朝对四川井盐业实行了较为稳定的缓和政策，使盐业生产得到了迅速恢复和发展"④。同时，由于清初各盐场人员损失较重，"面对灶丁的逃亡，清初颁布了两项命令，一是不准灶户投充旗下，一是不准灶丁充当胥役"，"一律回场煎办盐斤"。⑤ 这样的规定，有利于盐业生产的恢复，同时也使自贡地区返回的富户迅速恢复经济实力，重新成为当地的

---

① ④ 陈世松等：《四川通史·卷六·清》，四川人民出版社 2009 年版。
② [清]彭泰士：《内江县志》卷 12，民国三年（1914）版。
③ 张瀚．《松窗梦语》卷 2，中华书局 1985 年版。
⑤ 陈锋：《清代的盐产区、盐场与场商、灶户、灶丁》//《中国经济与社会史评论》，中国社会科学出版社 2012 年版。

统治阶层。

因此，清初地方志记载，虽自贡地区明代遗民人口少，在当地总人口中只占"十之一二"（《富顺县志》），但他们却占有主要的经济资源，形成经济和文化上的优势。新移民作为弱势群体，大多数沦为了帮工，为了更好地与盐商老板打交道，他们开始放弃自己本来的方言，并学习占有强势地位的盐商富户文人所讲的带安徽口音的方言，在学习的过程中，他们将自己所讲方言的特色融入安徽方言之中，逐步形成了今天的自贡地区方言。

（四）清初的人口恢复政策对四川各方言区的影响

1. 成渝片地区的影响

清初实行的人口恢复政策，对于田地的占有，对新移民和遗民实行相同的政策，"顺治十三年，巡按四川兼管盐法屯田监察御史高民瞻'谕令军民人等，凡抛荒田地，无论有主无主，任人尽力开垦，永给为业'"，"对贡监生、民人有主荒地，仍听本主开垦；如本主不能开垦者，该地方官给予印照开垦，永为己业"。① 这个政策的实施，使得四川人口损失严重的川东、川中、川北地区以田产为主要财产的富有遗民旧户，在回到四川故地以后，失去了经济上的优势，而以湖广人为主的新移民成为这些地区的人口主流，旧遗民迅速融合到新移民中，形成了新的四川人，从而在四川广大地区形成了以湖广话为基础的"成渝片"方言。

2. 岷江小片地区的影响

在战乱影响较小的川南、川西地区，由于明代遗民损失较小，故新移民在插占土地中占不到什么便宜，同时由于人口的自然恢复，明代遗民在人口上逐渐占有优势，故而新移民的方言不能成为主流，迅速与旧遗民的方言相融合，形成了保留入声的"岷江小片"方言。

三、结　论

自贡地区方言，形成于明初，以明代军队所操安徽官话（或称南京型官话）为基础方言，吸收湖广等各地方言，保留诸方言痕迹的综合性方言。在清初的战乱中，虽然该地区人口锐减，但是经过清政府的招抚政策和明代遗民特有的经济文化地位，该方言得以延续保留下来，经过其他方言的不断影

---

① 陈世松等：《四川通史·卷六·清》，四川人民出版社 2009 年版。

响，形成今天的保留平翘舌对立、入声归去声的自贡方言。

  大抵明初包括成都卫在内的军队普遍流行南京型的安徽官话。并且随着军队驻地的扩张，这种南京型官话在明代就被带到了四川各地。这可以从《明史》中一段记载得到印证：洪武六年，筠连州"大寨蛮"头目编张反叛明廷，朱元璋命成都卫指挥袁洪讨之，破南蛮。帝命"南蛮叛服不常，不足畏。既获其俘，宜编为军。且驻境上，必以兵震之，使詟天威，无遗后患"，"遂降筠连州为县，属叙州"。①这段记录证实了，明初属于少数民族"大寨蛮"（又称"都掌蛮"）控制的筠连地区（现宜宾市筠连县境内），在袁洪平叛后，就留驻军队，降州为县，按照汉地统治方法进行统治。这批军队成为当地最初的汉族居民，他们所操方言也成为当地汉语方言。根据调查我们可知，筠连方言与自贡方言一样属于仁富方言片，同属该方言片的凉山州冕宁县也有类似的驻军，这两块地方在清初四川的战乱中较少受影响。根据明代文献的记载，以及本文对自贡方言的研究，我们就可以解释为何筠连、冕宁会成为仁富方言片的一块飞地，形成周围被"南路话""湖广话"所包围的孤岛。

  由于元末明初和明末清初的战乱，四川的人口损失巨大，元代以前的世居人民仅在四川边缘地带留存。经过明代初年到清代中期的持续大规模移民，四川中心地区人口的结构发生了根本性的改变，不同时期的外省移民、四川世居人口分别成为现代四川省内不同地域人口的祖先，也形成了今天四川话不同方言片的地域分隔。

---

① 《明史·列传第二百·四川土司》，中华书局1974年点校版。

第二章　自贡方言音系

本自贡方言音系，以自贡市中心区自流井区口音为准，按照中国社会科学院语言研究所编写的《方言调查字表》的要求，据发音人口音整理而成。发音人系从未离开过自贡的、有初中以上文化程度的当地老年人。笔者本人也系自贡当地人，上大学之前一直生活在自贡方言区内，且大学毕业后回到了自贡方言区工作和生活。

第一节　自贡方言的语音系统

表 2.1　发音人基本情况表

姓名	性别	年龄	原籍	职业	教育程度	记音时间
王松涛	男	62	自流井	公务员	中专	2015.12
邓淑华	女	85	自流井	工人	无	2013.12
张德芳	女	84	自流井	教师	初中	2014.5
黄娟	女	60	自流井	工人	初中	2015.12
王浩	男	34	自流井	教师	大学	2015.12

发音人说明：

（1）发音人为作者本人或作者家人，从小语言环境为自贡方言，除作者本人外，从未离开过自贡地区生活，不会说别处方言。

（2）老派自贡方言记音主要以60岁以上老年男性发音为主（作者父亲），辅之以60~80岁以上其他人（作者祖母、外祖母、母亲）发音，相互印证，以便准确记音。

（3）作者本人会说普通话，发音可以为60岁以下新派自贡方言代表。

（4）本文记音以老派发音为准。

一、声母系统

自贡方言有声母 24 个，其中辅音声母 22 个，零声母 1 个。见表 2.2。

表 2.2　自贡方言声母表

部位＼方法	塞音 清		塞擦音 清		鼻音	边音	擦音		
	不送气	送气	不送气	送气	浊	浊	清	浊	
双唇	p 布爸比波	pʰ 步怕盘排			m 门满磨米				
唇齿							f 费飞冯胡		
舌尖前			ts 祖增争糟	tsʰ 仓曹醋从			s 散苏丝生		ø 阿衣围鱼
舌尖中	t 道到夺但	tʰ 太同听吐				l 难兰连路			
舌尖后			tʂ 招主蒸捉	tʂʰ 昌处除潮			ʂ 扇书诗声	ʐ 认绕若闰	
舌面			tɕ 焦举去精	tɕʰ 秋齐全趣	ȵ 年严女腻		ɕ 线虚旋修		
舌根	k 贵跪该光	kʰ 开葵哭可			ŋ 硬案岸袄		x 话化灰红		

声母说明：

（1）自贡方言[tʂ tʂʰ ʂ]发音部位比北京音略后。

（2）自贡方言 r[ʐ]发音摩擦成分比北京音 r[ɻ]更重。

（3）自贡方言中[n]和[l]是自由变体，不区别音位，在本文中均用[l]表示。

（4）自贡方言有舌面音声母[ȵ]，发音部位和[tɕ tɕʰ ɕ]一致，且只与齐齿呼[i]和撮口呼[y]相拼。

（5）自贡方言有舌根音声母[ŋ]，发音部位和[k kʰ x]一致，且只与开口呼相拼。

（6）自贡方言辅音[v]不与半元音[w]区别音位，故不独立。

（7）自贡方言有鼻辅音[ŋ]，只与开口呼相拼，多对应普通话零声母。

（8）自贡方言声母其他发音特征与普通话有较大的一致性。

二、韵母系统

自贡方言有韵母 37 个。其中单韵母 9 个，复韵母 15 个，鼻韵母 13 个。见表 2.3。

表 2.3 自贡方言韵母表

开口呼	齐齿呼	合口呼	撮口呼
ɿ 滋耻思世	i 地披迷鼻	u 肚肉主绿	y 居旅鱼女
ʅ 知吃是日			
ᴀ 杀妈大拉	ia 家下恰压	ua 洼瓜抓耍	
o 波摸可落			yo 学脚却钥
e 客得摘蛇	ie 叶别接切	ue 国括扩阔	ye 月绝雪茄
ɚ 而二耳儿			
ai 爱盖在解	iai 界械介谐	uai 歪怪坏快	
ei 批背妹飞		uei 推对雷退	
au 咬搞好找	iau 叫笑要桥		
əu 殴沟周抽	iəu 优久秀秋		
an 但干慢站	ian 边面点脸	uan 弯官欢万	yan 原宣绢劝
ən 坑针轮深	in 心令今情	uən 文滚混困	yn 云荀荣永
aŋ 当躺长赏	iaŋ 秋香江强	uaŋ 王逛狂黄	
		uŋ 否宙贸皱	yoŋ 用雄涌

韵母说明：

（1）[a]在自贡方言的 ian，üan，uan 中有[a][ɛ][ᴀ][ɑ]等音值，由于听感上不区别音位，为方便记音，故采取宽式音标，统一记做[a]。

（2）自贡方言与四川其他方言相比，有舌尖后元音韵母[ʅ]。舌尖后元音[ʅ]只与舌尖后音声母 [tʂ][tʂʰ][ʂ][z] 相拼。

（3）自贡方言没有普通话的后鼻音韵母 [iŋ][əŋ][uəŋ]。

（4）自贡方言没有普通话的复元音[uo]和单元音[ɤ]，单元音 [o][e] 可直接与声母相拼。

（5）自贡方言有复韵母 [iai][yo][ue]。

（6）自贡方言韵母的其他发音特征与普通话基本一致。

三、声调系统

自贡方言的声调有阴平、阳平、上声、去声四个调类，中古入声归去声。见表 2.4。

表 2.4 自贡方言声调及其普通话声调对照表

调类	普通话调值	自贡话调值	例 字
阴平	55	44	家天张秋
阳平	35	21	婆穷绵祥
上声	214	53	跑奶假米
去声	51	214	一做是盖

声调说明：

（1）自贡方言有四个调型：高平调（阴平）、降调（阳平、上声）、曲折调（去声），古入声字绝大部分归入去声（曲折调，调值214），个别入声字归类与普通话一致，如"汁""摸"等。

（2）自贡方言的阴平调，调值为 44 调。根据 prrat 软件测试，实际调值为 35 调，由于在听感上不区别意义，故本书均记为 44 调。

（3）自贡方言的阳平调，调值为 21 调。很多文章中记为 31 调或 41 调，由于在听感上不区别意义，故本书均记为 21 调。

（4）自贡方言的上声调，调值为 53 调。部分文章中记为 42 调或 41 调，由于在听感上不区别意义，故本书均记为 53 调。

（5）自贡方言的去声调，调值为 214 调。有些文章中将去声字记为低升调，调值记为 24 调或 223 调。但听感上自贡方言去声的曲折较为明显，且 213 与 214 调听感上差距不大，故本书记为 214 调。

四、自贡方言的声韵拼合规律

表 2.5 四呼声韵配合表

声母＼韵母	开口呼	齐齿呼	合口呼	撮口呼
p pʰ m	+	+	(u)	−
f	+	−	(u)	−
t tʰ	+	+	+	−
l	+	+	+	+
tɕ tɕʰ ɕ	−	+	−	+
k kʰ x	+	−	+	−
ts tsʰ s	+	−	+	−
tʂ tʂʰ ʂ ʐ	+	−	+	−
ȵ	−	+	−	+
ŋ	+	−	−	−
ø	+	+	+	+

第二章 自贡方言音系

四呼声韵配合说明：

（1）开口呼，是指韵母不为 i，u，y 或不以 i，u，y 开头的韵母。

（2）齐齿呼，是指韵母为 i 或以 i 开头的韵母。

（3）合口呼，是指韵母为 u 或以 u 开头的韵母。

（4）撮口呼，是指韵母为 y 或以 y 开头的韵母。

（5）本节用"＋"表示可以相拼，用"-"表示不能相拼，用（）表示能相拼的仅限于括号中的韵母。

第二节 自贡方言的语流音变

一、声母、韵母的音变

自贡方言人称代词附属的第二音节有辅音脱落及元音类化的现象。如：我们[ŋo53mən21]→[ŋu53ən21]，同时，音节"我[ŋo]"的元音由[o]变为[u]；他们[lʌ44mən21]→[lʌ44ən21]；你们[ɲi53mən21]→[ɲi53ən21]。

自贡话的第三人称代词"他"，有声母类化的现象。由于第一人称代词"我[ŋo]"和第二人称代词"你[ɲi]"，声母都是鼻音，所以"他"的声母也类化为鼻音[n]，由于自贡方言[n]和[l]自由变读，故很多时候也读做[lʌ]，本书也记做[lʌ]。

"不要"合音成[piɑu214]，如："你[piɑu214]跟我说这些，我晓得咋子整。"

二、声调的音变

（1）自贡方言两字组词语有后字变阴平的现象，这种情况在前字分别是阴、阳、去三声时均有，例如：

① 首字为阴平字：姑娘[ku44ɲiaŋ21-44]；

② 首字为阳平字：眉毛[mi21mɑu21-44]、门前[mən21tɕʰian21-44]、锄头[tsʰu21tʰəu31-təu44]；

③ 首字为去声字：外前[uai214tɕʰian21-44]、媳妇[ɕi214fu214-44]、一步[i214pu214-pʰu44]、床铺[tṣuaŋ53pʰu214-44]、到处[tɑu214tṣu214-44]、人户[zən21fu214-44]。

（2）组成重叠词的两音节都是阳平的，第二音节的阳平则变为阴平。如：爷爷 [ie21ie21]→[ie21ie44]、年年[ɲian21ɲian21]→[ɲian21ɲian44]、陀陀[tʰo21tʰo21]→[tʰo21tʰo44]、娘娘[ɲiaŋ21ɲiaŋ21]→[ɲiaŋ21ɲiaŋ44]、坛坛[tʰan21tʰan21]→[tʰan21tʰan44]。

（3）由去声字构成的表称谓的重叠式词语，后字由原来的214调变成阴平44调，如：叔叔[ʂu214ʂu44]、舅舅[tɕiəu214tɕiəu44]、伯伯[pe214pe44]。

（4）组成儿化韵词的音节是阳平时，儿化后则多数变成阴平。如：葡萄儿[pʰu21tʰau21]→[pʰu21tʰɚ44]、蛾蚊儿[o21uən21]→[o21uɚ44]。也有例外，如：光头儿[kuaŋ214tʰəu21]→[kuaŋ214tʰɚ21]。

三、自贡方言的儿化

自贡方言的韵母除了[ɚ][iai][ue][ye][yoŋ]外，其他都可以儿化。各韵母儿化则又有不同的规律，从韵母的变化、失落等情况大致可以分为以下七类，形成[ɚ][iɚ][uɚ][yɚ]四个儿化韵类。

（1）[i][u][y]韵母后直接加卷舌动作ɚ。如：i→鸡儿[tɕiɚ44]（詈语，指男阴）；u→珠珠儿[tʂu44tʂuɚ44]；y→女儿[n̩yɚ214]。

（2）韵腹[o]变为u，再加上卷舌动作ɚ。如：o→腮壳儿[sai44kʰuɚ21]。

（3）韵母完全失落、声母后直接加卷舌动作ɚ。如：ɿ→砂子子儿[ʂA44tsɚ53]；ʅ→六指儿[lu214tʂɚ53]；A→坟坝儿[fən21pɚ214]；ai→裤带儿[kʰu214tɚ214]；ei→扯扯儿[tʂʰe53tʂɚ53]；au→葡萄儿[pʰu21tʰɚ44]；an→麦秆儿[me214kɚ214]；aŋ→巷巷儿[xɑŋ214xɚ214]；uŋ→信封儿[ɕin214fɚ44]。

（4）韵腹和韵尾失落，保留韵头，再加上卷舌动作ɚ。如：uai→石块儿[ʂʅ21kʰuɚ53]；uei→堆堆儿[tuei44tuɚ44]；iau→老表儿[lau53piɚ53]；uan→火铲儿[xo53tʂuɚ53]；ian→药片儿[yo214pʰiɚ214]；yon→汤圆儿[taŋ44yɚ21]；iaŋ→姑娘儿[ku44n̩iɚ44]。

（5）韵腹失落，韵头后加卷舌动作ɚ。如：ia→指甲儿[tʂʅ53tɕiɚ21]；ua→豆花儿[təu214xuɚ44]；ie→茶叶儿[tʂʰA21iɚ214]；yo→雀儿[tɕʰyɚ]。

（6）韵尾失落，韵腹后加卷舌动作ɚ。如：in→月饼儿[ye214piɚ53]。

（7）韵尾失落，韵腹ə直接作卷舌动作的ɚ。如：əu→光头儿[kuaŋ214tʰɚ21]；ən→书本儿[ʂu44pɚ53]；uən→棍棍儿[kuən214kuɚ214]。

四、注音材料

1. 胖儿胖嘟嘟

胖儿胖嘟嘟。pʰaŋ214uɚ21pʰaŋ214tu44tu44,
骑马上成都。tɕʰi21ma53ʂaŋ214tʂʰən21tu44.
成都又好耍，tʂʰən21tu44iəu214xau53ʂuɚ53,

胖儿骑白马。pʰaŋ214uɚ21tɕʰi21pe214mᴀ53.
白马骑得高，pe214mᴀ53tɕʰi21te214kau44,
胖儿舞关刀。pʰaŋ214uɚ21u53kuan44tau44.
关刀舞得圆，kuan44tau44u53te214yan21,
胖儿滚铁环。pʰaŋ214uɚ21kuən53tʰie214xuan21.
铁环滚得远，tʰie214xuan21kuən53tɛ214yan53,
胖儿跟到撵。pʰaŋ214uɚ21kən44təu53ɲian53.

2. 张大铁，李打铁

张大铁，李打铁，tʂaŋ44tᴀ214tʰie214, li53tᴀ53tʰie214,
打把剪刀送姐姐。tᴀ53pᴀ53tɕian53tau44soŋ214tɕie53tɕie53.
姐姐留我歇，tɕie53tɕie53liəu21ŋo53ɕie214,
我不歇。ŋo53pu214ɕie214.
我要回家打毛铁。ŋo53iau214xuei21tɕia44tᴀ53mɑu21tʰie214.

3. 高高山上一树槐

高高山上一树槐，kau44kau44ʂan44ʂaŋ214i214ʂu214xuai21,
手把栏杆舍望郎来，ʂəu53pa53lan21kɚ44ʂe53uaŋ214laŋ21lai21,
娘问女儿舍你望啥子哟？ɲiaŋ21uən214ɲyɚ21ʂe53ɲi53uaŋ214ʂuŋ44ko214yo53?
我望槐花舍几时开。ŋo53uaŋ214xuai21xua44ʂe53tɕi53ʂʅ21kʰai44.

第三节　自贡方言音系与中古音的比较①

一、自贡方言声母与中古声母的比较

表 2.6　自贡方言声母与中古声母对比表

中古声母及其拟音		自贡方言声母	例　字
帮系	帮母 p	p	冰逼北崩巴百包布拜
		pʰ	迫辟遍
	滂母 pʰ	p	玻怖
		pʰ	仆扑派批铺坡配普
		f	喷

---

① 本节采用国际音标标注，中古音系构拟读音为郑张尚芳先生构拟音系。

续表

中古声母及其拟音			自贡方言声母	例　字
帮系	并母	b	p	败倍辨弊币被
			p^h	彭袍贫捕步避
	明母	m	m	木梦孟盟
	非母	pf	f	附否法发分
			p	不
			p^h	甫脯
	敷母	pf^h	f	拂芳翻费肺
			p^h	讣捧
	奉母	bv	f	肥负妇凡范
			p^h	浮
	微母	ɱ	ø	物文忘晚味武
			m	芒蔓
端系	端母	t	t	底堆答店单典当
			t^h	抖堤
			ȵ	鸟
	透母	t^h	t	贷
			t^h	秃突吞托脱推
			l	他
	定母	d	t	舵杜代兑豆达跌笛洞
			t^h	条潭甜团提逃导剃
	泥母（娘）	n	l	南拿奴乃奶内闹
			ȵ	捏女尼纽聂念年
			ʑ	诺酿
	来母	l	l	罗骡吕驴缕李牢
			t	隶
	精母	ts	ts	溅足增则遵作奏
			ts^h	躁燥挫
			tɕ	节剪接祭
			$tɕ^h$	签
	清母	ts^h	ts	撮
			ts^h	采脆翠餐
			$tɕ^h$	秋千清戚

续表

中古声母及其拟音			自贡方言声母	例　字
端系	从母	dz	ts	坐在罪自字杂
			tsʰ	蚕存残从曹造
			tɕ	渐绝集
			tɕʰ	钱齐情
	心母	s	tsʰ	碎
			s	絮素腮岁斯虽撒算
			ʂ	赛
			ɕ	西消萧心新荀
	邪母	z	tsʰ	词辞
			s	俗寺随
			ɕ	斜谢袖旋
知系	知母	ʈ	tʂ	缀猪罩站沾桌张质中竹
			tʰ	摘
			t	爹
	彻母	ʈʰ	tʂʰ	耻戳畜宠
			tsʰ	拆撑
	澄母	ɖ	tʂ	滞治赵篆侄直郑
			tʂʰ	茶迟浊陈沉
			tsʰ	泽秩择
	庄母	tʃ	tʂ	斋债抓斩捉庄壮
			ts	眨窄争责皱
			tsʰ	睁侧
	初母	tʃʰ	tʂʰ	察插查
			tsʰ	策测窗
			ʂ	刹
			tʂʰ	柴
	崇母	dʒ	tʂ	闸铡栈状
			ts	助
			tsʰ	锄愁岑崇
			s	事士
	生母	ʃ	ʂ	杀衫沙衰帅山
			s	缩色瑟所数师狮生
			tsʰ	产

续表

中古声母及其拟音			自贡方言声母	例　字
知系	章母	tɕ	tʂ	诸追周酎征政嘱
			tʂʰ	拙
	昌母	tɕʰ	tʂʰ	齿唱春出尺充
			tsʰ	炊
	船母	ʑ	ʂ	蛇射示神唇顺剩绳乘食
			tʂʰ	船
			t	盾
	书母	ɕ	ʂ	世税施水陕审
			tʂʰ	伸
			tʂ	翅
	禅母	dʑ	ʂ	蜀裳善涉寿豉纯尝承
			tʂʰ	慎垂成仇
			s	谁
			tʂ	植殖
	日母	nʑ	ʐ	儒蕊饶柔染然
			ø	二尔
见系	见母	k	k	歌瓜孤该解街鸽家
			tɕ	句叫纠
			kʰ	箍
			tɕʰ	菊
			ɕ	酵
			l	脸
			f	忽
	溪母	kʰ	kʰ	课夸揩快敲口看嵌
			tɕʰ	器气恰怯欠缺溪
			tɕ	券
			ɕ	泫墟
			tsʰ	吃
	群母	g	kʰ	葵狂
			k	共跪柜
			tɕʰ	奇钳琼穷
			tɕ	巨忌轿舅近杰竭

续表

中古声母及其拟音			自贡方言声母	例　字
见系	疑母	ŋ	ø	危外崖卧瓦遇桅
			ŋ	艾咬昂硬我
			ȵ	孽疑宜义牛验严业
			ʐ	阮尧
			l	虐凝
	影母	ʔ	ø	蔫鸭鸦寓蛙衣委威妖忧
			ŋ	哀矮奥欧庵安恶恩厄
	云母	ɦ	ø	羽卫位院越往荣永
			ɕ	熊雄
	以母	j	ø	勇用欲融育营疫役匀允
			ʐ	孕锐
			ȵ	阎
			tɕ	捐
	晓母	h	x	化海灰毁喝汉杏吓
			ɕ	虾喜戏孝嚣晓休险瞎
			kʰ	况
			f	虎呼
			ø	歪
	匣母	ɦ	x	陷河祸害鞋惠蟹下
			ɕ	谐系悬
			f	户湖胡
			tɕ	迥
			tɕʰ	恰
			ø	萤肴完
			k	夯
			kʰ	溃

自贡方言声母与中古声母的对应规律：

1. 帮　组

帮母与今自贡话中的[p]基本对应，如帮母的"冰逼北崩"今声母仍读[p]；但一部分还读作了同部位的[pʰ]，如"迫辟"。滂母字在自贡话中一般读[pʰ]，如"配普"，只有少数变成不送气的[p]，如"玻"，极个别的变成唇齿音[f]，如"喷"。并母字在自贡话中平声一般读作送气的[pʰ]，如"彭袍"；仄声一般读作不送气的[p]，如"败倍"，也有一部分读"避拔"。明母，在自贡话中也读[m]，如"木梦"。

2. 非组

非母在自贡方言中读轻唇音[f]，如"附否法"；极个别的保持了古读，读重唇音[p]或[pʰ]，如"甫脯"。敷母在自贡方言中大都读为不送气的[f]，如"翻费"；只有个别字保持了古读，读重唇送气的[pʰ]，如"讣捧"。奉母在方言中读[f]，如"肥付"；只有个别读重唇的[pʰ]，如"浮"。微母在一部分自贡方言中读零声母[ø]，如"物文"；另一部分保留了古读[m]，如"馒芒"。

3. 端组

端母在自贡方言中一般读[t]，如"底堆"；个别读送气的[tʰ]，如"抖"。透母在方言中一般也读[tʰ]，如"秃突"；个别读不送气的[t]，如"贷"；极个别的读和它发音部位相同的[l]，如"他"。定母字在方言中平声一般读作送气的[tʰ]，如"甜团提"；仄声一般读作不送气的[t]，如"兑豆达"。

4. 泥组

泥母在自贡方言中，开合二呼一般读[l]或[n]，由于自贡方言[l]和[n]是自由变体，故统一记作[l]，如"难拿"。齐撮二呼一般读[ȵ]，如"女年"；也有少部分的读[z]，如"诺酿"。来母在方言中一般读[l]，如"罗骡"；在个别字中读和[l]发音部位相同的[t]，如"隶"。

5. 精组

精母在自贡方言中，洪音前一般读[ts]，如"足增"；细音前一般读[tɕ]，如"节剪"。清母在方言中，洪音前一般读[tsʰ]，如"餐"。细音前一般读[tɕʰ]，如"秋千"。从母在方言中，洪音平声前一般读[tsʰ]，如"残存"，洪音仄声前一般读[ts]，如"坐在"；细音平声前一般读比[tɕʰ]，如"钱情"，细音仄声前一般读[tɕ]，如"渐绝"。心母在方言中，洪音前一般读[s]，如"素岁"；细音前一般读[ɕ]，如"西消"。邪母在方言中，洪音前一般读[s]，如"俗寺"；细音前一般读[ɕ]，如"谢袖"。

6. 知组

知母在自贡方言中，一般读[tʂ]，如"中竹"；也有一部分读[tʰ]，如"摘"。中古的彻母在方言中，一般读[tʂʰ]，如"耻宠"；也有一部分读[tsʰ]，如"拆撑"。澄母在方言中，平声一般清化为送气的[tʂʰ]，如"茶迟"；仄声一般清化为不送气的[tʂ]，如"赵直"；也有清化后读平舌音的送气音[tsʰ]，如"泽秩"。

7. 庄 组

庄母在自贡方言中一般读[tʂ]，如"庄壮"；也有一部分读平舌的[ts]，如"皱责"。初母在方言中一般读[tʂʰ]，如"查察"；也有一部分读平舌的[tsʰ]，如"测窗"。崇母在方言中，平声一般清化为送气的[tʂʰ]，如"柴巢"；仄声一般清化为不送气的[tʂ]，如"状闸"；也有平声读平舌的[tsʰ]，如"崇锄"，仄声读的[ts]，如"助"。生母在方言中一般读[ʂ]，如"杀沙"；也有一部分读平舌的[s]，如"生师"。

8. 章 组

章母在方言中一般读[tʂ]，如"诸政"。昌母在方言中一般读[tʂʰ]，如"尺充"。船母在方言中，平声可读[ʂ]，如"殊匙"，也可读[tʂʰ]，如"垂仇"；仄声一般读[ʂ]，如"市绍"。书母在方言中，一般读[ʂ]，如"世水"。禅母在方言中，平声可读[ʂ]，如"裳纯"，也可读[tʂʰ]，如"成仇"；仄声一般读[ʂ]，如"石熟"。

9. 日 组

日母在自贡方言中一般读[z]，如"柔然"，止摄三等日母字读零声母，如"贰尔"。

10. 见 组

见母字在洪音前读[k]，如"瓜歌"；在细音前读[tɕ]，如"叫句"。一部分见母二等字在新派自贡方言中读[tɕ]，在老派自贡方言中读[k]，如"家"。溪母字在洪音前读[kʰ]，如"口看"；在细音前读[tɕʰ]，如"气器"。一部分溪母二等字在新派自贡方言中读[tɕʰ]，在老派自贡方言中读[kʰ]，如"嵌"。群母在古平洪音前读[kʰ]，如"狂葵"，古仄洪音前读[k]，如"共柜"；古平细音前读比[tɕʰ]，如"奇穷"，古仄细音前读[tɕ]，如"巨近"。中古的疑母在自贡话中，合口呼和撮口呼前一般读零声母，如"危遇"，开口呼之前一般读[ŋ]，如"咬硬"；齿齿呼之前一般读[ɲ]，如"业疑"。

11. 晓 组

晓母在方言中，洪音前面一般读[x]，如"化汉"；细音前面一般读[ɕ]，如"戏"；在[u]韵之前读[f]，如"呼虎"。匣母在方言中，洪音前面一般读[x]，如"陷合";细音前面一般读[ɕ],如"悬";在[u]韵之前读[f],如"户核"。

12. 影组

影母在方言中,开口呼读[ŋ],如"哀矮",其他的一般都读零声母"鸭鸦"。云母在在方言中一般读零声母,如"羽卫位",以母在方言中,齐撮二呼一般读零声母,如"育营";合口呼一般读[z],如"孕锐"。

二、自贡方言韵母与中古韵母对比

表 2.7　自贡方言韵母与中古韵母对比表[①]

中古韵母		中古拟音	自贡方言韵母	例　　字
果摄	开口一等歌韵	ɑ	A	他大那阿啊
			o	多拖鸵驮舵挪罗箩左佐搓歌个哥
	开口三等戈韵	iɑ	ye	茄
	合口一等戈韵	uɑ	o	波菠簸播坡玻破婆磨朵躲剁妥惰螺
	合口三等戈韵	iuɑ	ye	靴瘸
假摄	开口二等麻韵	ɣa	A	巴疤把爸霸埔怕爬耙麻蟆码茶拿渣
			ia	家嘉假加贾驾嫁牙芽雅鸦丫哑亚霞
	开口三等麻韵	ɣia	ie	姐借卸斜邪爹也野夜
			ye	且
			i	藉些
			e	遮者扯蛇射赊奢舍社惹
			A	蔗
	合口二等麻韵	ɣua	ua	花化蛙瓦跨垮寡瓜耍
遇摄	合口一等模韵	uo	u	股故固雇枯苦库裤吴梧五午伍悟
	合口三等鱼韵	iʌ	y	女许誉余鱼
			u	处猪除鼠助
	合口三等虞韵	io	u	夫脯斧府腑甫傅付咐敷数赴符扶芙父腐
			y	需须矩句区
			ye	取娶

[①] 按郑张尚芳先生观点,《切韵》重组为有音值是否有介音 ɣ 的区别。中古后期重组合流,为方便阅读,故本表中古重组构拟音 AB 均未区别标注,而只标无介音 ɣ 的重组 A 韵音值。

续表

中古韵母		中古拟音	自贡方言韵母	例　字
蟹摄	开口一等咍韵	ʌi	ai	戴胎台贷苔抬台待殆代袋乃耐来栽宰
	开口一等泰韵	ɑi	ai	害艾丐盖蔡奈大泰太带
			ei	贝沛
	开口二等皆韵	ɣɛi	ai	拜排埋豺揩楷挨
			iai	皆介界戒械
	开口二等佳韵	ɣɛ	ai	派牌稗奶债柴崖
			A	罢差洒
			ia	佳涯挨
			ia	蟹懈
	开口二等夬韵	ɣai	ai	败卖寨
	开口三等祭韵	iɛi	i	蔽弊励祭际艺
			ie	例
			ʅ	滞制世势誓逝
	开口三等废韵	iɐi	无	无
	开口四等齐韵	ei	i	系奚倪契溪髻稽婿细洗犀西
			ei	批
	合口一等灰韵	uʌi	ei	杯辈背坯胚配培陪赔倍佩焙每媒梅煤枚
			uei	堆推腿退内雷偏累崔催罪恢魁
	合口一等泰韵	uai	uei	蜕兑最会刽
			uai	外会
	合口二等皆韵	ɣuɛi	uai	乖怪淮槐坏
	合口二等佳韵	ɣuɛ	uai	拐歪
			ua	卦画挂蛙
	合口二等夬韵	ɣuai	uai	快筷
			ua	话
	合口三等祭韵	iɛi	uei	脆掇税锐
	合口三等废韵	iuɐi	ei	废肺吠
			uei	秽
	开口四等齐韵	uei	uei	闺桂奎惠慧
			i	畦携

续表

中古韵母		中古拟音	自贡方言韵母	例　　字
止摄	开口三等支韵	iE	ei	碑卑臂婢被披
			i	彼譬牌皮疲避糜璃荔徙寄岐奇骑妓椅倚移
			ɿ	紫雌此刺斯撕赐
			ʅ	蜘智池支枝桅肢只纸侈施翅匙是豉
			ɚ	儿
	开口三等脂韵	iI	ei	悲美
			i	比鄙痹秘屁痞备眉
			ɿ	资姿姊次瓷自私死四师狮狮
			ʅ	稚脂指旨至示屎视
			ɚ	二
	开口三等之韵	ɨ	i	己以喜嬉意医疑忌旗棋期其起欺
			ɚ	饵耳而
			ʅ	市始持恃志址止芝之使史柿治痔
			ɿ	事士寺思司
			e	厕
	开口三等微韵	ɨi	i	既壹汽毅衣依希稀
	合口三等支韵	iuE	uei	累嘴髓随吹炊垂睡蕊规桅跪危委毁
			uai	揣
	合口三等脂韵	iuI	uei	醉翠粹穗遂追锤水癸轨
			uai	衰摔帅
			i	季遗
	合口三等微韵	ɨui	ei	飞非匪痱妃费肥
			uei	微尾未味归鬼魏威畏
效摄	开口一等豪韵	ɑu	ɑu	浩豪毫耗好澳奥傲铐熬靠烤考告稿篙
	开口二等肴韵	ɣau	ɑu	包胞豹爆泡炮跑刨鲍猫抛找敲咬爪
			ua	抓
			iau	交郊胶狡跤教较校巧哮孝淆效
	开口三等宵韵	iEu	iau	表飘漂票瓢缥苗描秒渺妙燎焦
			ɑu	朝超潮趟兆召招昭照少绍邵晓搔姚
	开口四等萧韵	eu	iau	刁雕吊挑跳掉尿聊了料萧

续表

	中古韵母	中古拟音	自贡方言韵母	例　　字
流摄	开口一等侯韵	əu	o	剖
			uŋ	某亩
			u	母拇牡戊
			əu	头走斗透豆
	开口三等尤韵	iu	uŋ	谋否浮
			ɑu	矛
			u	副富负
			iəu	留流刘柳
			əu	瘦周州舟
	开口三等幽韵	iu	iau	彪谬
			iəu	丢幽幼
咸摄	开口一等覃韵	ʌm	an	耽探潭南男参惨感堪坎砍庵勘暗含函簪
	开口一等合韵	ʌp	A	答搭纳拉蛤杂
			o	盒鸽合
	开口一等谈韵	ɑm	an	毯痰淡澹蓝
	开口一等盍韵	ɑp	A	塔榻蜡
			o	磕
	开口二等咸韵	ɣɛm	an	站蘸杉尴咸陷
			uan	赚
			ian	馅
	开口二等洽韵	ɣɛp	A	插炸
			ia	夹恰掐狭洽峡
	开口二等衔韵	ɣam	an	衫衔
			ian	监嵌
	开口二等狎韵	ɣap	ia	甲鸭押压匣
	开口三等盐韵	iɛm	ian	焰筒盐炎掩淹脸渐潜
			yan	厌
			an	染陕沾占粘
	开口三等叶韵	iɛp	ie	接妾捷叶
			e	摄涉

续表

中古韵母		中古拟音	自贡方言韵母	例　字
咸摄	开口三等严韵	iɐm	ian	贱欠严
	开口三等业韵	iɐp	ie	劫业胁
			an	腌
	开口四等添韵	em	ian	店垫添舔甜拈念兼嫌歉
	开口四等帖韵	ep	ie	帖贴迭碟喋
			ia	侠
	合口三等凡韵	iuɐm	an	泛凡帆犯
	合口三等乏韵	iuɐp	A	法乏
深摄	开口三等侵韵	iɪm	in	品林淋脎浸侵寝心
			yn	寻
			ən	沉森参渗针枕深
	开口三等缉韵	iɪp	i	立粒笠集急级
			e	蛰涩
			ʅ	汁湿十拾
			u	入
山摄	开口一等寒韵	an	an	看散按岸安肝残伞案
	开口一等曷韵	at	A	辣擦撒
			o	葛渴喝
			e	割
	开口二等山韵	ɣɛn	ian	简柬限艰
			uan	铲
			an	间闲
	开口二等黠韵	ɣɛt	A	轧煞察拔八
	开口二等删韵	ɣan	an	颁板攀漫挽版
			ian	晏奸谏颜
			uan	删
	开口二等辖韵	ɣat	ia	辖瞎
	开口三等仙韵	iɛn	ian	编鞭篇偏辩便面碾煎剪箭
			yan	鲜癣
			an	然鳝善扇燃缠

续表

中古韵母		中古拟音	自贡方言韵母	例　　字
山摄	开口三等薛韵	iɛt	ie	别列裂烈泄孽
			ye	薛
			e	哲撤撒折浙舌设
	开口三等元韵	iɐn	ian	建健健言蔫堰献
			yan	掀
	开口三等月韵	iɐt	ie	揭竭
	开口四等先韵	en	ian	扁匾田雷殿年链千前
			yan	弦
	开口四等屑韵	et	ie	撷鳖跌捏切截结
			i	篾
			ye	屑
	合口一等桓韵	uɑn	an	瞒鳗满漫
			uan	短端断锻段暖乱酸算蒜
	合口一等末韵	uɑt	o	拔抹脱撮豁活
			ue	括阔
	合口二等山韵	ɣuɛn	uan	鳏顽幻
	合口二等黠韵	ɣuɛt	ua	挖滑猾
	合口二等删韵	ɣuan	uan	拴惯顽患
	合口二等辖韵	ɣuat	ua	刷刮
	合口三等仙韵	iuɐn	yan	全泉宣旋圈拳倦圆缘沿铅
			ian	恋
			uan	传椽篆川穿串船软院
	合口三等薛韵	iuɛt	e	劣
			ye	绝雪缺悦
			o	说拙
			uei	缀
	合口三等元韵	iuɐn	an	反贩翻番烦繁蔓
			uan	晚挽阮宛
			yan	元原源冤怨喧袁援远

续表

中古韵母		中古拟音	自贡方言韵母	例　　字
山摄	合口三等月韵	iuɐt	A	发罚伐
			ua	袜
			ye	掘月粤越
			yo	曰
	合口四等先韵	uen	yan	渊玄
			ian	县
	合口四等屑韵	uet	ye	缺血穴
臻摄	开口一等痕韵	ən	ən	吞根跟恩痕很恨
	开口三等真韵	iin	in	频敏津晋秦辛新信
			ən	趁臻真疹振
			yn	讯
	开口三等质韵	iit	i	必匹蜜密栗七漆疾膝悉吉一乙
			ʅ	侄秩失室日
	开口三等殷韵	in	in	斤筋勤芹近殷隐
	开口三等迄韵	it	i	讫乞
	合口一等魂韵	uən	ən	奔本喷盆顿嫩村蹲墩敦盾尊存
			uən	屯豚钝昆
			uei	褪
	合口一等没韵	uət	u	不勃突卒骨窟忽核
			o	没
	合口三等谆韵	iuin	uən	遵春蠢唇吮顺舜纯醇允
			yn	俊荀迅旬循巡均钧菌匀
			ən	圳
	合口三等术韵	iuit	u	律戌术出术述
			uai	率蟀
			ye	恤
			y	橘
	合口三等文韵	iun	ən	分吩粉芬粪焚份
			uən	文蚊吻荤
			yn	君军群裙郡熨熏勋
	合口三等物韵	iut	u	佛物勿
			y	屈
			ye	掘倔

续表

中古韵母		中古拟音	自贡方言韵母	例　字
宕摄	开口一等唐韵	ɑŋ	ɑŋ	缸尚康慷抗行航丧榜旁忙
	开口一等铎韵	ak	o	博泊薄莫摸托辉作错昨索
			ɑŋ	肮
	开口三等阳韵	iaŋ	iɑŋ	良量梁亮将奖蒋桨奖
			ɑŋ	涨丈杖仗
			uɑŋ	装妆创床状爽
	开口三等药韵	iɐk	yo	略掠雀脚药
			ye	爵鹊削
			iau	嚼跃
			o	着酌绰若弱
	合口一等唐韵	iuɑŋ	uɑŋ	荒慌黄皇惶晃
	合口一等铎韵	iuak	o	郭霍
			ue	扩廓
	合口三等阳韵	iuaŋ	ɑŋ	方坊仿放芳妨肪房防
			uɑŋ	亡忘望筐框逛狂枉王往
	合口三等药韵	iuɐk	u	缚
江摄	开口二等江韵	ɣʌŋ	ɑŋ	邦绑胖棒蚌窗扛港夯项巷
			uɑŋ	撞双
			iɑŋ	江讲降腔
			uŋ	虹
	开口二等觉韵	ɣʌk	o	剥驳桌啄卓戳捉镯朔角握
			u	朴
			au	雹
			yo	觉确乐学
			iau	饺
曾摄	开口一等登韵	əŋ	uŋ	崩朋
			ən	登等凳藤能曾赠恒肯
	开口一等德韵	ək	e	北墨默德得特肋勒塞刻黑
			uei	贼
	开口三等蒸韵	iŋ	in	冰凌陵
			ən	澄橙蒸拯症秤升承
			uən	孕绳

续表

中古韵母		中古拟音	自贡方言韵母	例　字
曾摄	开口三等职韵	ik	i	逼力即息熄棘
			ɿ	直值职食式拭
			e	侧测色
	合口一等登韵	uəŋ	uŋ	弘
	合口一等德韵	uək	ue	或惑国
	合口三等职韵	iuk	y	域
梗摄	开口二等庚韵	ɣaŋ	ən	烹彭膨冷撑生牲甥省更庚衡杏
			uŋ	碰猛孟
			ɑŋ	盲行
			A	打
	开口二等陌韵	ɣak	e	百柏伯迫拍魄白陌拆择泽窄
			o	索
			A	吓
	开口二等耕韵	ɣɛŋ	uŋ	蹦棚萌
			ɑŋ	氓
			ən	争耕樱
			in	青鹦幸
	开口二等麦韵	ɣɛk	e	麦脉摘策册革隔扼核
	开口三等庚韵	iaŋ	in	京境警竟卿擎迎命
			uŋ	盟
	开口三等陌韵	iak	i	碧隙逆屐
			y	剧
	开口三等清韵	iɛŋ	in	聘名亲精睛清情静姓
			ən	贞逞呈程正整征政成
	开口三等昔韵	iɛk	i	璧僻癖跻脊昔籍
			ɿ	刺
			ʅ	炙斥尺释石
	开口四等青韵	eŋ	in	艇拎形刑拼瓶萍铭丁顶鼎
	开口四等锡韵	ek	i	滴踢剔笛溺戚寂锡析激

续表

中古韵母		中古拟音	自贡方言韵母	例　　字
梗摄	合口二等庚韵	ɣuaŋ	uɑŋ	矿
			uən	横（横直）
			uan	横（蛮横）
	合口二等陌韵	ɣuak		无
	合口二等耕韵	ɣuɛŋ	uŋ	轰宏
	合口二等麦韵	ɣuɛk	ue	获
			ua	划
	合口三等庚韵	iuaŋ	yŋ	兄
			yn	荣永泳
	合口三等清韵	iuɛŋ	yn	倾顷营
			in	颖
	合口三等昔韵	iuɛk	y	疫役
	合口四等青韵	ueŋ	yn	萤
通摄	合口一等东韵	uŋ	uŋ	篷蓬蒙东董懂通捅痛同
	合口一等屋韵	uk	u	仆瀑木族哭屋速
			ɑu	曝
	合口一等冬韵	uoŋ	uŋ	冬统宗宋
	合口一等沃韵	uok	u	督毒酷
			o	沃
	合口三等东韵	iuŋ	uŋ	风疯中忠崇终
			yŋ	熊穷雄融
	合口三等屋韵	iuk	u	目牧福腹服袱六宿竹祝肉
			o	缩
			əu	粥
			y	菊畜育
	合口三等钟韵	ioŋ	uŋ	蜂锋奉松重蛊茸供
			yŋ	雍凶胸勇用
	合口三等烛韵	iok	u	绿禄足促俗粟烛褥
			y	局玉旭欲浴狱

自贡方言韵母与中古韵母对应规律：

1. 果摄

开口一等歌韵今高化，一般读[o]，如"多"，个别字仍然读[ɑ]，如"他"；开口三等戈韵今介音由不圆唇变得圆唇，主元音也高化，读[ye]，如"茄"；合口一等戈韵今读单元音[o]，如"拨"；合口三等戈韵今一般都丢掉[u]，不圆唇变得圆唇，主元音也高化，读[ye]，如"靴"。

2. 假摄

开口二等麻韵今在舌齿唇音以及一部分未舌面化的喉音之后读[ɑ]，如"巴"；在中古的舌根音今已舌面化的之后读[ia]，如"家"；在一部分舌根音、舌尖后擦音[ʂ]之后读[ua]，如"花、耍"；开口三等麻韵今有的主元音高化，读[ie]，如"姐"；有的在此基础上由于声母的变化丢掉介音，读[e]，如"者"；有的丢掉主元音，读[i]，如"些"，有的保留中古的主元音，只是丢掉介音，读[ɑ]，如"蔗"。合口二等麻读[ua]，如"瓜"。

3. 遇摄

一等模韵今主元音高化读[u]，如"故"；三等虞韵今在轻唇和知照系后读[u]，如"夫"；在非知照系后读[y]，如"须"。

4. 蟹摄

开口一等咍韵主元音变低读[ai]，如"戴"。开口二等皆韵今在非舌面前辅音之前读[ai]，如"拜"。在舌面辅音之前，老派自贡方言读[iai]，新派自贡方言读[ie]，如"阶"，老派读[tɕiai]，新派读[tɕie]。开口二等佳韵今一部分主元音高化，读[ai]，如"摆"；有的在此基础上丢掉韵尾读[ɑ]，如"差"；在今[tɕ][tɕʰ][ɕ]后，一部分发展为[iai]（老派）或[ie]（新派），如"懈"；另一部分发展为[ia]如"佳"。开口四等齐韵今一般都丢掉韵腹读[i]，如"闭"，只有少数齐韵的字仍保持古读，如"批[pʰei]"。合口一等灰韵在双唇音后读[ei]，如"杯"；在舌齿和舌根音后读[uei]，如"堆"。合口二等皆韵主元音低化读[uai]，如"乖"。合口二等佳韵有的在主元音后丢掉韵尾，读[ua]，如"挂"；有的读[uai]，如"拐"。合口四等齐韵，今仍读[uei]，如"桂"。泰韵开口今一般都读[ai]，如"害"；合口读[uai]，如"外"；个别字主元音高化，开口读[ei]，如"贝"，合口读[uei]，如"会"。二等夬韵今开口一般都读[ai]，如"败"，合口读[uai]，如"快"。开口三等祭韵在知照组后读[ʅ]，如"制"。非知照组读[i]，如"币"。合口三等祭韵今读[uei]，如"岁"。合口三等废韵在轻唇音后读[ei]，如"吠"；在舌根音后读[uei]，如"秽"。

5. 止 摄

开口三等微韵今一般都读[i]，如"机"。开口三等之韵有[i]（如"异"）、[ɚ]（如"而"）、[ʅ]（知照组如"市"）、[ɿ]（精知照组，如"事"）四读。开口三等支韵在精系后读[ɿ]，如"紫"；在知照系后读[ʅ]，如"知"，精知照组以外的开口字，大多读[i]，如"皮"，在双唇音之后，一部分读[ei]，如"被"。开口三等脂韵精知照组以外的开口字，大多读[i]，如"比"；在双唇音之后，一部分读[ei]，如"悲"；一部分知照组后读[ʅ]，如"致"；精组和一部分知照组后读[ɿ]，如"资"。合口三等微韵在轻唇音后读[ei]，如"飞"；在舌根音或微母后读[uei]，如"微"。合口三等支韵、脂韵在舌根、喉音、舌齿音后读[uei]，如"累"。

6. 效 摄

开口一等豪韵今一般也读[ɑu]，如"号"。开口二等肴韵在喉牙音后读[iɑu]，如"交"；在唇舌齿音后仍然读[ɑu]，如"包"。开口三等宵韵在非知照组后读[iɑu]，如"表"；在知照组后读[ɑu]，如"朝"。开口四等萧韵今一般都读[iɑu]，如"刁"。

7. 流 摄

开口一等侯韵在今非唇音之后，读[əu]，如"斗"；在唇音之后，可读[uŋ]，如"某"。开口三等尤韵在知照系后读[əu]，如"肘"；在非轻唇非知照系后读[iəu]，如"留"；在轻唇音后一般读[u]，如"富"；也有少部分读[uŋ]，如"谋"。开口三等幽韵在非唇音后读[uei]，如"丢"；在唇音后读[iɑu]，如"彪"。

8. 咸 摄

开口一等覃谈韵今一般读[an]，如"贪"。开口一等合盍韵在舌齿音后一般读[ᴀ]，如"答"；在喉牙音后一般读[o]，如"合"。开口二等咸衔韵在非喉音、舌根音之后读[an]，如"站"；在喉音、舌根音后有的读[an]，如"陷"；也有一部分读[ian]，如"馅"。开口二等洽韵在舌齿唇音后读[ᴀ]，如"插"；在喉牙音后读[ia]，如"夹"。开口二等狎韵在喉牙音后也读[ia]，如"甲"。开口三等严韵读[ian]，如"欠"。开口三等业韵读[ie]，如"胁"。开口三等盐韵在非知照系中读[ian]，如"艳"；在知照系中由于知照声母不和[i]相拼，读[an]，如"染"。开口三等叶韵在非知照系后读[ie]，如"猎"；在知照系后读[e]，如"摄"。开口四等添韵今读[ian]，如"点"。开口四等帖韵今读[ie]，如"贴"。合口三等凡韵今在轻唇音后读[an]，如"泛"。合口三等乏韵今在轻唇音后读[ᴀ]，如"法"。

9. 深 摄

开口三等侵韵在非知照系后读[in]，如"品"；在知照系后读[ən]，如"沉"。开口三等缉韵在非知照系后[i]，如"立"；在知照系后一般读[ɿ]，如"汁"；也有的读[e]，如"蛰"。

10. 山 摄

开口一等寒韵读[an]，如"看"。开口一等曷韵在舌齿音后读[A]，如"达"；在喉牙音后读[o]，如"割"。开口二等删韵在非喉牙音后读[an]，如"板"，"晏、雁"例外；在喉牙音后读[ian]，如"奸"。开口二等辖韵读[ia]，如"瞎"。开口二等山韵在喉牙音后读[ian]，如"艰"。开口二等黠韵读[A]，如"杀"。开口三等元韵一般读[ian]，如"见"。开口三等月韵一般读[ie]，如"揭"。开口三等仙韵在知照组后读[an]，如"然"；在非知照组后读[ian]，如"编"。开口三等薛韵在知照组后读[e]，如"哲"；在非知照组后读[ie]，如"灭"。开口四等先韵读[ian]，如"边"。开口四等屑韵读[ie]，如"铁"。合口一等桓韵在唇音后读[an]，如"慢"；在非唇音后读[uan]，如"短"。合口一等末韵在喉牙音后一般读[ue]，如"阔"；在唇舌齿后读[o]，如"抹"。合口二等删韵一般读[uan]，如"关"。合口二等辖韵一般读[ua]，如"刷"。合口二等山韵一般读[uan]，如"幻"。合口二等黠韵一般读[ua]，如"挖"。合口三等元韵在非敷奉后读[an]，如"反"；在微母后读[uan]，如"晚"；在喉牙音后读[yan]，如"劝"。合口三等月韵在唇音后读[A]，如"发"；在喉牙音后读[ye]，如"越"。合口三等仙韵在非知照组后读[yan]，如"全"；在知照组后读[uan]，如"转"。合口三等薛韵在知照组后读[o]，如"说"；在非知照组后读[ye]，如"雪"。合口四等先韵一般读[yan]，如"犬"。合口四等屑韵一般读[ye]，如"缺"。

11. 臻 摄

开口一等痕韵今读加[ən]，如"吞"。开口一等没韵今读[u]，如"忽"。开口三等殷韵今读[in]，如"斤"。开口三等迄韵今读[i]，如"乞"。开口三等真韵今在非知照系后读[in]，如"频"；在知照系后读[ən]，如"陈"。开口三等质韵今在非知照系后读[i]，如"毕"；在知照系后读[ɿ]，如"日"。合口一等魂韵今在唇音、泥母后读[ən]，如"本"；其他的喉舌齿音后读[uən]，如"昆"。合口一等没韵在舌齿喉牙音部分唇音后读[u]，如"不"；在少数唇音后读[o]，如"没"。合口三等文韵在非敷奉后读[ən]，如"分"；在微母后读[uən]，如"文"；在喉牙音后读[yn]，如"君"。合口三等物韵在轻唇后读[u]，如"佛"；

合口三等谆韵在知照系和来母后读[ən]，如"轮"；在喉牙、精母后读[yn]，如"均"。合口三等衔韵在知照、来母后读[u]，如"律"；在非知照系后读[y]，如"橘"。

12. 宕 摄

开口一等唐韵今读[aŋ]，如"唐"。开口一等铎韵今读[o]，如"博"。开口三等阳韵今在非知照系中读[iaŋ]，如"良"；在知照系三等中读[aŋ]，如"张"；在知照系二等中读[uaŋ]，如"装"。开口三等药韵在知照系后读[o]，如"若"；在非知照系后大部分读[yo]，如"雀"；一部分读[ye]"削"或[iau]"跃"。合口一等唐韵今读[uaŋ]，如"光"。合口一等铎韵今读[o]"郭"或[ue]"廓"。合口三等阳韵今在非敷奉后读[aŋ]，如"方"；在喉牙音和微母后读[uaŋ]，如"忘"。合口三等药韵今读[u]，如"缚"。

13. 江 摄

开口二等江韵在唇音和一部分喉牙音后，读[aŋ]，如"邦"；在知照系二等字后读[uaŋ]，如"撞"；在大部分喉牙音后读[iaŋ]，如"江"。开口二等觉韵在知照系、唇音和一部分喉牙音后读[o]，如"剥"；在一部分喉牙音后读[yo]，如"学"。

14. 曾 摄

开口一等登韵在唇音后读[uŋ]，如"崩"；其他的都读[ən]，如"凳"。开口一等德韵读[e]，如"北"。开口三等蒸韵在知照系后读[ən]，如"橙"；在非知照系后读[in]，如"冰"。开口三等职韵在知照系后读[ɿ]，如"直"；在非知照系后读[i]，如"力"；在庄系字后读[e]，如"色"。合口一等登韵读[uŋ]，如"弘"。合口一等德韵今读[ue]，如"国"。合口三等职韵今读[y]，如"域"。

15. 梗 摄

开口二等庚韵今一般读[ən]，如"生"；少数唇音字今读[uŋ]，如"碰"。开口二等陌韵今一般读[e]，如"百"。开口二等耕韵今一般读[ən]，如"争"；少数唇音字今读[uŋ]，如"萌"；在喉牙音后，一部分读[in]，如"青"。开口二等麦韵今一般读[e]，如"麦"。开口三等庚韵今一般读[in]，如"京"。开口三等陌韵今一般读[i]，如"碧"。开口三等清韵在知照系后读[ən]，如"贞"；非知照系后读[in]，如"名"。开口三等昔韵在知照系后读[ɿ]，如"石"；非知照系后读[i]，如"昔"。开口四等青韵今一般读[in]，如"丁"。开口四等锡韵今一般读[i]，如"踢"。合口二等庚韵今有[uaŋ][ən][uan]三读。合口二等陌（无）。合口二等耕韵今读[uŋ]，如"宏"。合口二等麦韵高化后读[ue]，如"获"；

低化后读[ua]，如"划"。合口三等庚韵除在晓母的"兄"里读[yŋ]外，其他的都读[yn]，如"荣"。合口三等清大都读[yn]，如"倾"（"颖"例外）。合口三等昔韵今一般读[y]，如"役"。合口四等青韵今一般读[yn]，如"萤"。

16. 通摄

合口一等东韵今读[uŋ]，如"蒙"。合口一等屋韵今读[u]，如"木"。合口一等冬韵今读[uŋ]，如"冬"。合口一等沃韵今读[u]，如"毒"。合口三等东韵在唇舌齿音后读[uŋ]，如"风"；在喉牙音后读[yŋ]，如"熊"。合口三等屋韵在唇舌齿音后读[u]，如"目"；在喉牙音后读[y]，如"菊"。合口三等钟韵在舌齿轻唇和牙音后读[uŋ]，如"封"；在喉音后读[yŋ]，如"凶"。合口三等烛韵在喉牙音后读[y]，如"欲"；在舌齿音后读[u]，如"足"。

三、自贡方言声调与中古声调的比较

表 2.8 自贡方言声调与中古声调对比表

中古调类		自贡方言声调	例 字
全清	平	阴平 44	多、巴、衣、灯、方
	上	上声 53	椅、等、哑、掩、矮
	去	去声 214	意、凳、亚、恶、爱
	入	去声 214	识、滴、一、得、鸭
次清	平	阴平 44	拖、叉、诗、梯、天
	上	上声 53	使、矢、妥、腿、土
	去	去声 214	试、世、替、唾、兔
	入	去声 214	湿、塔、塌、贴、帖
全浊	平	阳平 21	爬、时、题、房、田
	上	阴平 44	是、肚
		去声 214	士、弟、舵、杜、待
	去	阴平 44	树
		去声 214	事、侍、第、大、度
	入	去声 214	石、食、笛、十、杀
次浊	平	阳平 21	罗、麻、移、棉、埋
	上	上声 53	以、免、马、买、米
	去	去声 214	异、面、墓、卖、谜
	入	去声 214	逸、灭、末、抹、袜

自贡方言声调与中古声调的对应规律：

1. 古平声

古全清声母、次清声母平声字在自贡方言中读阴平调，调值44，如"多、巴、衣、灯、方、拖、叉、诗、梯、天"。

古全浊声母、次浊声母平声字在自贡方言中读阳平调，调值21，如"爬、时、题、房、田、罗、麻、移、棉、埋"。

2. 古上声

古全清声母、次清声母、次浊声母上声字在自贡方言中读上声调，调值53，如"椅、等、哑、掩、矮、使、矢、妥、腿、土、以、免、马、买、米"。

古全浊声母上声字在自贡方言中绝大部分读去声调，调值214，如"士、弟、舵、杜、待"。个别读阴平调，调值44，如"是、肚"。

3. 古去声

古全清声母、次清声母、次浊声母去声字在自贡方言中读去声调，调值214，如"意、凳、亚、恶、爱、试、世、替、唾、兔、异、面、墓、卖、谜"。

全浊声母去声字在自贡方言中绝大部分读去声调，调值214，如"事、侍、第、大、度"。

个别读阴平调，调值44，如"树"。

4. 古入声

古入声不分清浊在自贡方言中绝大部分读去声调，调值214，如"识、湿、石、逸"。个别读阴平，调值44，如"拉、喝、萨、轧、挖、摸、擘"；个别读阳平，调值21，如"峡、膜、贼"；个别读上声，调值53，如"辱、褥"。未读去声的古入声字分布较零散，无规律可言。

第三章 自贡方言词汇①

自贡方言词汇指自贡方言中词和固定短语的总汇，包括自贡方言所使用的全部的词和固定短语。主要包括两个部分：一个部分是自贡方言中古已有之，代代相传，但与普通话说法一致的词，如"天、地、人、水、风、霜"。另一部分是方言特征词，即一定地域内一定批量的、区内大体一致、区外相对殊异的方言词。如自贡方言的"凭靠[pʰən44]""唝吸吮[tɕy214]"等。本章参考教育部语信司编《中国语言资源调查手册·汉语方言》（2015）和四川省地方志编纂委员会编《四川省志·方言志（1986—2005）》（2013）所列方言词汇调查表。

第一节 自贡方言代表词汇②

一、天文、气象

表 3.1

普通话词汇	自贡方言词汇	自贡方言读音
太阳	太阳	tʰai214iaŋ21
月亮	月亮	ye214liaŋ214
星星	星宿儿	ɕin44ɕiɚ214
云	云	yn21
风	风	fuŋ44

---

① 为方便阅读，本章方言注音全用国际音标，不另加方括号标注。凡是儿化音，均缩小字体表示。
② 本节所列方言词写法只求同音，未刻意求本字，以国际音标读音为准。若普通话中同一词对应在自贡方言中有多种说法，本节保留方言中最独特的说法，不取与其他方言读法相同或相近的说法。

续表

普通话词汇	自贡方言词汇	自贡方言读音
台风	台风	tʰai21fuŋ44
雷	雷	luei21
雨	雨	y53
下雨	下雨	ɕia214y53
淋	淋	lin21
晒	晒	ʂai214
雪	雪	ɕye214
霜	霜	ʂuaŋ44
雾	雾	u214
露	露水	lu214ʂuei53
虹	红虹	xuŋ21kaŋ214
日食	天狗吃太阳	tʰian44kəu53tʂʰɿ214tʰai214iaŋ21
月食	天狗吃月亮	tʰian44kəu53tʂʰɿ214ye214liaŋ214
天气	天气	tʰian44tɕʰi214
晴天	晴天	tɕin21tʰian44
阴天	阴天	in44tʰian44
旱天	天干	tʰian44kan44
涝天	无	无
天亮	天亮	tʰian44liaŋ214
冰雹	雪弹子	ɕye53tan214tsɿ53
闪电	霍闪	xo214ʂan53
夏日阵雨	偏东雨	pʰian55tuŋ55y53
冰	凌冰儿	lin21piɚ44

· 47 ·

二、地　理

表 3.2

普通话词汇	自贡方言词汇	自贡方言读音
水田	田	t^hian21
旱田	土	t^hu53
田埂	田顺子	t^hian21ʂuən214tsʅ53
路	路	lu44
山	山	ʂan44
江	江	tɕiaŋ44
溪	溪	tɕ^{h}i44
水沟儿	沟沟儿	k^{h}əu44k^{h}ɚ44
湖	湖	fu21
池塘	堰塘	yan214t^{h}aŋ21
洪水	大水	tᴀ214ʂuei53
淹	淹	ŋan44
河岸	河边	xo21pian44
坝	坝	pᴀ214
地震	地震	ti214tʂən214
窟窿	洞洞儿	tuŋ214tuɚ214
缝儿	缝缝儿	fuŋ214fuɚ214
平地	坝坝儿	pᴀ214pɚ214
山口	垭口	ia44k^{h}əu53
坑	凼凼儿	taŋ214tɚ214
地方	地方	ti214faŋ44
乡下	乡坝头	ɕiaŋ44pᴀ44t^{h}əu21

三、时间、节令

表 3.3

普通话词汇	自贡方言词汇	自贡方言读音
时候	时候	ʂɿ21xəu214ʂɿ21xəu214
什么时候	ʂuŋ44个时候	ʂuŋ44ko214ʂɿ21xəu214
现在	这哈	tʂe44xA44
以前	原来	yan21lai21
以后	二天	ɚ214tʰian44
一辈子	一辈子	i214pei214tsɿ53
早晨	早晨	tsɑu53ʂən21
上午	上午	ʂɑŋ214u53
中午	晌午	ʂɑu53u53
下午	下午	ɕia214u53
傍晚	擦黑	tsʰA214xe214
白天	白天	pe21tʰian44
夜晚	晚夕 黑了	uan53ɕi44 xe214ia53
半夜	半夜	pan214ie44
今天	真朝	tʂən44tʂɑu44
昨天	昨儿天	tsuɚ21tʰian44
明天	门朝	mən21tʂɑu44
后天	后天	xən214tʰian44
前天	前天	tɕʰian21tʰian44
大前天	大前天	tA214tɕʰian21tʰian44
整天	一天	i214tʰian44
每天	天天	tʰian44tʰian44
大后天	万后天	uan214xəu214tʰian44
去年	去年子	tɕʰy214ȵian21tsɿ53
前年	前年子	tɕʰian21ȵian44tsɿ53
今年	今年子	tɕin44ȵian21tsɿ53
明年	明年子	min21ȵian44tsɿ53
后年	后年子	xəu214ȵian21tsɿ53

续表

普通话词汇	自贡方言词汇	自贡方言读音
往年	往年家	uaŋ53ȵian21tɕia44
年初	开年	kʰai44ȵian21
年底	年底	ȵian21ti53
正月	正月	tʂən214ye214
大年初一	初一天	tsʰu44i214tʰian44
元宵节	正月十五	tʂən214ye214ʂʅ214vu53
清明	清明	tɕin44min21
端午	端阳	tuan44iaŋ21
七月十五	七月半	tɕʰi214ye214pan214
中秋	中秋	tʂuŋ44tɕʰiən44
冬至	冬至	tuŋ44tʂʅ214
腊月	腊月	lA214ye214
除夕	三十天	san44ʂʅ214tʰian44
历书	黄历书	xuaŋ21li214ʂu44
阴历	阴历	in44li214
阳历	阳历	iaŋ21li214
星期天	星期天	ɕin44tɕi44tʰian44

四、人　品

表 3.4

普通话词汇	自贡方言词汇	自贡方言读音
傻	哈	xA53
调皮	千翻儿	tɕʰian44fɚ44
吝啬	夹	tɕia21
精明、狡猾	诡 贼	kuei53 tsuei21
粗心大意	恍	xuaŋ53
办事不认真，不讲信用	水 里扯火	ʂuei53 li53tʂe53xo53
不干脆，不痛快	棉扯扯	mian21tʂe53tʂe53
好出风头	阐尖夺势	tʂan53tɕian44to21ʂʅ214
不能干，低能	瘟	uən44
排行最末的	幺	iɑu44

五、一般称谓

表 3.5

普通话词汇	自贡方言词汇	自贡方言读音
婴儿	奶娃儿	lai53uᴀ21ɚ44
小孩	小娃儿 小崽崽儿	ɕiau53uᴀ21ɚ44 ɕiau21tsai53tsʅ44
男孩子	男娃儿	lan21uᴀ21ɚ44
女孩子	女娃儿 姑娘儿	ȵy53uᴀ21ɚ44 ku44ȵiɑ44
半大孩子	青尻子	tɕʰin44kəu44tsʅ53
老头子	老者儿	lau53tʂuɚ53
老太婆	老妈儿	lau53mɚ44
十分调皮的孩子	皂娃儿	tsau214uᴀ21ɚ44
很瘦小的人或动物	蔫巴 躺巴儿	ian44pᴀ44 laŋ44pɚ44
吝啬鬼	夹夹客	tɕia21tɕia21kʰe214
外行，手艺不好的人	黄师傅 撇火药	xuaŋ21sʅ44fu214 pʰie53xo53yo214
傻瓜	哈儿 哈本儿	xᴀ53ɚ53 xᴀ53pɚ53
总是把事情搞砸锅的人	倒汉	tau214xan214
爱闲聊、爱吹牛的人	冒壳儿客	mau214kʰuɚ53kʰe214
固执己见、死心眼儿的人贬称	犟拐拐	tɕiaŋ214kuai53kuai53
爱与人争吵或无理取闹的人	横人（男女皆可） 踹妇（专指女性）	xuan21zən21 tʂʰuai214fu214
做事鲁莽的人	莽式汉儿	maŋ44sʅ214xɚ214
小偷	贼娃儿 偷瓜儿	tsuei21uɚ53 tʰəu44kuɚ44
扒手	摸瓜儿	mo44kuɚ44
土匪	棒客 棒老二	paŋ214kʰe214 paŋ214lau53ɚ214
厨师	炊二哥	tsuei44ɚ21ko44
乞丐	叫花儿	kau214xua214ɚ21
妓女	梭爷子	So44ie21tsʅ53
流氓	二流子	ɚ214liəu214tsʅ53

六、亲属称谓

表 3.6

普通话词汇	自贡方言词汇	自贡方言读音
祖父	爷爷	ie21ie44
祖母	娘娘	ɲiaŋ21ɲiaŋ44
外祖父	家公	tɕia44kuŋ44
外祖母	家婆	tɕia44pʰo21
父母	妈老汉儿	mA44lau53xɚ214
父亲	老汉儿 老爸子	lau53xɚ214 lau53pA53tsʅ21
母亲	老母亲 老娘	lau53mu53tɕʰin44 lau53ɲiaŋ21
继父	后老汉儿	xəu214lau53xɚ214
继母	后妈	xəu214mA44
伯父	叔爷	ʂu53ie21
叔父	叔爷	ʂu53ie21
排行最小的叔父	幺叔儿	iau44ʂuɚ214
姑姑	老子、孃孃	lau21tsʅ53ɲiaŋ44ɲiaŋ44
伯母	叔娘	ʂu53ɲiaŋ21
婶母	叔娘	ʂu53ɲiaŋ21
姑父	姑爷 姑爹	ku44ie21 ku44ti44
舅舅	母舅儿	mu53tɕiɚ214
姨妈	姨孃	i21ɲiaŋ44
哥哥	哥老倌	ko44lau53kuan44
弟弟	幺弟	iau44ti214
姐姐	姐	tɕie53
妹妹	幺妹	iau44mei214
妯娌	刷母	ʂua214mu53
连襟	老挑	lau53tʰiau44
丈夫（背称）	男人	lan21zən21

续表

普通话词汇	自贡方言词汇	自贡方言读音
妻子（背称）	婆娘	pʰo21niaŋ44
岳父（背称）	老丈人	lau53tʂaŋ214zən21
岳母（背称）	老丈母	lau53tʂaŋ214mu53
公公（背称）	老人公	lau53zən21kuŋ44
婆婆（背称）	婆婆妈	pʰo21pʰo44mᴀ44
舅子（背称）	舅老倌	tɕiəu214lau53kuan44
儿子（背称）	幺儿	iau44ɚ21
女儿（背称）	幺女儿	iau44n̠yɚ53
女婿（背称）	女婿	n̠y53ɕi214
媳妇（背称）	媳妇	ɕi21fu44
孙子	孙儿	suən44ɚ21
重孙子	末末	mo214mo214
曾孙（孙子之孙）	尘尘儿	tʂʰən21tʂʰɚ44
曾孙之子	灰灰儿	xuei44xuɚ44
曾祖（祖父之父）	祖祖、老家	tsu53tsu52, lau21kᴀ44
太祖（祖父之祖父）	天天	tʰian44tʰian44
侄子	侄儿	tʂʅ21ɚ21

七、婚 育

表 3.7

普通话词汇	自贡方言词汇	自贡方言读音
给女青年提亲	找人户	tʂau53zən21fu44
给男青年提亲	说媳妇	ʂo21ɕi21fu44
未婚女青年	青头子姑娘	tɕʰin44tʰəu21tʂʅ53ku44n̠iaŋ44
再婚妇女	二婚	ɚ214xuən44
娶	接	tɕie214
嫁女	打发	tᴀ53fᴀ214
举行婚礼	办酒	pan214tɕiəu21
新郎	新郎官儿	ɕin44laŋ21kuɚ44
新娘	新姑娘儿	ɕin44ku44n̠iɚ44
坐月子的人	月母子	ye214mu53tsʅ53
双胞胎	双儿	ʂuɚ44

八、寿辰、丧葬、祭祀

表 3.8

普通话词汇	自贡方言词汇	自贡方言读音
举办生日宴，庆祝生日	做生	tsu214sən44
满整十岁的生日	满十 大生	man53ʂʅ21 tA214sən44
非满整十岁的生日	闲生	xan21sən44
人死	走了 老了	tsəu53A21 lau53A21
夭折	短命	tuan53min214
棺材	枋子	faŋ44tsʅ53
鬼	鬼老二	kuei53lau53ɚ214
男巫	道士	tau214sʅ214
女巫	仙婆儿	ɕian44pʰɚ21

九、人 体

表 3.9

普通话词汇	自贡方言词汇	自贡方言读音
脑袋	脑壳 沙罐儿	lau53kʰo21 ʂA44kuɚ214
脖子	颈杆儿	tɕin53kɚ53
眼珠	眼珠珠儿	ian53tʂu44tʂuɚ44
眼泪	眼流水	ian53liəu21ʂuei53
上肢	手杆	ʂəu53kan53
手肘	手倒拐	ʂəu53tau53kuai53
手腕	手颈子	ʂɛu21tɕin53tsʅ53
拳头	锭子	tin214tsʅ53
下肢	脚杆	tɕyo53kan53
膝盖	磕膝头儿	kʰe214ɕi44tʰɚ21
脚腕	脚颈子	tɕyo53tɕin53tsʅ53
脚踝骨	螺丝拐	lo21sʅ44kuai53
肚子	肚皮	tu44pʰi21
屁股	屁儿	pʰi214ɚ21

十、疾病、医药

表 3.10

普通话词汇	自贡方言词汇	自贡方言读音
身体不舒服	不好	pu214xɑu53
受凉	感冒啊 凉啊	kan53mɑu214ᴀ53 liaŋ21ᴀ53
鼻塞	祝	tʂu214
腹泻	屙稀	o44ɕi44
化脓	灌脓	kuan214luŋ21
伤口愈合	好了 告口	xɑu53ᴀ214 kɑu214kʰəu53
雀斑	土痣子	tʰu214tʂ214tsʅ53
粉刺	骚疮	sɑu44tʂʰuaŋ44
有要呕吐的感觉	训 打呕	ɕyn214 tᴀ214ŋəu53
害疟疾	打摆子	tᴀ53pai53tsʅ53
跛子	拜拜儿	pai44pɚ44
独眼龙	边花儿	pian44xuɚ44

十一、饮 食

表 3.11

普通话词汇	自贡方言词汇	自贡方言读音
粮食制成的饼状食品	粑	pᴀ44
面粉	灰面	xuei44mian214
馄饨	抄手儿	tʂʰɑu44ʂɚ53
供发酵用的面	老面	lɑu53mian214
食用的牲畜舌头	脷子	li214ts53
食用的禽畜血	旺子 血旺儿	uaŋ214ts53 ɕye214uɚ214
豆腐	灰末儿	xuei44mɚ21
豆腐乳	豆腐儿 红灰末儿	təu214fɚ53 xuŋ21xuei44 mɚ21
一起用餐，费用平摊	打平伙	tᴀ53pʰin21xo53
肉末	碎肉 臊子	suei214zu214 zɑŋ21ts53
带渣的米酒	醪糟儿	lɑu21tsɚ44
红糖	水糖	ʂuei53tʰɑŋ21

十二、房舍、服饰

表 3.12

普通话词汇	自贡方言词汇	自贡方言读音
院子的大门	槽门	tsau21mən21
卧室	房圈儿	faŋ21tɕyɚ44
厨房	灶门前	tsau214mən21tsian44
高跟鞋	高跟儿鞋	kau44kɚ44xai21
拖鞋	撒板儿鞋	sA53pɚ53xai21
戒指	箍子	kʰu44tsʅ53
内裤	摇裤儿	iau21kʰu214ɚ21
手套	手套	ʂəu53tʰau214
袖套	袖笼子	ɕiəu214luŋ21tsʅ53

十三、农 事

表 3.13

普通话词汇	自贡方言词汇	自贡方言读音
可以蓄水种稻的地	水田	ʂuei53tʰian21
稻麦孕穗	含苞	xan21pau44
稻麦穗	谷子吊吊儿	ku53tsʅ53tiau214tiɚ214
浇水或施水肥	□	in214
玉米	包谷	pau44ku53
红薯	红苕	xuŋ21ʂau21
水稻	谷子	ku53tsʅ53
糯稻	酒谷	tɕiəu53ku53
籼稻	饭谷	fan214ku53
向日葵	太阳花	tʰai214iaŋ21xua44
结球甘蓝	莲花白	lian21xua44pe21
番茄	洋海椒	iaŋ21xai53tɕiau44
辣椒	海椒	xai53tɕiau44

十四、一般事物

表 3.14

普通话词汇	自贡方言词汇	自贡方言读音
蜘蛛网	蛰蛰儿网	zɿ21zɚ44uaŋ53
卖剩下的东西，劣等品	落罢脚儿	lo214pᴀ214tɕiɚ53
小纸条	纸飞飞	zɿ53fei44fɚ44
模棱两可、不确定的话	甩甩儿话	ʂuai53ʂuɚ21xua214
托辞	推口话	tʰuei44kʰo53xua214
牢骚话	二话	ɚ214xua214
外行话	黄腔	xuaŋ21tɕʰiaŋ44
绳子	索子	so214tsɿ53
火焰	火火儿	xo53xuɚ21
不付出相应代价而得到的东西	合	pʰᴀ44xo21

十五、一般动物、植物

表 3.15

普通话词汇	自贡方言词汇	自贡方言读音
老鼠	耗子	xau214tsɿ53
狐狸	毛狗	mau21kəu53
蛇	梭老二	so44lau53ɚ214
癞蛤蟆	癞疙宝	lai214ke214pau53
蜻蜓	马马灯儿	mᴀ53mᴀ53tɚ44
蝉	尼额儿	ȵi44ŋɚ44
蚯蚓	曲蟮儿	tɕye21ʂɚ21
蟑螂	偷油婆	tʰəu44iəu21pʰo21
蝙蝠	岩老鼠儿	yan21lau53ʂuɚ53
草绿龙晰	四脚蛇	sɿ214tɕyo53ʂe21
公牛	牯牛	kʰu44ȵiəu21
母牛	母牛	mu53ȵiəu21
公狗	牙狗	iᴀ21kəu53
母狗	草狗	tsʰau53kəu53
公猪	脚猪	tɕyo53zu44
母猪	草猪	tsau53zu44

续表

普通话词汇	自贡方言词汇	自贡方言读音
雄猫	男猫儿	lan21mɚ44
雌猫	女猫儿	ȵy53mɚ44
公鸡	叫鸡	tɕiau53tɕi44
母鸡	鸡婆儿	tɕi44pʰɚ21
孵蛋的鸡	菢鸡婆	pau214tɕi44pʰo21
雏鸡	小鸡儿	ɕiau53tɕi44ɚ21
公鸭	鸭青儿	ia214tɕiɚ44
母鸭	鸭婆儿	ia214pʰɚ21
榕树	黄桷树	xuaŋ21ko53ʂu44
蓖麻	蓖麻	xo214mA21

十六、动作行为

表 3.16

普通话词汇	自贡方言词汇	自贡方言读音
聊天	摆龙门阵	pai53luŋ21mən21tʂən214
开玩笑	说来耍儿的	ʂuo214lai21ʂuɚ53le44
骂	叨	tʰau44
理睬，理会	睬	tsʰai53
踩	踩	tʂʰai53
向前或向上推	□	tsʰəu44
用条状物抽打	□	tʂʰan53
扶	掌	tʂaŋ21
揉	挼	zua21
踢	□	zua214
扔、掷	甩 掟	ʂuai53 tin214
跌	□	zuai44
蹲	跍	kʰu21
采摘	摘	tʰau53
盖	窨	kʰaŋ53
触动、碰撞	□	pʰaŋ53
巴结	喝泡舔肥	xo44pʰau44tʰian53fei21

续表

普通话词汇	自贡方言词汇	自贡方言读音
讨好	喝斗	xo44təu53
强迫，逼迫	古斗 马斗	ku53təu53 mA53təu53
试	搞	kɑu214
认为，以为	墨斗	me214təu53
估计，猜测	谙斗	ŋan53təu53
发牢骚	说二话	ʂo214ɚ214xua214
吵架	扯筋	tʂʰe53tɕin44
打瞌睡	跩瞌睡 啄瞌睡	ʐuai44kʰo53ʂuei214 ʐua214kʰo53ʂuei214
梦中踢脚，也比喻注意力不集中，思想开小车	啄梦脚 打梦脚	ʐua214muŋ214tɕyo53 ta53muŋ214tɕyo53
刁难	弯酸	uan44suan44
丢脸、使没面子	丧德	saŋ214te21
（说话）不算数 （事情）告吹	黄 水	xuaŋ21 ʂuei53
追赶、驱逐	吆 撵	iau44 ȵian53
用语言贬低	踏屑	tʰA214ɕy214
揭老底	翻老底子	fan44lau53ti53tsɿ53
靠	凭	pʰən44
搅动，翻动	搅	kʰau21
结束，完毕	撒阁	sA214ko214
添加	□	ʐuaŋ53
欺骗	麻 喝	mA21 xo44
占便宜	捡相因	tɕian53ɕiaŋ44in44
行贿	塞包袱	se214pau44fu214
受贿	整饱了	ʐən53pau53A53

十七、性质、感觉、状态、颜色

表 3.17

普通话词汇	自贡方言词汇	自贡方言读音
舒服，痛快	安逸	ŋan44i214
舒服，舒适	巴适	pA44ʂʅ214
软	炧	pʰA44
仔细	下细	ɕia214ɕi214
笔直	溜抻	liəu44tʂʰən44
技艺差劲，质量低劣	孬	pʰie214
健壮，结实	墩笃	tən44tu21
身材瘦长	牵栏杆儿	tsian44lɑŋ21kɚ53
完成，完毕，结束	归一	kuei44i214
不懂行	黄的	xuaŋ21le44
结实牢固，经久耐用	经事	tɕin44sʅ214
坚硬	硬肘	ŋən214zəu53
软和	炧和	pʰA44xo21
鼓起劲头，强硬起来	硬起	ŋən214tɕi53
错，差错，糟糕	拐了	kuai53A53
晚	晏	ŋan214

十八、教育、交际、娱乐

表 3.18

普通话词汇	自贡方言词汇	自贡方言读音
粉笔	白墨	pe214me214
卷笔刀	车车儿	tʂʰe44tʂʰɚ44
橡皮擦子	擦擦儿	tsʰA214 tsʰɚ53
批改，批阅	改（卷子）	kai53
留级	梭班儿	so44pɚ44
排名位居最末	啰班儿	lo44pɚ44
请客	办招待	pan214tʂau44tai214
到亲友家做客	走人户	tsəu53zən21fu44
小儿模仿成人煮饭、吃饭、带孩子	办锅锅酒儿	pan214ko44ko44tɕiɚ53
捉迷藏	藏猫儿	tsʰɑŋ21mɚ44
抽陀螺	铲螺陀	tsʰan53lo214tʰo21
滑梯	梭梭板儿	so44so44pɚ53
风筝	风筝儿	fuŋ44tɚ44
木偶	木肘肘儿	mu214tʂəu53tʂɚ53

十九、商业、交通、邮电

表 3.19

普通话词汇	自贡方言词汇	自贡方言读音
逢集	逢场	fuŋ21tʂʰaŋ53
逢集的日子	赶场天	kan53tʂʰaŋ53
不逢集的日子	闲天	xan21tʰian44
赶集	赶场	kan53tʂʰaŋ53
讨价还价	讲价钱	tɕiaŋ53tɕia214tɕian21
纸币	票子	pʰiau214tsʅ53
面值为"元"的人民币	块块钱	kʰuai53kʰuai53tɕʰian21
面值为"角"的人民币	角角钱	tɕyo214tɕyo214tɕʰian21
卖剩的东西丕买或丕卖	丕	tuei53
便宜	相因	ɕiaŋ44in44
称秤时使分量不准	耍称	ʂua53tʂʰən214
欠，差	欠	tsən44
自行车	洋马儿	iaŋ21mʌ53ɚ21
机动三轮车	边三轮儿	pian44san44luɚ21
坐出租机动三轮车	打边三轮儿	tʌ53pian44san44luɚ21
坐出租摩托车	打两轮儿	tʌ53liaŋ53luɚ21
乘坐（汽车、轮船）	赶	kan53
寄信	交信	tɕiau44ɕin214
信封	信壳儿	ɕin214kʰuɚ214
写好了信的信纸	信签儿纸	ɕin214tɕiɚ44zʅ53

二十、指　代

表 3.20

普通话词汇	自贡方言词汇	自贡方言读音
大家，全体	尽都	tɕin214təu44
自己	个人	ko214zən21
我	我	ŋo53
我们	我恩	ŋo53ən21

续表

普通话词汇	自贡方言词汇	自贡方言读音
你	你	ȵi53
你们	你恩	ȵi53ən21
他	拉	lᴀ44
他们	拉恩	lᴀ44ən21
别人	别个 人家	pie214ko214 zən21ȵia44
谁	晒个	ʂai21ko214
这	这	tʂe44
那	嘞	le44
这个	这个	tʂe44ko214
那个	嘞个	le44ko214
哪个	晒个	ʂai21ko214
这里	这堂个儿	tʂe44tʰaŋ21kɚ44
那里	嘞堂个儿	le44tʰaŋ21kɚ44
哪里	晒堂个儿	ʂai21tʰaŋ21kɚ44
什么	松个西 哄个	ʂuŋ44ko214ɕi44 xuŋ44ko214
怎么	咋子	tsua214tsɿ53
这么	郑	tʂən214
那么	恁	lən214

二十一、方　位

表 3.21

普通话词汇	自贡方言词汇	自贡方言读音
上面	高底	kɑu44ti53
下面	底下	ti53ɕia21
旁边	侧边	tse214pian44
中间	拦中八腰	lan21tʂuŋ44pᴀ214iɑu44
前面	前都	tɕʰian21təu44
后面	后头	xəu214tʰəu21
里面	以头	i53tʰəu21
外面	外先	uai214ɕian44
周围	团转	tʰuan21tʂuan214

第二节　自贡方言词汇中的基本词汇和一般词汇

自贡方言词汇系统主要由基本词汇和一般词汇组成，特别是一般词汇是自贡方言词汇系统的精髓所在。

一、基本词汇

自贡方言词汇中的基本词汇是方言区内全民常用的词汇，一致性很高，比较稳定，是自贡方言词汇系统的核心。基本词汇多是基本范畴词，它们所指的事物、所表达的概念，都是方言区人们日常生活中反复接触到的，其使用范围不受使用者阶层、行业、文化程度、年龄、性别等因素的限制。这些词主要包括天文、地理、时间时令、农业、植物、动物、房舍建筑、器具用品、亲属、称谓、婚丧、身体、疾病医疗、饮食起居、服饰、交际、商业、交通、宗教文化、方位指代等义务，多数是全民常用的比较稳定的一般动词、名词、形容词，还有平常交际中出现频率很高的语气词、介词、连词、助词等。例如：

星宿儿星星｜火闪闪电｜凼凼水坑｜二天以后｜啥子什么｜团转周围｜苦毛子汗毛｜笋兜｜酒米糯米｜灰面面粉｜摇裤短裤｜白墨粉笔｜鸭青公鸭｜抽抽抽屉｜揍揍塞子｜老挑连襟｜刷母妯娌｜上山出殡，下葬｜不好生病｜相因便宜｜巴适好，令人满意｜默倒以为

这类词自贡方言和四川大多数区域方言一样，有很大一部分是古词语，它们经历了漫长的时间岁月，至今仍然保持着旺盛的生命力。例如：

【晏 ŋan214】晚，迟。《论语·子路》："冉子退朝。子曰：何晏也。"《国语·越语下》："孰使我蚤朝而晏罢者，非吴乎？与我争三江、五湖之利者，非吴耶？夫十年谋之，一朝而弃之，其可乎？王姑勿许，其事将易冀已。"《楚辞·山鬼》："留灵修兮憺忘归，岁既晏兮孰华予？"唐代韩愈《崔十六少府摄伊阳以诗及书见投因酬三十韵》："有时未朝餐，得米日已晏。"今四川方言常用，巴金《家》："还早勒！爷爷吩咐过今天饭开晏一点，昨晚上大家吃多了酒，今天起得晏些。"自贡方言的说法也一样。

【侈/奓/夯 tʂA44】开，张开。《庄子·知北游》："神农隐几阖户昼瞑，妸荷甘日中奓户而入。"陆德明释文引司马彪云："奓，开也。"宋代范成大《秋日杂兴》诗之一："奓户劝之起，怀宝善自珍。"今自贡方言常用，如"不要

合起嘴巴乱说""鞋子都合开了"。

【彪 piau44】快跑，快逃。元代杂剧《西厢记·寺警》："彪了僧帽，袒了偏衫。"今仍常用："那条蛇一下子就彪不见了。"也指液体喷射或迅猛流出，如"水管破了个口子，自来水到处彪"。

【跍 kʰu21】蹲。黄侃《蕲春语》："《广韵》上平声十一模：跍，蹲；苦胡切。今吾乡谓蹲曰跍，亦曰蹲。"清代张慎仪《蜀方言》卷上："踞地曰蹲，曰跍。"川剧《五台会兄》："远望桥头高垒垒，涧下溪水吼如雷。手把栏杆过桥嘴，但则见乌鸦蛄几堆。"也把呆在某处称为"跍"。清代刘省三《跻春台·南山井》(卷三)："饮酒唱的纱窗曲，燕语莺声句句苏。这样风流才有趣，不枉人生世上跍。"又如，"天天在屋头家里跍起，不出去做活路干活儿，看二天以后吃啥子"。

【敦笃 tən44tu21】身体壮实。"敦笃"古指敦厚笃实。《左传·成公十三年》："君子勤礼，小人尽力。勤礼莫如致敬，尽力莫如敦笃。"宋代苏舜钦《杜谊孝子传》："谊性敦笃不苟，惟信义所在，事父母极其孝。"清代曾国藩《李忠武公神道碑铭》："公端凝敦笃，爱人不尚美言。"今自贡话一般指身体外形壮实，如"那个小伙子长得好敦笃"。

二、一般词汇

自贡方言的一般词汇不是方言区内全民常用的词汇，除了方言区内大体通用的固有词外，大致还包括两种类型。

1. 仅通行于自贡地区和特定行业的词语

仅通行于自贡地区的词语，其他西南官话方言区的社会成员一般不使用，甚至不太懂得这些词语的含义。从色彩方面看，这些词显得更为土俗。例见表 3.22。

表 3.22　仅通行于自贡地区的词语示例表

方言词词例	意义
涮烦	惹上麻烦
日风	神经病詈语
斩扎	请人吃饭以求人办事
真朝	今天
门朝	明天

行业词在一定行业中使用,不一定为社会群体中全部成员所了解。例见表 3.23。

表 3.23 特定行业词语示例表

行业词	意义	使用行业
丘二	店伙计现引申为跑腿的人	服务业
酱盐	生产佐料的手工作坊	食品行业
墩子匠	切菜师傅	餐饮业
烧胎	占卜仪式	巫术

2. 古旧词和新生方言词

古旧词和新生方言词根据产生时间先后区分。古旧词是受时间限制的一般词汇,可以进一步分为两个类别。

第一类古旧词随着所指事物和现象的消失而消失,没有相应的现代词。如:

【绅粮】有土地有势力的退职官吏或有势力的地主。姚雪垠《李自成》:"有一天你们把毛驴儿拴在一家绅粮①大门外,绅粮出来看见地上的驴屎蛋儿,逼着脚老伯捧起来吃下肚去。"

【牛屎粑】指用牛屎做成的圆饼,用作燃料。王余杞《自流井》:"遍野遍地净是牛屎粑。"

【香香】泛指糖果之类的零食。王余杞《自流井》:"丰盛的香香早就送到面前。"

这些词所代表的事物或现象,相对而言产生历史不长,反映历史上曾经存在、现在已经消亡了的事物或现象,只有在反映历史事件或说法时才会使用到,它们是历史词。第二类古旧词产生的历史不太长,所指事物现象也未消失,但已被新的词语所取代,一般只在描述历史现象时才使用,一些老人对这些词还比较熟悉,年轻人则较为陌生,甚至不知其义,可以称之为旧词,例见表 3.24。

表 3.24 自贡方言古旧词示例表

旧词	新词	旧词	新词
扮灯	开玩笑	歇	住
转窝子	冒充、假	冲壳子	吹牛
栈房	旅馆	洋马儿	自行车
门房	门卫	梭爷子	妓女

---

① 绅粮:四川人也把大一点的地主称为绅粮。

这些旧词目前只有 60~80 多岁的老年人偶尔使用，现大都被新词代替。新生方言词是自贡方言区人们在现代的社会生活中，根据交际的需要不断总结产生出来的，例见表 3.25。

表 3.25　自贡方言新生方言词示例表

新生方言词	意义
卡的	指笨，一根筋，脑筋转不过弯来
两轮	载客的摩托车
边三轮	机动三轮车
刹一脚	刹一下车，停一下车
打的	坐出租车
吃粉儿	吸毒

第三节　自贡方言词汇的语义分析

自贡方言词汇的语义系统特征具备词汇语义系统的一般特征，例如词义的概括性、模糊性等。同时，由于词义是人们对现实现象的概括反映，因此在特定的地域环境中，外部世界具体对象特殊性的客观存在和不同地域的人们对其生存环境认识的差异，必然会带来某一特定语言或方言词汇语义系统不同于其他语言或方言的特点。本节主要就自贡方言词汇语义所呈现的独特性做简要介绍。

一、理性意义特征

词的理性意义是词的核心部分，反映客观对象的主要特征，这是词的理性意义的共性。自贡方言词语的理性意义反映出自贡地区人民对外部世界的基本认识和概括，这是与他们长期的生活生产密不可分的，因此其中既有与其他方言区人民相同的概括，也必然存在一些差异。例如：

【椒盐】形容不纯正的口音。

自贡自古盛产井盐，自贡人偏爱盐味，由此自贡成为全国重要的产盐地和食盐消费地。把盐炒热呈金黄，加四川地区盛产的花椒粉就成了自贡人见人爱的"椒盐",如"椒盐排骨""椒盐锅盔""椒盐花生"……至此,"椒盐普通话"大意也就明白了,那是带着浓浓自贡口音的普通话,味道绵长,别有情致。

理性意义又可进一步区分为科学义和通俗义。科学义又被称为术语义、专门义、学科义等,反映科学概念的内涵。通俗义则是一种经验义,是人们通过自己的经验感知而获得的意义,因此又被称为普通意义或日常意义。例如自贡盛产的"盐",其科学义是氯化钠,是酸中的氢原子被金属原子置换所形成的化合物;通俗义是食盐的通称,一种白色带咸味的调味品。从理性意义的构成考虑,通俗意义在自贡方言中占据优势。

二、附加意义特征

词的附加意义是附着在其理性意义之上的人们对客观现实现象的主观态度、联想内容、风格色彩等方面的内容。通常情况下,附加意义包括感情色彩、形象色彩等。

(一)感情色彩义

1. 部分叠音后缀能够表达特定的感情色彩

例如:

【~生生】 白生生｜翠生生

【~嘟嘟】 肥嘟嘟｜胖嘟嘟｜肉嘟嘟｜粉嘟嘟

【~酥酥】 黄酥酥｜泡酥酥｜干酥酥｜痒酥酥

【~崭崭】 新崭崭｜齐崭崭

【~革革】 老革革｜麻革革｜蛮革革｜沙革革

这类词语主要是由形容词性的词根语素(也有少量的动词和名词词根语素)带上表示褒贬的叠音后缀构成,尤其以贬义词为多。

2. 一些固定格式能够表达特定的感情色彩

例如:

【倒~不~】倒大不小｜倒多不少｜倒男不女｜倒懂不懂……

"倒~不~"格式中主要嵌入反义形容词,也可以嵌入同一个形容词,表示处于两个反义形容词 A 和 B 或同一个形容词 A 和非 A 的中间状态,不符合说者的心理预期,有"说它 A,它不 A;说它 B,它又不 B"之意。

【要~不~】要说不说｜要笑不笑｜要买不买……

"要~不~"格式主要嵌入同一个动词，表示一种想V而又不V，令人难以琢磨的状态，多带贬义。

【~眉~眼】绿眉绿眼｜狂眉狂眼｜焦眉辣眼｜懒眉懒眼……

"~眉~眼"具有比较明显的形象意义，通过眉眼状态表达某种情态，通常为贬义。

（二）形象色彩义

1. 一部分生动形式由有特定色彩义的词缀和词根构成

（1）有的是单音前缀加词根，例如：

飞红｜飞辣｜飞烫

焦咸｜焦干｜焦湿

溜酸｜溜尖｜溜圆

（2）有的是词根加叠音后缀，例如：

绵扯扯｜疯扯扯｜阴悄悄｜

憨痴痴｜泡酥酥｜悬吊吊

惊抓抓｜风蒿蒿｜眼鼓鼓

2. 一部分生动形式采用词根重叠、构词重叠或其他构词方式构成

这一类形式大多是四字格形式，例如：

绵扯绵扯｜笑扯笑扯｜哭兮哭兮

阴痛阴痛｜长梭长梭｜巴心巴肝

二通二通｜正儿八经｜红头花色

三、文化意义特征

语言和文化有着密切的关系，语言不仅是人类交际的工具，也是人类文化的承载者，是人类生存和发展历史的见证者。一些自贡方言词汇在其理性意义之外还包含着文化意义，对这种蕴藏在"语言背后的东西"的了解程度，往往可以作为判断人们是否了解一种语言或方言的全部精髓的标准。例如：

【敲棒棒】相当于"敲竹杠"。自贡产竹，自贡方言中与竹相关的词语不少，但是"敲竹杠"在自贡被称为"敲棒棒"，这与"棒客"有关。自贡人称土匪为"棒客"，像土匪一样明目张胆地宰人就叫做"敲棒棒"。

【魋头】指便宜。自贡人指占便宜为"占魋头"。"魋头"本是古时打鬼

驱疫时扮神者所戴面具，最迟东汉已出现。古人出丧时，用一具纸扎大鬼导引于前，还用米麦做成鬼头模样称为"魌头"的东西，撒于道上，使人捡食，谓能避邪。

【吆鸭子】指比赛、评比等活动的最后一名。自贡的职业养鸭人一般每个人负责放养一大群的鸭子，因此都得"吆鸭子"（"吆"，大声喊，引申为大声驱赶牲畜）。为了不至于造成损失，养鸭人拿着长竹竿，跟在鸭群最后，驱赶鸭子并防止丢失。吆鸭子的人总是走在鸭群的最后，久而久之，便成了最后一名的代称。

第四章 自贡方言语法

跟共同语（普通话）作横向的共时对比可以发现，自贡方言语法跟共同语有很强的一致性，很多情况是同中有异，或者异中有同。因此，本章不全面描述自贡方言的语法面貌，而是从跟普通话语法对比的角度，说明自贡方言语法的构词特点、虚词特点、动词体貌、特殊结构格式和特殊句式。

第一节 自贡方言的构词特点

自贡方言的构词手段跟普通话有很强的一致性，参看表4.1。

表4.1 自贡方言与普通话构词方式对比表

构词方式		词例 系统	普通话	自贡方言
单纯词		双声	伶俐	蜘蛛儿 tʂe214tʂɚ44
		叠韵	哆嗦	叉吧 女性言语随便、不庄重
		非双声叠韵	妯娌	挑申 故意
		叠音	猩猩	备注注音 kʰA44 kʰA44
合成词	复合式	主谓	心狠	面浅脑胚
		述宾	丢脸	烧火做饭
		偏正	密植	遛刷 手脚麻利
		中补	玩儿完	整着弄糟
		并列	聪明	团转 周围
	附加	词根+词缀	苦头	魁头（占）便宜
		词缀+词根	老乡	老表儿 表哥、表弟、姑表亲
	重叠		偏偏	盅盅儿 杯子

自贡方言和普通话都有通过语音构词手段造出的单纯词，都有通过句法构词手段造出的复合式合成词和重叠式合成词，都有通过形态构词手段造出的附加式合成词，自贡方言和普通话构词的基本规则一致。不过，自贡方言在构词方面还是有一些独特之处。

一、重叠式是非常能产的构词方式

自贡方言和普通话都有重叠式的构词方式，但是普通话中主要见于某些亲属称谓和少数副词、容词，如"爸爸、奶奶""刚刚、渐渐""皑皑、茫茫"等产性不强。在自贡方言中，重叠式则是一种非常能产的构词方式。其重叠格式主要有 AA 式和 AABB 式两种，第一种最为能产。

（一）AA 式

主要是构成名词，不管 A 是什么性质的语素，一经重叠就构成名词。如"杯杯儿杯子、盘盘盘子、眼眼儿眼儿、洞洞儿洞"，以上是名词性语素重叠。"吹吹儿哨子、刷刷儿刷子、数数数，动词，查点数目。数数，供查点的东西。指钱"，以上是动词性语素重叠。"方方方形的东西、尖尖尖儿、恍恍，粗心大意。恍恍，粗心大意的人"，以上是形容词语素重叠。"块块块状物、颗颗颗粒状的东西"，以上是量词性语素重叠。

重叠往往同儿化结合，有的重叠式儿化不儿化所指相同，但儿化后有表小的色彩，如"洞洞—洞洞儿""弯弯—弯弯儿"；有的儿化后可以区别意义，如"头头植物根部；物体顶端；尽头—头头儿头儿"。

（二）AABB 式

主要是构成形容词，不管 A、B 原本是什么性质的语素。如"筋筋吊吊形容多个长条物悬挂的样子、高高长长身材瘦长的样子、指指戳戳形容背后议论人的样子、呵呵哄哄呵、哄，骗。形容欺骗、糊弄"。以上例中，"筋"是名词性语素，"高、长"是形容词性语素，"吊、指、戳、呵、哄"是动词性语素。上述例子并非构形重叠，因为没有相应的原形词，自贡方言中没有"筋吊""高长""指戳""呵哄"等说法。

也有重叠构成名词的，如"楸楸角角角落""坛坛罐罐坛子、罐子一类东西"之类。不过这也可以理解为两个 AA 式名词的组合，因为 AA 可以独立成词。

（三）其他重叠式

自贡方言中还有三音节的重叠式构词，主要有 AAB 式和 ABB 式。自贡方言中用 AAB 和 ABB 的重叠方式构成大量名词，这是自贡方言跟普通话不同的地方，如"搅[kʰau21]搅饭、鱼摆摆"等。自贡方言常见的 AAB 式、ABB 式重叠词，例见表 4.2。

表 4.2　自贡方言常见的 AAB 式、ABB 式重叠词

格式	内部成分	词　例
AAB 式	名名/名	叉叉裤开裆裤｜藤藤菜｜毛毛汗微汗｜板板鞋木板拖鞋｜板板车人力车｜婆婆嘴喜欢唠叨的人｜婆婆妈婆母
	动动/名	担担面自贡的一种传统名小吃｜拖拖鞋拖鞋｜眯眯眼眯眼睛｜甩甩话不落实的话｜搅搅饭稀饭
	形形/名	尖尖帽｜尖尖脚旧时妇女缠过的小脚｜泡泡肉赘肉｜酸酸草｜光光头
	量量/动	条条颤颤抖
	量量/名	分分钱零钱，指分币｜节节布成段的布头｜坨坨肉一种肉食
	含拟声成分	嗨嗨嗨乐观、随和的人
ABB 式	名/名名	手爪爪手，贬义｜药罐罐一身是病的人｜人花花儿人影儿｜草笼笼｜手膀膀儿手臂｜鬼崽崽小孩，带贬义色彩
	形/名名	独丁丁儿独自一人｜清汤汤｜光杆杆｜瘦筋筋｜犟拐拐性格倔强的人｜光胴胴上身裸露｜光叉叉下身裸露
	名/形形	眼鼓鼓眼睁睁
	名/动动	雨飞飞儿微雨｜鱼摆摆｜粪舀舀儿泼粪的瓢
	名/量量	肉砣砣肉块
	形/量量	零天天儿
	含拟声成分	鸡咯咯鸡

二、不同于普通话的形容词生动形式

与普通话相比，自贡方言形容词生动形式类型多样是一个非常突出的特征。自贡方言形容词的动词形式主要由词根语各种前加或后加成分构成。常见的形式有以下几类：

（一）ABB 式

A 为词根，BB 为叠音的词缀或各类词缀，如"干筋筋、神戳戳、傻蹦蹦、

风蒿蒿、飞叉叉"。其中，A 表示基本意义，多为形容词性语素，也有个别名词性和动词性语素；BB 表示给词根 A 添加某种色彩意义。例如：较之"胀"，"胀鼓鼓"有形象色彩；较之"红"，"红彤彤"有褒义色彩，"红扯扯"有贬义色彩。

有的 ABB 式形容词都可以变为 ABAB 式，ABAB 式的程度比 ABB 轻。如"扯兮兮—扯兮扯兮、粉嘟嘟—粉嘟粉嘟、长梭梭—长梭长梭"。

（二）BA 式

A 为词根，B 多为词缀或类词缀，如"刮酸、刮苦、捞轻、碰香、滂臭、溜伸伸，直的意思、卷儿圆、梆硬、梆重、梆紧、焦干、焦湿、飞烫、飞快"等。在 BA 式形容词中，词缀表示程度加深，整个词均可作"非常 A"理解。有的 B 已经彻底虚化，只表程度义，如"刮酸"就是"非常酸"，"刮苦"就是"非常苦"，"捞轻"就是"非常轻"；有的 B 没有完全虚化，兼表程度和形象色彩，如"飞快"，除了有"非常快"的含义之外，还给人以"飞"的动态联想。

（三）ABCD 式

A 为词根，整个词的理性意义由 A 负载，BCD 是词缀，其作用主要是添加色彩义，整个词常含有贬义色彩。如"黑不溜秋、日风倒颠、灰巴拢耸"等，这些词在参与语句时，一般要在后面加上"的"，如"长得黑不溜秋的，还说帅"。

（四）ABAC 式

A 为词根，整个词的理性意义由 A 负载，B 和 C 是词缀，常见格式为"A 眉 A 眼""A 头 A 脑"，"眉、眼、头、脑"已经虚化。有的词根 A 既可组成"A 眉 A 眼"，又可组成"A 头 A 脑"，如"傻眉傻眼—傻头傻脑、鬼眉鬼眼—鬼头鬼脑、苕眉苕眼—苕头苕脑苕，土气"；有的词根 A 只能组成"A 眉 A 眼"，具有约定俗成性，如"懒眉懒眼、花眉花眼、脏眉脏眼"等。这类词常有贬义色彩。参与造句时，后面通常要加"的"，如"到处都脏眉脏眼的"。

（五）二 A 二 A 式

A 是词根，"二"的意义与数量无关，其作用是使词根意义程度减弱，如"二通二通、二麻二麻、二恍二恍"等，"二通二通"即半通不通，"二麻二麻"

指酒醉后微醉，也指神指不完全清醒。

三、词缀"子""儿"的特殊意义和用法

（一）词缀"子"

词缀"子"的使用范围普遍比普通话大。

一些普通话不带"子"的名词，自贡方言可带"子"。如表"年"的时间名词普遍可带"子"，如"今年子、去年子、明年子、往年子"。有些一般名词普通话不带"子"，自贡方言可带"子"，"树子、羊子、蚕子蚕，不指蚕卵、蜂子、虾子虾，不指虾卵"等说法。

（二）词缀"儿"

词缀"儿"，在自贡方言中普遍有两种语音形式。一是"儿尾"，独立成音节；一是儿化，不独立成音节。如"猫儿"一词，可以说成两个音节 mau44ɚ21，也可以儿化成一个音节 mar44。

儿尾只附加在单音节语素之后，儿化没有这种限制。也就是说，单音节语素之后可以附加儿尾，也可以直接儿化，如上文所说的"猫儿 mau44ɚ21"和"猫儿 mar44"；非单音节语素或合成词只能儿化，如"猫猫儿""毛毛儿"。虽然"花猫儿"，也可以说成"花猫儿"，但后者是"花"加"猫儿"组成的短语。此外，有的单音节语素只能儿化，如"官儿"和"兔儿"。

四、特殊的复合式合成词

（一）"形＋量"式形容词

自贡方言中，量词可以单独用在形容词"大、小"之后，组成新的形容词。如"大根、小根、大个、小个"。这种合成词结构和语义都很特殊，是普通话所没有的。整个词的语义核心是前面的词根"大""小"，后面的词根是计量事物的单位。这类合成词中的"大""小"用于概括事物的性状，加上量词性语素构成的新词仍为形容词，主要作谓语、定语，能受程度副词修饰。如："这筐苹果大个点。""大根的甘蔗都选完了"。

这类形容词可以重叠为 ABAB 的形式，进入组合，ABAB 后面必加"的"。如："红烧肉大块大块的。""大个大个的汤圆儿都浮到水面上了。""他把纸裁

得小张小张的。"

反义聚合"长—短""粗—细"也有"形+量"的组合形式,但不如"大—小"用的普遍。如:"那些银针好长根哦。""指拇儿长得细根细根的。"

不是所有的量词都能构成这种"形+量"式合成词,具有这种组合功能的量词需要具备两个条件:量词的搭配选择对象具有一维、二维或三维的空间特征;其语义搭配选择能跟"大""小""粗""细"等形容词组合。常见的量词有"颗、片、块、砣、墩、张、把、瓣、堆、捆、根、挑、捧、间、朵、个、套"等。

(二)跟普通话同素异序的复合式合成词

自贡方言和普通话的复合词存在同义、同素而异序的情况。如:

普通话	自贡方言
颠倒	倒颠
力气	气力
塘堰	堰塘
热闹	闹热

上述词根异序的词在湘方言、粤方言、闽方言、客家方言等南方汉语方言中也存在。自贡方言中的这类词涉及面很小,数量有限,其构造简单,理解也不难。但是这些词为什么跟普通话异序?其组合是否超出了现代汉语的基本结构规则?学界尚有不同看法。

第二节 自贡方言的虚词特点

根据虚词的语法功能,可以把汉语虚词分为介词、助词、连词、语气词四类。自贡方言虚词也包括四个类别,而且,每个类别的基本功能跟普通话一致。但是,自贡方言中有些虚词是普通话所没有的,其功能和意义都较为特别,需要专门说明。如普通话"走了吧",自贡方言可以用不同的语气词表示略有差异的语气:"走了嘛 ma21(表请求)","走了三 şai44(有的写作"噻",表催促,有时略带不耐烦意)","走了哈 xa53(表提出建议,征询意见;有时表提醒)","走啊A53 了?(表求得证实,是否真的"走了")"。由于虚词涉及的问题比较零散,所以下面的说明具有举例的性质。

一、特殊的助词

（一）用助词"些"表名词复数

普通话表人的名词，可以带"们"表示复数。自贡方言的名词，大都可以在后面加上"些"表示复数，而且用于不限于表人的名词。如：把人些表不止一个人都得罪完了。｜老师学生些表示不止一个老师、学生都安排好了。｜臭袜子些表示不止一双袜子拿去洗了。

以上例子中的"些"都表示名词所指的人或事物不止一个，这样的复数是所谓真性复数。又如：得了这个病，海椒花椒些表示辣椒、花椒一类东西吃不得。｜助人为乐的雷锋些表示雷锋一类人还不少呢。

"海椒、花椒"后面加"些"表示"海椒、花椒一类的东西"；"雷锋"是专名，后面加"些"表示"雷锋一类的人"，这样的复数是所谓连类复数。

自贡方言中的"些"附加在名词后面表示复数有以下特点：

第一，能带"些"表示复数的名词，可以是表人的，也可以是表物的；可以表具体事务的，也可以是表抽象事物的。

第二，名词性词语后面加"些"表示复数不是一种强制手段，所以上述例句中的"些"都可以省掉，但是，加上"些"能更加突出名词性词语所指的非单一性。

第三，名词后面加"些"表示复数不是一种确定量，所以前面可以加上表非确定量的修饰语，如"这些人些""那几个老师学生些"，但是，没有"两个人些""五个老师学生些"的说法。

也有用"伙"加在名词之后表示复数的，但限于表人名词，如"娃儿伙小孩子们还不懂事"。还可以在"伙"之后再加"些"，如"娃儿伙些小孩儿一类的人不能进网吧"。

（二）用助词"过"表示动作行为的方式

自贡方言可在动词或动词短语之前加助词"过"，表示以动词性词语所表示的方式做某事。如：排骨过炖用炖的方法加工，不用烧的方法加工。｜事情不是光过嘴巴说用嘴说就能做完的。｜教育娃儿要过讲道理，啷个过打呢？教育小孩儿要用讲道理的方法，怎么用打的方法呢？｜我问你，是过比掟子拳头，还是过比讲道理？

二、特殊的介词

（一）用"着"表示被动关系

自贡方言被动关系，普遍用"着"（读 tṣau21）表示。"着"本是动词，是"遭遇到（不好或不如意的事情）"的意思，自贡方言中的"着"现在仍有动词用法。如：地震的时候，他们家的人都没有着，只有房子着了。｜今天遇到骗子，着了 100 块钱。｜着了，我的车票掉了。

"着"虚化后表被动，跟普通话中"被"的功能有相同之处，可以用作介词，引进动作行为的施事，如：被子着他打烂了。｜今天又着老师批评了。也可以直接用在位于动词之前表被动，如：杯子着打烂了。｜房子着烧光了。句子中的"着"都可以用"被"替换，但是，自贡方言中的"着"跟普通话的"被"不完全相同。

第一，自贡方言中的"着"没有完全虚化，还有动词的用法，"被"已经完全虚化了。

第二，跟"着"没有完全虚化相关，"着"只用来表示不如意的事情，这一条件很严格，"被"的使用没有这一严格限制。如普通话可以说"他被北京大学录取了"，自贡话不说"他着北京大学录取了"，除非说话的人认为"被北京大学录取"是自己不喜欢的事情。

自贡方言中也用"拿给"（有人写作"拿跟"）表示被动关系，不过，"拿给"只能用来引进动作行为的施事，不能直接用在位于动词之前，如："你良心拿给被狗吃了哇？"

（二）用"按到"引进动作行为针对的对象

"按到"可以是动词"按"加"倒着了"，表示"用力压着"，如"三个人才能把歹徒按到""他死死地按到保险柜不松手"。"按到"也作介词，引进动作行为针对的对象。如：那么多人迟到，就按到我一个人批评。｜你咋按到人家的伤疤揭哦？｜天天按到垃圾食品吃，这种饮食习惯不好哈。｜做广告嘛，是要按到优点说噻表肯定的语气词。

"按到"跟普通话介词"拿"的功能相近，但是"按到"有针对某特定对象的意思，所以，使用介词"按到"引进对象时，前面都可以加上修饰语"专门"。

三、特殊的语气词

（一）表疑问语气的"哈1"

"哈1"，读 xa53，附着于句末时，有时受句调影响作高平调。"哈1"的疑问语气较弱，常用来提出建议，征询听话人的意见，或提出看法，征询听话人的认同。如：我们歇一下休息休息哈？｜你慢慢吃，我不等你们了哈？｜拉不是自贡人哈？｜今天是星期二哈？

"哈1"前面往往可以出现停顿，其疑问的语气因停顿而加强。如：今天是星期二，哈？句末语气词前面出现停顿，这是普通话没有的。

（二）表示祈使语气的"哈2"

"哈2"，读 xa53，跟"哈1"有所不同的是"哈2"不能读高平调。"哈2"用于祈使语气，用来向听话人提出建议或请求。如：我去打一下篮球哈。｜我今晚不做作业哈。｜不要给我妈说这件事情哈。

"哈2"还可以表示受人提醒、告诫甚至威胁的态度。如：钱揣好，不要着被偷了哈。｜开车？你是喝了酒的话哈。｜你给老子小心点哈！

（三）表示推测语气的"啊"

"啊"，读A214（或读A21）。"啊"附着在疑问句末，表示疑问语气并会产生音变，如"没有人管了啊 A214？乱得一塌糊涂。｜你是重庆人哪 na214？一口的重庆话。｜搞了半天是你啊 ia214？"使用"啊"结尾的问句，实际上说人人已有相当肯定的答案，并含有恍然大悟的意思。如：你是重庆人哦？其语义相当于：原来你是重庆人呀？这种恍然大悟的语义在"搞了半天是你啊"中尤为明显。

由于"啊"表示的语气是信而有疑、信多疑少，因此，用"啊"结尾的句子常常没有真正的询问功能，而表示其他交际意图。

（1）表示礼节性地打招呼。如：取钱啊？（看见对方在银行取钱）｜吃面啊？（看见对方在吃面条）

（2）构成反问句，表责难、质问或威胁的语气。如：不说话害怕人家把你当成哑巴了啊？｜借钱炒股，你脑壳有包啊？｜要打架啊？不得不会怕你娃。

（四）可用于多种句类的"嘛"

"嘛"，读 ma53，可用于陈述句、祈使句和疑问句。

（1）附着在陈述句末的"嘛"。如：你们是该分手了嘛。｜我说了不会下雨嘛。

（2）附着在祈使句末的"嘛"。如：老板，把工钱发给我们嘛。｜拿给我看一下嘛。

（3）附着在疑问句末的"嘛"。如：我们明年子不出去打工了要得可以不嘛？｜你还要好多多少钱嘛？

有一种带语气词"嘛"的反问句，结构很特殊，是普通话没有的，如：闹啥子嘛，闹？｜跳啥子舞嘛，跳？｜炒啥子股嘛，炒？这种反问句表示说话人强烈的否定态度。

语气词"嘛"可用于不同句类，但通常有一种共同的语用条件，即说话人跟听话人的看法、意见不一致。如"我说了不会下雨嘛"去掉"嘛"，只表明说话人的看法，带上"嘛"就一定蕴含"有人认为会下雨"的意思。又如"我们明年子不出去打工了要得可以不嘛"句末用不用"嘛"都表询问，但是加上"嘛"，通常是因为听话人持有不同意见。

（五）表示征询、求证的"嘎"

"嘎"，读 ka53。向听话人证实自己的看法，表示求证、征询的交际意图。如：你今天下午没的事嘎？｜这个月的钱都花光了嘎？｜你老汉爸爸都满过了五十了嘎？｜要涨工资了嘎？

用"嘎"结尾的句子，口气平和，疑问语气很弱，有时甚至基本没有询问意味，如：这种人，太不要脸了嘎？｜呵呵，今天太阳从西边出来了嘎？

从来源和形式看，"嘎"是"该是啊"的合音。自贡方言"嘎"和"该是啊"至今并存，在同一语境中可以自由选择使用；此外，"嘎"还保留着一定的独立性，前面可停顿，构成类似追加问的句式，还可以将"嘎"置于句首，类似独立语，如：你以为我们害怕你，嘎？｜嘎，我说了他不得来嘛。

上述现象表明，"嘎"的语法化还没有最后完成，它跟一般语气词的黏附特征不完全相同。

第三节　自贡方言动词体貌的特殊表达形式

任何动作行为的发生，一定伴随着时间和状态，如已然、将然、进行、完成、持续等。动词体貌就是对这类意义的概括。自贡方言有多种表示动词体貌的手段，包括虚词、重叠、组合等。

一、用虚词表示动词体貌

（一）用助词"过"表示重复体

普通话和自贡方言都有一个表示完毕义或经历体的"过"，如"去过北京""吃过肯德基"。但是，自贡方言还有一个表示重复体的"过"，重复体是指发生过的动作行为再次重复。如：衣服没洗干净，洗过_{重洗}就是了。｜这次没有招待好，二天以后来过_{重来}。｜刚才没解释清楚，我再给大家解释过_{重新解释}。

这种句式中，动作行为的对象往往是同一个，如上面3个例子分别针对同一件（批）衣服、同一个（些）人、同一个（组）问题而言。

（二）用助词"斗"或"起"表持续体

普通话用"动词+着"表示动作或状态的持续，自贡方言不用"着"而用助词"斗"或"起"。表示动作行为持续或进行多用"动词+斗"。如：老师站斗_{站着}讲，学生坐斗_{坐着}听。｜我们喝斗_{喝着}茶等他。

表示动作行为结束后，其状态的持续多用"起"。如：大门关起_{关着的}。｜人些横一个竖一个地在地上倒起_{躺着}。｜不要一天到晚把灯开起_{开着}。

"动词+斗"常可重叠，再加上后续动词，表示动作行为正在进行或持续中出现新的情况，如"说斗说斗就哭起来了""这娃儿耍斗耍斗就不见了"。"动词+起"也可以重叠，但重叠以后多做附加成分，如"笑起笑起地骂人""撵起撵起_{追着地}要债"。

（三）用语气词"哆"表示先行体

语气词"哆 to44"附在句末表示先行体。所谓"先行体"，是指一个行为、事件的发生，必须以另一行为、事件为先决条件或须在另一行为、事件完成之后，有"先做完某事再说"的意思。在交际中，带句末语气词"哆"的句子表示须先做的事情，通常做后续句。如：

① ——兰兰，吃饭了。 ——把电视剧看完了哆把电视看完了再吃饭。
② ——医生，我要出院了。 ——观察一天哆再观察一天再出院。
③ ——爸爸，我问你一个问题。 ——弟弟问了哆弟弟问了你再问。

二、用重叠表示动词体貌

（一）用"要 V 要 V 的"的格式表示将然体

所谓"将然体"，是指某种动作或状态快要发生而尚未发生。如：
① 房子要倒要倒的，咋还能住人哦？
② 她都要哭要哭的了，你还在说风凉话。
③ 还不快走，天都要黑要黑的了。

普通话和自贡方言都可以在动词之前加"要"表示将然，如"房子要倒了""他要哭了""天要黑了"。但是，把"要 V"重叠之后，增加了"近时"义，表示动作即将发生，或状况即将出现。

（二）用"V一V的"的格式表反复体

反复体是指某一动作反复发生。自贡方言中有的单音动词可以用"V一V的"形式表动作反复。如：脚抖一抖的做啥子？｜眼睛都闭一闭的了，还说不困。｜有个人影子在门口晃一晃的。｜电灯又在闪一闪的了。

普通话的动词有"V一V"的重叠形式，如"看一看""想一想"。不过，普通话的这种动词重叠形式不能加"的"，表达的意义是短暂或尝试，跟自贡方言"V一V的"形式和意义都不相同。

三、用动词加补语"一下"表尝试、短暂

这一组合中的"下"自贡方言念 xa44，有人因声求字，将这个补语写成"一哈"。动词加补语"一下"表示动作短暂。严格地说，用这种方式表示短暂义是一种词汇手段，但是为了跟普通话动词的短暂义比较，我们将这种形式放在此处说明。例如：我还要学习一下。｜大家再等一下。｜你尝一下嘛。

"一"有时可以省略，例如：他每天都要打下太极拳。｜帮我关下窗子。

普通话表示尝试、短暂的动作行为常用动词的重叠式 AA 或 ABAB 式，如"我还要学习学习""我们再等等"，这种重叠形式表示的体貌义跟自贡方言"动词+一下"有相似之处。

第四节　自贡方言的特殊格式

特殊结构格式不同于普通话的特殊固定格式，这些格式都有独特的格式意义。

一、表示主观量范畴的特殊格式

所谓主观量，指说话人主观感受到的数量，这种主观感受跟客观实在的数量大小并不对应。主观量是客观世界的量范畴在语言中的一种表现，是一种含有说话人主观评价的量。自贡话有两种表示主观量的特殊格式。

（一）在数词、量词的重叠式中间插入助词"打"表示主观量大

① 他回老家耍了三打三天。
② 跑趟重庆，过路费就花了差不多一百打百。
③ 多准备点东西，客人有一桌打桌。

上面三例分别为基数重叠、位数重叠、量词重叠。例中的"打"自贡话念 ta53，书面上写作"啦"。这类格式中，当基数为"一"时，可以出现，也可以不出现，如"过路费就花了差不多百打百""客人有桌打桌"。

（二）在量词的重叠式中间插入助词"把"表示主观量小

① 桌把桌客人吃不了好多多少。
② 块把块钱，掉在地上都没得没有人捡。
③ 加个把个人还是完不成任务的哈。

这种重叠格式前面隐含数词"一"，有时可以添加出来，如"加一个把个人还是完不成任务的哈"，但是，这种格式排斥"一"以上的其他数词。

二、用"只有那么+A+了"表示程度最高

凡是可以受程度副词修饰的词语，包括形容词性的词语，表心理活动的动词等，都可以作为 A 进入该格式，"了"是必有的构成要素。"只有那么+A+了"，表示没有更 A 的了，强调程度很高，难以言说的主观评价，如：九寨沟只有那么漂亮了。｜心头只有那么不舒服了。｜这个娃娃只有那么逗人爱

讨人喜欢了。｜这几天我们耍得只有那么安逸了。这种格式只作谓语（如前3例）和补语（如后1例），不作其他成分。

在一些话语中，似乎动作性动词也可以进入该格式。如：只有那么教了，还是教不会。该例句法意义有所不同，"那么"在句中主要表达方式。

此外，自贡还用"之A"的格式表示程度高，如：那个娃娃之乖。｜他屋头之有钱。｜他的街舞跳得之好。

三、用"A+一个家的"表示遍指

A主要是状态形容词，也可以是某些带程度量的短语；"个"为量词，有时也用其他量词；"A+一个家的"表示遍指，即形容词A指向的对象没有例外。如：她喂的鸡泡酥酥一个家的。｜晒了几天太阳，变得黢黑一个家的。｜娃娃些打扮得伸伸展展齐整漂亮一个家的。｜衣服多贵一件家的，哪个买得起哦？

第1例主语本身单复数不明确，第2例主语没有出现，但是一旦进入这种格式，"泡酥酥""黢黑"指向的对象就必为复数，且复数群体中的个体无一例外具有形容词A的性质，这就是该格式的"遍指"意义。第1例的意思是"她养的鸡只只都泡酥酥的"，第2例的意思是"晒了几天太阳，个个都变得黢黑"。

四、复杂多样的半拷贝结构

汉语中有各种重叠形式，如：词法范围内的重叠"干干净净""休息休息"；句法范围内的重叠"漂亮不漂亮""学习不学习"等。"拷贝"即复制，这里借"拷贝"指词或短语在句法范围内的重叠，是一种形象化说法。

自贡方言的拷贝结构形式复杂，功能多样，使用频率高。其中"半拷贝结构"很有特色。"半拷贝结构"指双音节或多音节词语（以下主要以双音节为例）叠用时，只重叠一个音节，是不完全的拷贝现象。下面分别说明。

（一）半拷贝结构"A不AB""A没AB"

形容词只能进入半拷贝结构"A不AB"，如：贤不贤惠｜安不安逸｜邋不邋遢；动词可以进入"A不AB"，也可以进入"A没AB"，如：喜不喜欢｜相不相信｜完没完成｜复没复习｜喝没喝酒。这种结构常做谓语，构成反问句。如"这种款式的手表你喜不喜欢？｜第三单元大家复没复习？这种结构也可以做其他成分。如：打没打听与我无关。｜这不是质量合不合格的问题。

（二）半拷贝结构"A 都 AB 了"

进入这种半拷贝结构的主要是动词，强调已成事实。如：搞都搞忘了｜完都完不成了｜公都公布了｜晒都晒干了｜老王退都退休了｜商店关都关门了。半拷贝结构"A 都 AB 了"还可表示推论因果中的原因，后面可以添加表示结果的后续句。如：我晓都晓得了（你不必说了）

（三）半拷贝结构"A 都不 AB""A 都没 AB"

进入半拷贝结构"A 都不 AB"的主要是褒义形容词，如：干都不干净｜好都不好听；动词可以进入"A 都不 AB"，也可以进入"A 都没 AB"，如：通都不通知｜选都不选举｜调都没调查｜处都没处理。半拷贝结构"A 都不 AB""A 都没 AB"强化否定意义，表示不满意、不如意的主观评价，如：教室扫得干都不干净。｜唱得好都不好听，还想当领唱。｜通都不通知就执行了。｜调都没调查，凭啥子处理？

（四）半拷贝结构"A 就 AB"

半拷贝结构"A 就 AB"表示容忍或不在乎，进入"A 就 AB"格式的全是形容词和动词性词语。如：邋就邋遢，我不嫌弃。｜处就处分，我是死猪不怕开水烫。｜调就调查，我行的端，坐得正，怕啥子？一些结构松散的动宾式离合词和动宾短语反而不能进入半拷贝结构"A 就 AB"，习惯上往往采用全拷贝形式，是何原因目前尚不清楚。如：离婚就离婚，我怕哪个？｜喝酒就喝酒，反正今天不开车。

第五节　自贡方言的特殊句式

一、特殊的分指句

这类句式普通话和自贡方言都有。下面是普通话的用例，如：同学们挖坑的挖坑，浇水的浇水，很快就完成了植树任务。｜敲锣的敲锣，打鼓的打鼓，气氛非常强烈。

这种句子具有共同的句式义，即一个群体同时做有关联的不同事情，有的人实施这个行为，有的人实施另一行为，如"敲锣的敲锣，打鼓的打鼓"，意思就是"有的人敲锣，有的人打鼓"。这种句式义是由一组动宾式词语全拷贝、中间插入"的"、构成并列格式来表达的。

自贡方言也有这种分指句式，但采用的是半拷贝形式，上面两例自贡方言表达为：同学们挖的挖坑，浇的浇水，很快就完成了植树的任务。｜敲的敲锣，打的打鼓，气氛非常热烈。还可以多项并列，如：睡的睡觉，打的打牌，冲的冲壳子聊天，没有一个人干活。

二、用"动词+斗有"构成的存在句

存在句表示某地存在某人或某物，普通话存在句的典型格式是"处所词/方位短语+动词+数量名短语"。如：瓶子里插着一束花。｜墙上挂着一幅画。自贡方言的存在句跟普通话有所不同，差异主要体现在结格式的中段。如：地上睡斗有两个人。｜名片上印斗有手机号。｜地上挖斗有一个坑。"睡斗有"表示动作开始并持续，相当于"睡着"；"印斗有"表示动作实现后的状态持续，也可用"印着"替换；"挖斗有"表动作实现，相当于"挖了"。

自贡方言存在句中，"有"保留着实在的存在意义。"V 斗"只表存在的方式，正因为如此，删去句中的"V 斗"，句子仍然成立，但是，原句中表达的存在方式和动作的持续义、实现义就随之消失了。"动词+斗有"也可用于一般的领属句。如："我们买斗有买了水果。""买斗有"表示买的动作已经实现。

三、一种类似兼语句的特殊句式

兼语句的词类序列是"动词性词语1+名词性词语+动词性词语2"，其中，名词性词语既是"动词性短语1"的宾语，又是"动词性词语2"的主语，所以称为兼语，如"让他先走！"普通话和自贡方言都有兼语句，都可以说"让他先走。"但是，自贡方言的"等"可以表示"让"的意思，因此，"让他先走"在自贡方言中也可以说成"等他先走"。除第一动词"等"具有方言色彩之外，这两种说法的结构形式、句法语义都相同；二者都用祈使语气，都表示提议或允许的交际意图，语用价值也相同。比较特殊的是下面这样的句子：

① ——楼房要垮了！ ——等它垮。

②　——妹妹又哭了！　——等她哭。

上述句子中的"等它垮""等她哭"跟"等他先走"具有相同的基本句法结果和语义关系，但是，其第一动词在句中有明显的强调重音，结果，其语用价值完全不同，它们表示一种"听之任之"的交际态度，有听凭行为或事件发生的态度。"等它垮"相当于普通话"垮就垮吧"，余可类推。我们把这样的句式称为"类兼语句"。类兼语句的第一动词在有的时候也说"尽"tɕin53。

类兼语句中的第一动词不限于"等"，还可以用"怕"等，第二动词可前加否定词，但意义仍然相同。

③　——他又在闹意见了。　——怕他不闹。

第一动词用"怕"时，第二动词必为否定形式。"怕他不闹"表示"闹就闹吧"，或"由他闹去吧"。

第五章　自贡人学习普通话的方法[①]

我国《宪法》规定：国家推广全国通用的普通话。自贡人也不例外，虽然在目前的自贡城区，普通话不用推广，已经成燎原之势，但是在广大的自贡农村，尚有绝大部分农村人口并未掌握普通话。特别是农村儿童，由于师资、教材、教学设备、语言环境等条件的限制，大部分对普通话的学习方法还较为陌生，急需掌握一套针对自贡人学习普通话的方法。而且在城市中的学校，也由于师资情况的良莠不齐，学生普通话水平也有高低不同的状况，这些情况都说明，在自贡，普通话的普及任务还远没有完成。本章力求通过自贡方言语音、词汇、语法方面与普通话的对比分析，努力从中找出自贡人提高学说普通话能力的积极因素，从而快速促进普通话在自贡地区，特别是农村地区的进一步推广。

第一节　普通话声母的学习方法

一、普通话声母的学习

表 5.1　自贡方言与普通话声母对照表

例字	普通话读音	自贡话读音	对应规律	例字	普通话读音	自贡话读音	对应规律
布	b	b		遍	b	p	b—p
怕	p	p		门	m	m	
飞	f	f		道	d	d	
抖	d	t	d—t	同	t	t	

[①] 为方便普通话的推广和普及，本章凡是自贡方言与普通话中均有且较为一致的语音音素，均用汉语拼音注音。个别普通话中没有的方言语音音素，采用国际音标标注，并加方括号标注。本章借鉴了四川理工学院王益教授的部分研究成果。

续表

例字	普通话读音	自贡话读音	对应规律	例字	普通话读音	自贡话读音	对应规律
南	n	l(n)	自由变体	路	l	l(n)	自由变体
老	l	l(n)	自由变体	贵	g	g	
羹	g	零	g—零	开	k	k	
红	h	h		胡	h	f	h—f
杰	j	j		街	j	g	j—g
秋	q	q		去	q	j	q—j
修	x	x		项	x	h	x—h
字	z	z		仓	c	c	
散	s	s		之	zh	zh	
吃	ch	ch		是	sh	sh	
师	sh	s	sh—s	日	r	r	
盐	零	零		矮	零	[ŋ]	零—[ŋ]
奥	零	[ŋ]	零—[ŋ]	恶	零	[ø]	零—[ø]
安	零	[ŋ]	零—[ŋ]	硬	零	[ŋ]	零—[ŋ]
宜	零	[ȵ]	零—[ȵ]	验	零	[ȵ]	零—[ȵ]

二、自贡方言与普通话声母对应规律分析

从表5.1中可以看出，普通话有二十一个辅音声母，另外还有一种"零声母"。自贡方言有二十四个辅音声母，也有零声母，其中n和l是自由变体，不区别音位，故算一个声母。普通话与自贡方言中有二十个辅音声母是相同的，普通话中的所有零声母在自贡话中也均有保留。但不同的是，自贡方言比普通话多出[ŋ][ȵ]两个声母。

根据表5.1，我们还可以找出以下几个方面的对应规律：

（1）普通话有zh—z、ch—c、sh—s的区别，自贡方言仍有zh—z、ch—c、sh—s的明显区别，自贡方言除了极个别的字如"师""生"等与普通话不一致，发音由翘舌音念作平舌音外，在zh—z、ch—c、sh—s的对比上与普通话整体上保持了高度的一致。同时，自贡人在发翘舌音时，略比普通话舌尖靠后，略有"卷舌"音之嫌。故外地人学自贡方言，故意将舌头卷起来发音，如将"自贡"发成"制贡"，也"笑话"自贡方言与四川方言"湖广话"

中不同的"另类"特征。

实际上，在四川官话中，有翘舌音的不仅是自贡方言，像内江、宜宾北部、凉山部分人、眉山的仁寿、川东北的巴中以及成都西部郊县如（都江堰）等都存在翘舌音甚至卷舌音的痕迹。只是，由于自贡方言的翘舌、平舌音与普通话的翘舌和平舌音对应度相对比较高，再加上自贡是一个地级市，并非像其他分布地区是县份或分布零散，才使得自贡方言的翘舌音在四川显得相对突出。但也正因为如此，自贡人学习普通话声母的时候，相对于没有翘舌音的四川其他方言人群来说有着明显的优势。这也是为什么20世纪50年代末，全国掀起推广普通话运动时，四川省确定自贡地区作为试点的重点地区的原因。反过来说，外地人学自贡方言时，北方人就比四川人容易掌握，因为发音时舌头的平翘要比吐字时的声调更难以掌握。

（2）普通话有鼻音 n 和边音 l 的区分，而自贡方言中，边音和鼻音是自由变体，可以随意变化，不区别音位。所以常出现边音和鼻音不分、使用混乱的情况，如"老""里""南""怒"等。但是自贡方言有舌面鼻音声母[ȵ]，且均与普通话鼻音声母 n 相对应，所以自贡人在发"女""年""你"等字时，通常会发成鼻音，绝不会与边音相混。这点使得自贡人在学习普通话时，相对于四川其他无鼻音声母[ȵ]的方言，能更容易地记住鼻音的字，发音时也能更好地区别鼻音 n 和边音 l。

（3）普通话中部分读零声母的音节，在中古汉语中属于疑母[ŋ]或泥（娘）母[n]，如：ai, ao, e, o（uo）, an, iao, ing, i, ian 等，自贡方言在演变中保留了中古声母，在使用时读有声母[ŋ]或[ȵ]，如：矮[ŋai53]、奥[ŋau214]、恶[ŋo214]、我[ŋo53]、安[ŋan55]、咬[ŋau53]、硬[ŋən214]、仪[ȵi21]、验[ȵian214]等音。所以自贡人在说普通话时，在读这类字词时，必须小心，丢掉辅音声母，直接读成零声母。

（4）普通话中的 hu 音节，自贡方言都读成 fu，如"户""呼""虎""互""壶""和"等音，因此自贡人在读合口呼 u 前的 h 和 f 时，一定要注意改读普通话读音。

（5）自贡方言中部分中古汉语的见组声母读音保留了下来，即部分普通话中带 j，q，x 声母的字，在自贡方言中读作 g，k，h。如"街""角""觉""窖""敲""咸""下""项""鞋""衔"等，自贡方言读成"街[kai55]""角[ko214]""觉[kau214]""窖[kau214]""敲[kʰau55]""咸[xan21]""下[xA55]""项[xaŋ214]""鞋[xai21]""衔[xai21]"，所以自贡人在读此类词语的时候，一定要注意将 g，k，h 读成 j，q，x。

（6）普通话中部分 b 声母的字如"遍""别"等，自贡方言读成 p 声母，普通话中部分 d 声母的字如"抖",自贡话读成 t 声母。这类送气音与不送气音声母相反的词语,自贡人在读普通话时必须注意改读。

自贡方言中其他声母与普通话声母相同,读法一致。自贡人在学习普通话时,只需注意方言声母与普通话不一致的地方,按照对应规律改读即可。

第二节　普通话韵母的学习方法

一、普通话韵母的学习

表 5.2　自贡方言与普通话韵母对照表

例字	普通话读音	自贡话读音	对应规律	例字	普通话读音	自贡话读音	对应规律
爬	a	a		波	o	o	
墨	o	ê	o—ê	拨	o	o	
恶	e	o		河	e	o	e—o
得	e	ê	e—ê	俄	e	o	e—o
欸	ê	ê		耳	er	er	
资	-i(前)	-i(前)		支	-i(后)	-i(后)	
地	i	i		古	u	u	
居	ü	ü		去	ü	i	ü—i
绿	ü	u	ü—u	育	ü	ü	
取	ü	üe	ü—üe	盖	ai	ai	
白	ai	ê	ai—ê	掰	ai	an	ai—an
倍	ei	ei		黑	ei	ê	ei—ê
类	ei	uei	ei—uei	保	ao	ao	
斗	ou	ou		肉	ou	u	ou—u
架	ia	ia		业	ie	ie	
茄	ie	üe	ie—üe	介	ie	iai	ie—iai

续表

例字	普通话读音	自贡话读音	对应规律	例字	普通话读音	自贡话读音	对应规律
条	iao	iao		药	iao	üo	iao—üo
咬	iao	ao	iao—ao	就	iou	iou	
六	iou	u	iou—u	花	ua	ua	
过	uo	o	uo—o	国	uo	üe	uo—üe
怪	uai	uai		桂	uei	uei	
月	üe	üe		确	üe	üo	üe—üo
三	an	an		根	en	en	
省	eng	uen	eng—uen	风	eng	ong	eng—ong
烟	ian	ian		衔	ian	an	ian—an
紧	in	in		良	iang	iang	
星	ing	in	ing—in	短	uan	uan	
魂	uen	uen		笋	uen	en	uen—en
光	uang	uang		翁	ueng	ong	ueng—ong
冬	ong	ong		权	üan	üan	
云	ün	ün		琼	iong	ün	iong—ün

二、自贡方言与普通话韵母规律分析

从表 5.2 可以看出，普通话的韵母共有 39 个，而自贡方言比普通话多出 üo，iai，uê 三个韵母，同时，自贡方言没有韵母 uo，e，ing，ueng，eng。这样，自贡方言的韵母为 37 个。其中，üo 韵和 iai 韵为普通话 iao 韵和 ie 韵在自贡方言中的改变，韵母 ê 在多数情况下可单用。

根据表 5.2 我们可以看出，普通话与自贡方言在韵母方面的差异性对应规律明显比声母要丰富和复杂得多，主要表现在以下一些方面：

（1）普通话中的 ai 韵，在自贡方言中读作 ai 韵，如"代""害"等；或 ê 韵，如"百""白""拍"等；或 an 韵，如"掰"。

（2）普通话中的 o 韵，在自贡方言中读作 o 韵，如"颇""播""摸""佛"

等；或ê韵，如"迫""墨""伯"等。

（3）普通话中的ian韵，在自贡方言中读作ian韵，如"见""现"等；或an韵，如"淹""衔"等。

（4）普通话中的e韵，在自贡方言中读作o韵，如"饿""恶""么""歌""和"等；或ê韵，如"蛇""惹""扯""车""得""德""隔""割""蛇"等。

（5）普通话中的üe韵，在自贡方言中读作üe韵，如"月""缺""绝"等；或üo韵，如"确""学""鹊""雀"等。

（6）普通话中的ei韵，在自贡方言中读作ei韵，如"倍""妹"等；或uei韵，如"类""泪""内""雷"等；或ê韵，如"黑""北"等。

（7）普通话中的uo韵在自贡方言中读作uê韵，如"国""帼"；或o韵，如"郭""锅"等。

（8）普通话中的ie韵，在自贡方言中读作ie韵，如"借""且""怯"等；或üe韵，如"茄"；或iai韵，如"界""届"等；或ai韵，如"街""解"。

（9）普通话中的ü韵，在自贡方言中读作ü韵，如"雨""趋""育"；或读作u韵，如"绿""率"（效率）、"律"等；或üe韵，如"取""娶"等；或i韵，如"去"等。

（10）普通话中的ou韵，在自贡方言中读作ou韵，如"斗""兜""头"等；或ong韵，如"否""某"等；或u韵，如"肉"等。

（11）普通话的iou韵，在自贡方言中读作iou韵，如"久""秋""修"等；或u韵，如"六"等。

（12）普通话中的iao韵，在自贡方言中读作iao韵，如"叫""小""翘"；或ao韵，"窖""觉""咬"等；或üo韵，如"药""角""脚"等。

（13）普通话中的ueng韵，在自贡方言中读作ong韵，如"翁""瓮"等。

（14）普通话中的eng韵，在自贡方言中读作ong韵，如"封""朋""梦"等；或en韵，如"彭""邓""横"等；或uen韵，如"省""绳"等。

（15）普通话中的ing韵，在自贡方言中读作in韵，如"冰""丁""清""玲""英"等。

（16）普通话中的uen韵，在自贡方言中读作uen韵，如"滚""昆""昏""问"；或en韵，如"笋""顿""轮"（站~子，排队）等。

（17）普通话中的iong韵，在自贡话方言读作iong韵，如"穷""凶"等；或ün韵，如"琼""炯"等。

自贡方言中其他韵母与普通话韵母相同，读法一致。自贡人在学习普通话时，只需注意方言韵母与普通话不一致的地方，按照对应规律改读即可。

第三节 普通话声调的学习方法

一、普通话声调的学习

表 5.3 自贡方言与普通话声调对照表

例字	普通话调类	普通话调值	自贡方言调类	自贡方言调值	对应规律
阿	阴平	55	阴平	44	阴 55—阴 44
悲	阴平	55	阴平	44	阴 55—阴 44
七	阴平	55	去声	214	阴 55—去 214
黑	阴平	55	去声	214	阴 55—去 214
门	阳平	35	阳平	21	阳 35—阳 21
国	阳平	35	去声	214	阳 35—去 214
白	阳平	35	去声	214	阳 35—去 214
然	阳平	35	阳平	21	阳 35—阳 21
人	阳平	35	阳平	21	阳 35—阳 21
别	阳平	35	去声	214	阳 35—去 214
得	阳平	35	去声	214	阳 35—去 214
没	阳平	21	阴平	44	阳 35—阴 44
惹	上声	214	上声	53	上 214—上 53
秒	上声	214	上声	53	上 214—上 53
里	上声	214	上声	53	上 214—上 53
铁	上声	214	去声	214	上 214—去 214
场	上声	214	阳平	21	上 214—阳 21
是	去声	51	阴平	44	去 51—阴 44
树	去声	51	阴平	44	去 51—阴 44
辣	去声	51	去声	214	去 51—去 214
热	去声	51	去声	214	去 51—去 214

二、自贡方言与普通话声调规律分析

从表 5.3 可看出,普通话的调类有阴平(高平调)、阳平(高升调)、上声[降升调(低降中升)]和去声(全降调)四类,调值分别标记为 55、35、

214、51 四种。相对于普通话而言，自贡方言的调类总体上为四类，与普通话的调类保持一致，即仍有阴平、阳平、上声与去声之分，只是在发音的调值上与普通话略有区别。自贡方言的调值大致为阴平 44（中平调）、阳平 21（中降调）、53［高降调（高降中）］与 214［降升调（低降中升）］四种。尽管类数一致，但是在普通话的调类与调值的具体对应上，并非常常体现出一致性，往往还呈现出较大的差别，具体而言，有如下一些规律：

（1）普通话里的阴平调（55），绝大多数情况下在自贡方言里仍为阴平调，调值为 44 调；实际上在普通话音节中，带有 a、i、ia、o、u、ua、e、ei、ie 等单元音韵母和二合元音复韵母的一些古调类为入声，今读阴平调的字，如"八""激""夹""泼""屋""刮""割""颗""黑""杰"等，在自贡话方言中读作去声调（214）。

（2）普通话里的阳平调（35），多数情况下在自贡方言里为阳平调，调值为 21 调；在普通话音节中，带有 a、i、ai、uo、üe、u、e、ie 等单元音韵母和二合元音复韵母的一些古调类为入声，今读阳平调的字，如"达""即""白""国""毒""得""别"等，在自贡方言中读去声调（214）。少数读阴平，如"没"。

（3）普通话里的上声调（214），多数情况下在自贡方言里为上声，调值为 53 调；部分古入声字，今读上声的字，在自贡方言中读去声（214），如"铁"；也有少量的上声字，读为阳平（21）如"场"。

（4）普通话里的去声调（51），在自贡方言里主要表现为去声（214）和阴平（44）上。作为去声读为阴平的情况，体现在带有 i、ai、ao、u、e 等单元音韵母和二合元音复韵母，且中古声母为浊音声母的字上，如"是""害""树""路""抱"等。

总体来讲，自贡方言声调与普通话声调最大的差异在于：中古的入声字，在自贡方言中全都读作去声调；部分中古带浊音声母的上声字和去声字，在自贡方言中读阴平。因此自贡人在学习普通话时要严格按照这个对应规律来改读，同时对于部分与普通话没有对应规律的字如"没""场"等字，则要注意记住它们的普通话读音，避免读错。

第四节 普通话语流音变的学习方法

音变是指语音的变化。人们在说话或者朗读的时候，并不是将音节一个一个孤立地发出，而是将一串语音一个接一个地发出，形成连绵不绝的"语流"。而在语流中,由于相邻音节的相互影响或表达意思的需要,有些音节的语音便会产生一定的变化,这种变化,我们称之为"语流音变"。在普通话语音中,有在连续发音中受前后音的影响而发生的变化,也有历史性的变化。常见的普通话语流音变有同化、异化、弱化等,主要包括变调、轻声、儿化、语气词"啊"的变读。

一、变调的学习

原调是指一个字单念时候的声调。变调是指声调音变,相邻音节互相影响而产生的音高变化。语言常是词与词、音节与音节相连的。在语流中,相连音节的声调相互制约使有些音节的声调起了一定的变化,与单读时调值不同,这种变化叫做变调。自贡方言中也有变调现象,如语流中两个去声调相连,后面的去声变阴平现象。但是普通话的变调规律与自贡方言完全不同,主要涉及上声的变调、去声的变调、"一、不"的变调、重叠式形容词的变调。

(一) 上声的变调

(1) 上声音节单念或在词句末尾时读本调,即降升调,调值为214。
(2) 上声在非上声音节前(即在阴平、阳平、去声前),由降升调变为低降调(或称为"半上"),只降不升,调值为21。例如:
① 在阴平前,例如:火车、许多。
② 在阳平前,例如:改革、果实。
③ 在去声前,例如:解放、榜样。
(3) 两个上声相连,前一个上声只升不降,调值读法变为阳平(35)。例如:水手、勇敢、美好、讲解。
(4) 上声音节在轻声音节前,变调要考虑到轻声字的本调。
① 在轻声音节本调为非上声音节时,上声由降升调变为低降调(或称为"半上"),只降不升,调值为21。例如:我的、脑袋。
② 在轻声音节本调为上声时,上声只升不降,读法近似阳平(24)。例如:晌午、小姐。
(5) 三个上声音节连读的变调。如果三个上声相连,前两个字根据词语的结构变调。

当词语结构是"双单格"时,前两个上声都变成阳平的调值(35)。例如:
展览馆　214+214+214→24+24+214

当词语结构是"单双格"时,第一个上声变降调(调值 21),第二个上声变成阳平的调值(35)。例如:

纸老虎　214+214+214→21+24+214
小拇指　214+214+214→21+24+214

(二)去声的变调

两个去声音节相连,前一个若不是重读音节则变为"半降",调值为 53。例如:现代、社会、变化、汉字、大地、贵重、奋斗、纪录等。

(三)"一""不"的变调

1. "一"的变调

"一"的本调是阴平。单用,在语句末尾,表序数,在一连串数字中,都念本调。例如:第一、一中。

变调有三种:

(1)在去声前变阳平。例如:一件、一样。

(2)在非去声前变去声。例如:一天、一年、一本。

(3)夹在重叠的动词中间变轻声。例如:看一看、试一试。

2. "不"的变调

"不"的本调是去声。单用,在语句末尾,在非去声前,都念本调。例如:不、我不、不听。变调有两种:

(1)在去声前变阳平。例如:不去、不是、不至于。

(2)夹在词语中间变轻声。例如:差不多、挡不住、行不行、去不去

(四)重叠式形容词的变调

1. 单音节形容词重叠(AA 式)

如果重叠部分儿化,第二个音节不管原来是什么声调,都应念成阴平。例如:"短短儿的"变读为 duǎnduānrde,"快快儿"变读成 kuàikuāir。如果重叠部分不儿化,则保持原调不变。

2. 双音节形容词重叠(AABB 式)

有时第二个音节轻读,第三、四个音节都念阴平。但口头上常说的重叠形容词,可不变调。例如:

整整齐齐 zhěngzhěngqíqí→zhěngzhengqīqī

清清白白 qīngqīngbáibái→qīngqingbāibāi

3. 单音节形容词的叠音后缀（ABB 式）

不管它原来是什么声调，也都念阴平。例如：

亮堂 liàngtang→亮堂堂 liàngtāngtāng

沉甸甸 chéndiāndiān，"甸"单字音读 diàn

热腾腾 rètēngtēng，"腾"单字音读 téng

二、轻声的学习

（一）轻声的性质

普通话的每个音节都有一定的声调，但有的音节在一定的场合里失去原有的声调，变成了一种又轻又短的调子，这就叫做轻声。轻声是四声的一种特殊音变，一般地说任何一种声调的字在一定的条件下，都可以失去原来的声调，变读轻声。轻声在物理属性上的主要表现是音长变短、音强变弱。它的音高因受前一个字声调的影响而不固定。自贡方言没有轻声，在学习普通话时一定要注意轻声的读法。

（二）轻声的发音

一般地说，上声字后头的轻声字的音高比较高，阴平、阳平字后头的轻声字偏低，去声字后头的轻声字最低。具体见表 5.4。

表 5.4

调　类	调　值	举例
去声＋轻声	1 度　低	兔子　帽子
阴平＋轻声	2 度　半低	鸭子　桌子
阳平＋轻声	3 度　中	儿子　橘子
上声＋轻声	4 度　半高	椅子　点子

（三）普通话里哪些字词读轻声

普通话中有些语法成分要读轻声，它们有较强的规律性。这些语法成分主要有以下几种：

1. 助词"的""地""得""着""了""过"和语气词"吧""嘛""呢""啊"等

   例如：我的书 慢慢地说 跑得快
   　　　说着 看了 来过
   　　　去吧 好嘛 他呢 走啊

2. 叠音词和动词重叠形式后头的音节

   例如：妈妈 星星 看看 听听 说说
   　　　商量商量 研究研究 学习学习

3. 名词后边的"们""子""头"

   例如：孩子们 桌子 木头
   但是"原子""电子""烟头"等词中的实语素"子""头"不读轻声。

4. 名词、代词后边表示方位的"上""下""里""面""边"等

   例如：树上 地下 屋里 外面 左边 那边
   如果强调的是方位本身，"上""下""里"等作为独立的方位词时，不读轻声。例如："楼上""楼下""城里"等。

5. 动词后边表示趋向的"来""去""起来""下去"等

   例如：拿来 出去 站起来 干下去

6. 代词、数词后边的"个"

   例如：这个 那个 三个

此外，还有一些双音词，第二个音节习惯上读轻声。例如：玻璃、耳朵、清楚、便宜、衣服、道理、客气、声音、凉快、打听、聪明、照顾、钥匙、关系、脑袋、护士、窗户、消息、西瓜、干部、算盘、应付、吩咐、稀罕、力量、丈夫、包袱、萝卜、骆驼、商量、明白、胳膊、阔气、事情等。上述这些双音词中读轻声的音节，如果组合在另外的双音词里，并且在词义构成上成为被前一音节修饰、限制的成分，则不读轻声。例如：制服、真理、元音、空气、好听、敌情等。

（四）轻声的作用

轻声并不是纯粹的语音现象，普通话里，大多数轻声同词汇语法意义有着一定的联系，它在辨别词义、区分词性和区分有些词或句子构成方式方面有一定的作用。

1. 对某些词或短语有区别意义和结构的作用

例如：帘子 liánzi（门帘或窗帘，加后缀的合成词）
　　　莲子 liánzǐ（莲的果实，偏正式合成词）
　　　是非 shìfei（纠纷，词，如"招惹是非"）
　　　是非 shìfēi（正确和错误，短语，如"分清是非"）

2. 对某些词有区别词性的作用

例如：人家 rénjia（代词，指自己或别人）
　　　人家 rénjiā（名词，指住户，也指女子未来的夫家）
　　　大意 dàyi（形容词，粗心）
　　　大意 dàyì（名词，讲话或文章的主要内容）

3. 对某些句子有区别句法结构的作用

例如：我想起来了，他是我小学时的同学。（"起来"读轻声，作补语）
　　　时间不早了，我想起来了。（"起来"不读轻声，作宾语）

三、儿化的学习

（一）儿化的性质

自贡方言与普通话均有儿化现象。普通话中卷舌元音 er 跟其他韵母结合成一个音节，并使这个韵母成为卷舌韵母，这种现象就叫"儿化"。儿化的基本性质是在韵母发音的同时带上卷舌动作。儿化了的韵母叫做"儿化韵"。"儿化韵"的汉字书写形式中的"儿"字不代表一个单独的音节，而是表示前一个字（音节）附加的卷舌动作。

（二）儿化的发音

自贡方言的儿化读法大都是声母直接加[ɚ]或 i，u，ü 后直接加[ɚ]，而普通话儿化的发音有两种情况。一种是韵母的发音同卷舌动作没有冲突，儿化时原韵母不变只加卷舌动作。韵母或韵尾是 a，o，e，u，ê 的音节属于这种情况。例如：

刀把儿 dāobàr　　小猫儿 xiǎomāor

另一种是韵母的发音同卷舌动作有冲突，儿化时要在卷舌的同时变更原来韵母的结构和音色。韵母或韵尾是 i，ü，-i[ɿ ʅ]，n、ng 的音节属于这种情况。由于变化情况较复杂，需要分别加以分析说明。

1. 韵母是 i，ü 的音节，加卷舌音 er

   例如：小米儿 xiǎomiěr　　小驴儿 xiǎolüér

2. 韵母是 in，ün 的音节，去掉韵尾 n，再按韵母是 i，ü 的音节儿化

   例如：皮筋儿 píjiēr　　短裙儿 duǎnquér

3. 韵母是 -i[ɿ ʅ] 的音节，-i 失落，变成 er

   例如：棋子儿 qízěr　　树枝儿 shùzhēr

4. 韵尾是 i，n（in，ün 除外）的音节，去掉 i 或 n，在韵腹上加卷舌动作

   例如：蛋白儿 dànbár　　刀背儿 dāobèr

5. 韵尾是 ng 的音节，去掉 ng，主要元音鼻化；韵腹是 ɑ，o，e 的，直接加卷舌动作；韵腹是 i 的，加 e[ɤ]鼻化，同时加卷舌动作

   例如：鞋帮儿 xiébār

（三）儿化的作用

1. 区别词义

   例如：眼（眼睛）　眼儿（小孔）

2. 区分词性

   例如：画（动词）　画儿（名词）

3. 表示细小、轻微

   例如：小刀儿　水珠儿

4. 带有亲切、喜爱的感情色彩

   例如：宝贝儿　小赵儿

四、语气助词"啊"的音变

"啊"是可以表达多种感情语气的一个词，如果用在句首，它的词性是叹词，读音不受别的音的影响，仍念作"啊"（ɑ）。例如：

啊（ā），我知道了。（"啊"表示比较平静的感情）

啊（á），你说什么？（"啊"表示追问）

啊（ǎ），是怎么回事啊？（"啊"表示惊奇）

啊（à），原来是这样。（"啊"表示恍然大悟）

而"啊"用在句尾的时候,它的词性就是语气助词,读音就要受它前面音节末尾音素的影响而发生变化。具体变化规律如表 5.5 所示。

表 5.5

"啊"前音节末尾音素	"啊"的变读	范例及规范书写字
i、ü、a、o、e、ê	+a→ia	您从哪儿来呀(啊)!
u、ao[au]	+a→ua	您在哪儿住哇?
-n	+a→na	这花开得多艳哪?
-ng	+a→[ŋA]	我们一起唱啊!
[ʅ]、er	+a→[ɻA]	这是怎么回事啊!
[ɿ]	+a→[ɻA]	你去过几次啊?

第五节 普通话词汇语法的学习方法

语言的三要素包括语音、词汇和语法。普通话与方言的差异虽主要表现在语音上,但自贡方言在词汇和语法上与普通话的差异也是显而易见的。因此,学习普通话,既要注意语音的学习,又不能忽视词汇和语法的学习。

一、词 汇

同普通话词汇相比较,自贡方言词汇中,既有与普通话词汇重合的部分,也有与普通话词汇系统迥然不同的部分。在学习中,前一部分较为简单,后一部分是我们学习的重点和难点,找出方言词汇与普通话词汇的主要差异,才能有效帮助我们学习好普通话。

(一)方言词汇与普通话词汇的主要差异

1. 词形不同,词义相同

以"小孩儿"这个词为例,自贡方言有不同的词形称为"小娃儿"。再如"头"这个词,自贡方言称为"脑壳"。相同的意思,自贡方言和普通话的用词差异很大。

2. 词义不同，词形相同

这类词语，是在说普通话时最容易错的词语，并且最容易产生歧义的一批词。比如"手"一词，在普通话中是指手掌；而在自贡方言中，指的是包括手掌、胳膊、肘在内的整个上肢。再比如，"脚"在普通话中指的是脚踝以下部位，而在自贡方言中指整个下肢。

3. 自贡方言中，语素有特定的构词规律

（1）自贡方言中，名词大量采用了重叠形式，有的重叠还加上了儿化。见表 5.6。

表 5.6

普通话	饼	角落	坎	筛子	豆子	盖子
自贡方言	粑粑儿	旮旯儿	坎坎儿	筛筛儿	豆豆儿	盖盖儿

（2）自贡方言中，名词常加上一些虚语素。见表 5.7。

表 5.7

普通话	虾	苍蝇	姑娘	碗里	盐	胳膊
自贡方言	虾子	苍蝇儿	姑娘儿	碗头	盐巴	手杆

对这类方言词语，可以利用类推的方法换成相应的普通话词语。

二、语　法

普通话以典范的现代白话文著作为语法规范。自贡方言与普通话相比较，语法方面的差异较小，但这并不是说就不用去留意学习，相反，我们应该重视方言与普通话语法的差异，因为如果在说普通话时，在构词和语序上仍然遵从方言的习惯，造出的句子不仅不符合普通话语法规范，并且会影响表情达意的效果，在有些情况下还会贻笑大方，如"你打不打得来篮球"（自贡方言，意为你会不会打篮球）。

（一）语　序

普通话语序有部分与自贡方言不同。自贡方言中有将宾语放在补语之前的情况，如普通话中的"说不过他"在自贡方言中表达为"说他不赢"。

（二）虚　词

普通话与自贡方言在虚词方面的差异主要体现在助词和语气词的使用上。如"它们开着会"中的"着"，是表示正在进行或出于某种状态的动态助词，在自贡方言中往往改用为"起"或"斗"，如"他们开起会的"或"他们开斗会的"。

普通话中语气词很多，但自贡方言中也有与普通话不同的语气词，比如常使用"噻""嘎""哒"等。

（三）量　词

在量词的使用上，普通话与自贡方言也存在一些不同，见表5.8。

表 5.8

普通话	一块肉	一座房子	一座山
自贡方言	一坨肉	一墩房子	一匹山

（四）词语的搭配

自贡方言中，词语的搭配与普通话差异很大，见表5.9。

表 5.9

普通话	自贡方言
吃饭（固态）	吃饭（固态）
喝汤（液态）	吃汤（液态）
吸烟（气态）	吃烟（气态）

第六章　自贡方言与文学艺术

　　自贡地区自古盛产井盐，自贡方言文学自然离不开盐文化。盐，除了供应民众食用外，广泛地应用于农业、工业、化学工业、医药业、渔业等众多领域。随着社会的发展，社会生活各个侧面上"盐"的烙印也深刻起来，在自贡方言文学创作的过程当中，盐、与盐相关的情节以及由盐而衍生的盐现象、盐制度等逐渐成为文人墨客笔下的素材。李芝的《自贡盐井赋》，首云："维西川之盐井……山泽通灵，水火相遭。熬波成石，溶液为膏。"清人史次星作《自流井竹枝词》云："绝胜詹家与宋家，咸泉汩汩雪飞花。江南十户中人产，不及通宵响汲车。"又云："拔地珊瑚十文红，四边分别似游龙。煮盐自有天然火，第一新罗次吉公。"从丰富的自贡方言文学作品中，我们可以看见盐业生产的豪壮画面，可以窥视盐工群体的艰辛生活；可以初探盐邦菜的食色浓香，还可以拓印盐史的沧桑足迹。毫无疑问，盐在文学上打下的深深烙印，以及文学对盐各方面的关注与描写，给我们提供了研究历代政治、社会经济、社会生活、盐业科技、民情风俗等方面的丰富史料，填补了史乘记载不足的缺陷。因此，展开对自贡方言文学的深入研究，尤其是文学遗产、文学作品中的盐文化研究有其特定的意义与价值。

　　而自贡方言文学的最典型作品莫过于20世纪30年代成书的《自流井》，该小说以作者王余杞的家庭为原型，通过盐业世家"王三畏堂"由盛而衰再败的历史更迭，形象地揭示了凭借旧式原始井盐生产方式来维系其生存的封建盐业家族，遭遇帝国主义的挤压和以金融债团为代表的新兴资产阶级势力的蚕食后，土崩瓦解的必然趋势。

第一节　王余杞与《自流井》

一、王余杞生平

　　王余杞是自贡盐业世家王三畏堂的后裔，是自贡近代大盐商王朗云的第五代侄孙。

王余杞（1905—1989）是中国现代文学的重要作家之一。早年参加中国左翼作家联盟，曾编辑出版北方左联《当代文学》杂志，担任过北平作家协会执行委员、上海抗敌救亡演剧一队总务、自贡市抗敌歌咏话剧团团长。新中国成立后任北京铁道学院副研究员、人民铁道出版社编审。1957年错划为右派，1978年予以改正。后受聘为华中理工大学名誉教授。主要著作有：短篇小说集《灾梨记》（与人合著）、《惜分飞》《朋友与敌人》《将军》《落花时节》，长篇小说《浮沉》《急湍》《海河汩汩流》《自流井》，报告文学集《八路军七将领》（与刘白羽合著），叙事长诗《八年烽火曲》，散文随笔连载《我的故乡》《历代叙事诗选》（与闻新国合著），旧体诗集《黄花草》等（又据《天津文学史料》记载，1946年10月—11月在《益世报·语林副刊》连载抗日题材的长篇小说《望中原》共五章）。

2005年5月，上海中国左翼作家联盟会址纪念馆隆重举行"纪念王余杞诞辰100周年座谈会"，缅怀和纪念这位中国现代文学史上的重要作家。

二、《自流井》的创作

长篇小说《自流井》以20世纪二三十年代的四川自贡自流井这一盐都为背景，展现了当时的社会原貌，描写了民国时期四川自贡地区"富压全川"的王三畏盐业世家的兴衰历程。这是一个封建家庭在商业资本的冲击下和自身内部维新派和当权派的权力争斗下最终走向崩溃的故事。小说对盐业生产的详细描写使其成为盐文化极具研究价值的文学作品，有学者评价他：在"盐都"新文学上，他当是首屈一指的现代作家。

（一）《自流井》的创作背景

王余杞于1905年3月出生于自贡市自流井一个家道中落的盐商家庭。幼年时在自家学堂——王氏私立树人两等小学堂长大并学习，直至小学毕业。1921年随亲戚北上求学；1924年考入北京交通大学，期间东渡日本留学，学生时代深受反帝爱国主义思想影响；1934年参加左翼作家联盟，是中国30年代作家。1930年，王余杞到天津北宁铁路局工作，开始了七年天津的生活，这七年正是其创作的高峰期。《自流井》便创作于这个时期。

1933年，王余杞从天津回乡探亲，家乡境况日非，引起他诸多感慨，于是"从四川收集办井烧灶的新材料，加上家族的片段回忆，乃至商业资本入侵的具体情况,开始写作一个新长篇《自流井》"。"1934 年,我一返故乡,再到北平,便开始撰写这部《自流井》。随写随发表,约莫经过一年,全书卒底于成,重加修改,并付抄写,事毕,已在 1937 年的夏天。"后因天津沦陷,《自流井》辗转数载,最终才于 1944 年在东方书社署名曼因出版。

(二)《自流井》的创作原型

小说是作者王余杞的自传性家庭小说,因此书中的故事情节多数都能与现实相重合,书中两个主人公:迪三爷和儿子幼宜,就是以作者父亲和作者自己为原型进行创作的。

迪三爷是这部作品中作者极力刻画的人物形象,他性格鲜明,心比天高却命运多舛,是众多人物中笔墨最多的一位。他的原型是王余杞的父亲:曾留学日本,参加过同盟会,回乡后提倡教育救国。眼见重庆和江津的盐务商业资本压倒当地实业资本,自己庞大的封建家族在内忧外患中日益衰落,却找不到去路。后只得命王余杞赴北平读书,寄希望于儿子重振家业,光耀门庭。小说中的迪三爷早年毕业于日本高等政法学校,受过新思潮的影响,他不愿同一般人同流合污,是祠堂右边的王氏私立树人两等小学堂的校长。他作为封建家族利益的忠实捍卫者,提倡教育救国,倡导科学办井,在家族衰微之秋,挺身而出,挽救公堂,振兴祖业。但是"早上吃生鸡蛋,冬天洗冷水脸……弄得清世界至少也是中国的地理,精读出师两表,坚持教育救国……"也仅仅是学了个外表,本质上还是封建传统的。他一心想通过改良来挽救公堂,振兴祖业;然而,在近代中国,改良的路是绝行不通的。在债团和卖家贼的次次逼迫下,迪三爷败下阵来,迪三娘病逝,抵佃已成事实,这一切都彻底粉碎了迪三爷振兴祖业的梦想。退而寄希望于自己的昌福井建功,奈何"一眼井败家"落在自己头上,只得万念俱灰。最后寄希望于长子幼宜去京城求学,"洗去公堂子弟的习气,改换公堂子弟的心术,精研学术,建立起一番事业来"。作者形象、生动地揭示了中国近代改良主义者自身的矛盾和悲剧的结局,发人深省。

再者迪三爷之子——幼宜,幼宜就是以作者自己为原型进行创作的。王余杞 1913 年在家乡上树人小学,1921 年暑假毕业奉父命随表哥上北京读书,此时家道中落。求学期间深受反帝爱国主义思想影响,思想极其活跃,1925 年投身革命,加入中国共产党。书中的幼宜是世家子弟中最聪慧、明达、善良、上进的一位。《自流井》也是以少年幼宜的视角进行叙述的。他身历目睹了封建家族内部弟兄间、叔侄间以至父子间相互倾轧残害的惨剧。家族的崩溃，母亲的去世，父亲的颓唐使他一步步对家族复兴的愿望幻灭。当他跨出夔门，东去北平求学以后，各种新的思潮和风云突变的局势，则使他逐步走向了成熟。他投身学生运动，十年后回到故乡，"从外形看，他完全变成了一个具体而微的迪三爷，容貌之外，态度、口音、举动、神气……由于遗传，眼神特别充足，一双炯炯的眼光，十年之后的今日，又从这里闪出光亮"，然而，幼宜言谈中锋芒所及，却是对于衰微家族毫不惋惜的否定和对光明社会的憧憬与呼唤。至此，幼宜已作为封建阶级的叛逆者走上了为国家、民族而战斗的行列。

（三）《自流井》的创作特点

首先，小说的叙述时间将近十年，但主要集中于1925年冬季到1926年冬季这一年左右的时间跨度上，这一年正是矛盾最尖锐、衰败最迅速的一年。情节紧凑，环环相扣，对乌衣门第"王三畏堂"的内部腐败、维新派与当权派的斗争和外部商业资本主义的冲击进行了集中表现，为我们展现了一个封建家庭在内忧外患下迅速没落，走向崩溃的故事。

其次，这是一部家族小说。中国传统社会是以家族为本位的社会。所以家族文化是中国传统文化的重要组成部分。"王三畏堂"处于民国时期，新文化虽在逐渐引入和接受中，但封建思想根深蒂固。两种文化的碰撞产生分歧，必然会导致内部争权。斗争的两种结果：要么带领家族走向强大，要么迅速衰落。从斗争的两方的性质来看，不管是维新派还是当权派夺得权力，"王三畏堂"依旧是要走向衰落的。只有改革才是适应这个时期的发展方向的。

再次，小说还是一部带自传性的家族小说。虽为带自传性的家庭小说，但是它首先是一部小说，虽然是立足于真人真事，但也只是影子而已；作者想借小说表达的不是家族传奇，而是社会，写社会的变迁和历史的发展趋势。最后，整部小说在语言上也很有地方特色，小说对白充分方言化，如"谁沾惹了他算谁背时""吃几顿'油大'"。以方言口语来塑造人物，体现了与李劼人、沙汀、艾芜等现代四川作家共同的语言表达方式。既表现了现实社会纯正鲜活的生活面貌，又使得小说反映社会生活具有强烈的真实性。

第二节 《自流井》中的方言词汇释义[①]

作为王余杞方言乡土小说的代表作,《自流井》在语言上具有浓郁的自贡地域特色,全文采用半文半白的语调。口语化和自贡方言土语的大量采用,使全文朴实平白、简洁明快、活力四溢。本节通过对《自流井》一书中的自贡方言词语进行分类解释,以方便不懂自贡方言的读者阅读。

B

【棒客】[pɑŋ214kʰe214]
【棒老二】[pɑŋ²¹⁴ lau53ɚ·²¹⁴]
莫把我们看做了棒客。(p59/6)
"棒老二"又出了头。(p97/3)
"棒客""棒老二"均是指杀人放火的强盗、土匪。

【白墨】[pe214me214]
黑板架上放着两支白墨。(p79/10)
"白墨"指粉笔。

【扮灯】[pan214tɚ44]
思二公爱跟野三哥扮灯。(p6/13)
"扮灯"指玩笑。

【巴】[pa44]
李幺公真和气,是小孩子都巴他。(p28/14)
"巴"在自贡方言中有几种意思,一是指粘贴:附在别的物体上的东西;二是指靠近、挨着,如"前不巴村,后不巴店";三是指关系亲密,依恋、接近。在本句中是第三种意思。

【背时】[pei214ʂɿ21]
谁沾染了他算谁背时。(p29/21)
"背时"是指不顺、晦气、倒霉、运气不佳。

C

【擦黑】[tsʰa214xɛ214]
他擦黑时到来福井收银子。(p146/23)

[①] 本文词语按照汉语拼音方案普通话字母表顺序排列;注音均按自贡方言在语流音变中的实际读音,以国际音标标注;词语后所标注页码为该词在原书(王余杞:《自流井》,大众文艺出版社 2009 年版)中的页数和行数。

"擦黑"指接近天黑之时，黄昏。

【扯谎】[tʂʰe53xuaŋ53]

他们绝没想到大人家反而最善于扯谎的。（p80/7）

"扯谎"指撒谎。

D

【点子】[tian53tsɿ53]

四围的人都望着他的点子。（p42/23）

直给他递点子。（p64/8）

"点子"表示经过思考产生的解决问题的主意；"递点子"是一个动词短语，有使眼色、出主意的意思。

【打】[ta53]

打轿子去接哪个。（p21/19）

"打"指乘坐。

【叨】[tʰau44]

你叨哪个。（p153/21）

"叨"指骂、骂人。

【顿】[tʰən53]

中间还没打个顿。（p158/21）

"顿"是指停顿，"打个顿"指不流畅，被卡住。

【打水飘飘】[ta53ʂuei53pʰiau44pʰiɚ44]

上火线无缘无故拿性命去打水飘飘。（p105/30）

"打水飘飘" 原指一种游戏，用扁形瓦片，用力擦水面飞出，瓦片碰水面弹起，继续向前飞出，再碰水面弹起，再向前飞出……如是反复多次，直至瓦片落入水中。在这里指投入较多却没有收益、当儿戏。

【登堂】[tən44tʰaŋ21]

人家的瘾发登了堂咧。（p41/18）

"登了堂"与"登堂了"意思相同，"登堂"指不得了，非常。

E

【屙】[o44]

屙一泡尿（p20/13）

"屙"是指人或动物自己排泄。在自贡方言中也有以责备的口气叫晚辈吃饭的意思，如"屙力"就是吃饭。

【二天】[ɚ214tʰian44]

二天去问他爷一定晓得。（p84/8）

"二天"是日后、今后、以后。

F

【翻】[fan44]

早晨翻的病。（p16/25）

"翻"指复发。

G

【哥子】[ko44tsʅ53]

除了你哥子和道周。（p20/13）

"哥子"是男性之间称兄道弟的称呼，有"大哥""兄弟""哥们儿"之意，并非完全意义上的称呼兄长，同龄人间常用。

【光胴胴】[kuaŋ44 toŋ53 tuɚ53]

打着光胴胴。（p142/10）

"光胴胴"意思相当于北方的"光膀子"，指不穿上衣，赤裸上身。

【狗爬骚】[kou53pʰau21sɚ44]

俯着身子浮狗爬骚。（p112/8）

"狗爬骚"是指游泳的一种姿势，意思是像狗爬一样的游泳。

【梗】[kən53]

梗着块石头，一天休想开下半寸。（p37/6）

"梗"是指阻碍流通、挡道、妨碍。

H

【火闪】[xo214ʂan53]

猛然火闪一闪。（p161/28）

"火闪"指闪电。

【活路】[xo214lu44]

任他活路耽搁。（p63/16）

"活路"表示工作，泛指各种劳动。

【黑心子】[xe214ɕin55tsʅ53]

他们是黑心子。（p33/14）

"黑心子"是比喻心黑、心肠毒辣的人。

【顸】[xan44]

四川人生得顸。（p5/1）

"頇"原指粗大而结实，这里是指笨、愚蠢。

【活仙仙】[xo214ɕyan44ɕyan44]

一个活仙仙的人怎样变成这个样子呢？（p171/4）

"活仙仙"指鲜活。

【行市】[xaŋ21ʂɿ214]

你行市啥子呢？（p34/29）

"行市"原意为行好时运，这里是指有权势、骄横。

J

【今朝】[tʂən44tʂau44]

恐怕过不了今朝。（p16/26）

"今朝"指今天。

【叫鸡子】[tɕiau214tɕi44tsɿ53]

马马丁早就不见飞，叫鸡子、啄母哥也躲藏起来。（p2/15）

"叫鸡子"指蟋蟀。

【脚杆】[tɕyo214kan21]

两条脚杆仿佛踩着高跷。（p1/11）

"脚杆"指腿。

【经事】[tɕin44tsɿ214]

而且人又不经事。（p191/5）

"经事"指特别结实。

【讲经】[tɕiaŋ53tɕin44]

迪三爷是讲经人。（p117/15）

"讲经"是指讲究，略带贬义，有过分挑剔的意思。

【尽都】[tɕin214tʰou44]

尽都听入了神。（p79/30）

"尽都"是指每个人、全都。

【净】[tɕin214]

净拖我到祠堂里打屁股。（p3/30）

大路两旁，净是水田。（P2/15）

"净"表示总、全。

K

【诓住】[kʰuaŋ44tou53]

诓住看棚的李老幺。（p5/20）

· 111 ·

"诓住"是指欺骗、骗倒。

【开腔】[kʰai44tɕʰiaŋ44]

抓弄半天才开腔。（p78/29）

"开腔"是指说话、发话。

【扛】[kʰaŋ21]

还不得不脱下扛过一冬的厚重棉袄。（p45/10）

"扛"本义是用肩膀承担，在这里是指熬过、撑住。

【开交】[kʰai44tɕiau44]

好怕人，说声倒下来怎样开交？（p143/15）

"开交"指处理、办。

【开头】[kʰai44tʰou21]

开头先叫石匠打大口。（p36/29）

"开头"表示最初、开始。

L

【落气】[lo214tɕʰi214]

老汉儿才落气。（p18/5）

"落气"是指人死亡，没气了或断气了。

【撩】[lau21]

撩起衣裳（p34/8）

"撩"指拨开、掀。

M

【猫儿毛脾气】[mɚ44mau21pʰi21tɕʰi214]

前一任的学监带着点猫儿毛脾气。（p102/20）

"猫儿毛脾气"指脾气怪、坏脾气，易发火。

【马马丁】[ma53ma53tɚ44]

马马丁早就不见飞，叫鸡子、啄母哥也躲藏起来。（p2/15）

"马马丁"有两个意思，一是指蜻蜓；二是指女孩头上扎的小辫子，本句中是第一个意思。

【灭喁】[miɛ214ke21]

素二爷灭喁喽。（p25/4）

"灭喁"是指死了、去世。

【木】[mu214]

这是木脑壳说的吗？（p17/26）

"木"是指呆笨、呆板、不知变通。

【莽声莽气】[maŋ44ʂən44maŋ44tɕʰi214]

船老板莽声莽气地回答。（p40/29）

"莽声莽气"是指语气很强，说话粗俗，粗声大气。

N

【牛屎粑】[ɲiəu21ʂɿ53pa44]

遍野遍地净是牛屎粑。（p29/5）

"牛屎粑"指用牛屎做成的圆饼，用作燃料。

【昵唵】[ɲi44ŋɚ44]

树阴里一片曼长清越的昵唵声。（p109/17）

"昵唵"指蝉。

【那嘛】[la214ma44]

我们还不如到他家里找他去！那嘛就走！（p52/20）

"那嘛"是指那么，表示顺承。

P

【泼得】[pʰo21tʰ214]

本县泼得我这乌纱不要！（p161/18）

"泼得"是指豁出去。在自贡方言中"泼得"也可以做形容词，形容一个人很能干、精力很好，能吃苦，如"她很泼得，白天工作，夜里还要照看孩子"。

【撇】[pʰiɛ53]

大家笑得他恨不得就将那东西撇断。（p34/23）

"撇"是指折、掰。

Q

【丘二】[tɕʰiəu44ɚ214]

他们支使丘二。（p16/1）

"丘二"指店伙计，也泛指身份卑微的、跑腿的人。

【起夜】[tɕʰi53iɛ214]

起夜的人不小心。（p11/13）

"起夜"指的是夜里因大小便而苏醒。

【请神】[tɕʰin53ʂən21]

眼睛尽管请神。（p43/12）

"请神"指打瞌睡。

【千翻】[tɕʰan44fɚ44]

不必仔细看，那些千翻鬼又必是机灵鬼。（p103/12）

"千翻"指手脚不老实，调皮捣蛋。

【清丝严缝】[tɕʰin44sʅ44ŋan21fuŋ214]

焊得清丝严缝。（p93/30）

"清丝严缝"指紧密，严密、无漏洞。

【起落】[tɕʰi21lo214]

起风落雨拿不稳。（p8/1）

"起风落雨"与"刮风下雨"意思一样。

R

【认黄】[zən214xuaŋ21]

兵大哥们不认黄。（p113/7）

"认黄"指讲理。

【热闹】[ze214lau214]

连说得热闹的叔叔还在那里推三阻四啊。（p123/1）

"热闹"指兴致高、欢快、兴高采烈。

S

【晌午】[ʂau21u53]

挨到吃晌午。（P5/19）

"晌午"本来是表示中午、正午，在这里则表示午饭。

【索子】[so53tsʅ53]

连筒带索子怕差不多好几千金重。（p36/3）

"索子"指长而粗的绳子或链子。

【涮坛子】[ʂuan214tʰan21tsʅ53]

原来思二公和野三哥之间虽然差着两辈，却还在涮坛子。（p25/8）

"涮坛子"本指言而无信、说话不算话、戏弄人，这里是指开玩笑。

【扫皮】[sau214pʰi21]

买军队来扫皮。（p97/13）

"扫皮"指捣乱、使丢脸。

【撒搁】[sa53ko214]

撒搁几句话最刺激人。（p6/21）

"撒搁"指结束、最后。

第六章 自贡方言与文学艺术

【耍】[ʂuɚ21]

街上特别好耍。(p39/5)

"耍"指玩。

T

【挑身】[tʰiau44ʂən44]

他又不是挑身踩你的。(p61/30)

"挑身"指故意。

W

【瘟猪】[uən44tʂu44]

以及其他,都是瘟猪。(p175/15)

"瘟诸"原意是指得了瘟病的猪,在这里指笨蛋、傻瓜。

【围拢】[uei21luŋ53]

宜一声嚷,一窝蜂跟着围了拢来。(p3/18)

"围了拢来"意思同"围拢了来";"围拢"是指围绕靠拢,从四周向某点聚拢,围成一圈。

【卫向】[uei214ɕiaŋ214]

你怕他真卫向你们东家?(p86/24)

"卫向"指偏袒、偏向。

【无凭罢故】[u21pʰin21pa214ku214]

你啥事无凭罢故地叫人家的名字咧。(p153/16)

"无凭罢故"指无缘无故。

【枉自】[uaŋ21tsɿ214]

枉自也叫"丘二"们鼻子里称呼着半声"东家"。(p22/16)

"枉自"指白费、亏。

X

【先人板板】[ɕian44zən21pan53pan53]

日他先人板板。(p86/21)

"日"指㞗,即男子性交的动作,"先人"指祖先,前人,亡父。"板板"一说人死后所用棺材的木板;一说灵位。"先人板板"即祖先的棺材板或祖先的灵位。本句中"日他先人板板",表示对别人祖先的侮辱,借以骂人。后来省略为"先人板板",表示骂人,也有无奈、惊奇的意思。

【香香】[ɕiaŋ44ɕiaŋ44]
丰盛的香香早就送到面前。（p38/12）
"香香"泛指糖果之类的零食。

【熊家婆】[ɕyoŋ21tɕia44pʰo21]
怕是熊家婆又要来吃外孙女了吧。（p144/14）
"熊家婆"指吃人的怪物，又指狗熊。

【晓得】[ɕiau53te214]
你既晓得，你就说吧。（p25/18）
"晓得"指明白、知道。

【熊旺】[ɕyoŋ21uaŋ214]
地下火盆里的火光正燃的熊旺。（p18/26）
"熊旺"指旺盛，类似于北方话的"熊熊"。"熊"也可单用，表示火力旺盛。

【下力】[ɕia214li214]
那就是一向没叫自己看在眼里的下力人。（p138/17）
"下力"是指卖苦力、出力气，这里指体力劳动者。

【相因】[ɕiaŋ44in44]
可是比牛相因得多呀。（p36/4）
"相因"指便宜。

Y

【幺母舅】[iau44mu53tɕiəu214]
幺母舅来了吗？（p28/10）
"幺母舅"指母亲排行最小的弟弟，年龄最小的舅舅。

【眼气】[ian53tɕi214]
又该叫人家眼气咧！（p111/15）
"眼气"是指羡慕、嫉妒，意同眼馋，也做使动用法。

【阴干】[in44kan44]
泪水也阴干咧。（p82/22）
"阴干"指风干。

【赢】[in21]
我认不赢你。（p191/18）
"赢"指超过、及。

Z

【啄母哥】[tʂua214mu53ko44]

马马丁早就不见飞,叫鸡子、啄母哥也躲藏起来。(p2/15)

"啄母哥"指蝗虫。

【啄】[tʂuai44]

脸帕擦着脸,还在啄瞌睡。(90/19)

"啄"本义是鸟用嘴取食,这里与"瞌睡"连在一起用,是指打盹、想睡觉。

【只消】[tʂʅ21ɕiau44]

只消由他负责。(p17/28)

"只消"指只需要。

【转窝子】[tʂuan214o44tʂʅ53]

转窝子洋人李约翰。(p67/6)

"转窝子"指冒充、假。

【转】[tʂuan214]

连这点也想不转。(p31/26)

"转"是指通、明白。

【转来】[tʂuan53]

转来替他烧烟。(p156/11)

"转来"指回来。

第三节 《自流井》与井盐文化

在《自流井》中,井盐文化渗透进人们生活的很多方面,如生活饮食、科学技术等。生活在自流井的人以盐为生,也孕育出自流井独特的地域文化。据单项不完全统计,盐场的房舍就分井柜房、笕柜房、灶柜房、号柜房、乡庄柜房、总柜房、外务处等;盐场的工人分司机、拭篾匠、山匠、管事、大帮车、牛牌、生火、辊子匠、白水挑夫、盐水挑夫、烧盐匠、桶子匠、笕山匠、打更匠、井上杂工、灶上杂工、笕上杂工、笕山匠、车水匠、巡视匠等。仅房舍和工人的统计便可窥测以盐业生产为核心的盐文化在自流井地域文化中的显著地位。

食盐是人类生活中的必需品,盐务历来为国家之大政。自流井地处封闭的内地,它的井盐生产更关系本省以至云、贵、藏等地的国计民生。在文学作品中,要成功地表现井盐生产的悠久历史和它特殊的生产方式,不少作家对此望洋兴叹。王余杞十六岁就离开家乡，但他深深地眷恋着这块养育他的土地。他既是出身于盐业世家，对于此地"特殊出产和特殊的社会情形"自然比别人多知道一些。为了写好这部长篇，他于1933年和1934年两次专程回故乡搜集办井烧盐的新材料和商业资本入侵的具体情况，然后以自己家族的兴衰为生活原型，衍化出人物故事来。

《自流井》第一次将古老神奇的井盐生产方式和自流井地域文化写进了鸿篇巨制之中。这部被称为乡土文学的长篇小说，生动地描绘了盐场风貌："天车繁密得像蔗林，黑烟腾空像一片浓雾，机器单调的喧声，轰得人说话都要放大喉咙——却也使人兴奋，轰声正表示出生活的挣扎，如万马千军中生死存亡的决斗。""山坡上，最高处有一座笕楼，底处也有两座笕窝，四面八方的笕竿，两根一排、三根一排地一同伸达笕窝，好像无数的长蛇伸直了身子围集着水缸吃水。""灶房里蒸腾着热气，充耳一派沸腾声，盐卤气味更加浓烈，几乎换不过气。地下一行行地安置着铁锅，铁锅里满锅白色泡沫在那里翻滚。"我们现在已经很难见到自流井盐场当年的景观，读到这样的文字，唤起了沉睡的记忆，尤觉亲切和珍贵。

作者还以王家少年幼宜的视角来写盐井的开锉、盐卤的提取、卤水的笕运、火井盆的安置以至熬盐的工艺等，都写得饶有兴味，令人神往："想象着那下锉的光景，两排两手泥污、满脸流汗的工匠站在井口踩架上，中间横着一根活动的木条，前端便系着坠下井里的铁锉。两排人同时向着横木后端一站，叫它的前端翘起，井下的锉便随着往上一提，很快地两排人分头跨下来，前端落下，井下的锉也跟着落下，落下去砸刺一下泥土或石头，这也许就加深了一分。接连不断地一分一分地加深着，然而须得深到三百丈啊，将一分和三百丈来比，相差该是多大呢！"

这是凿井的一段描写，不仅可以使人获得相关的感性知识，更重要的是随着少年幼宜的好奇和追问，读者自然会被凿井工匠的聪明才智和顽强意志所震撼。再看神奇的火井盆："办井办到一百七十丈之外，也就有火，见火之后，在井下面一丈多深的地方挖空，安一个木盆，就叫火井盆。盆有丈把来高，周围三丈大——这周围，是就盆底说，盆顶却小一点。在盆底的边沿上插入竹笕，少则几根，多则十几根。……然后将盆封好。但是，盆在井口下，所以正对着井口的地方先要留下跟井口一般大小的洞，以便下筒推水。火气上升，聚在盆内，由笕运出，这笕也是埋在地下，只是隆起一条土埂子，倒隐约分辨得出来。"

这是一个天然气和卤水分离的装置，既可避免由天然气引起火灾，保证卤井的安全，又把天然气从井里引出，输送到灶房熬卤制盐。这些知识，都是由掌柜的学徒周老表给幼宜现场讲解的:"你们看这一锅花盐。那边将灌满一锅水,灌下水去,就把火点着,熬到水里出现了盐花,再加一点水……豆浆下去,将水澄清……水面上就会浮起一层黑泡子……这时候就要将黑泡子打出去。再加豆浆还有母子盐渣……减小火力,让它慢慢地熬。熬成盐,熬成的盐跟雪花一样,又白又亮……以后就铲起来,装进竹篾篓中,使它的汩滤尽,滤得干干净净,又把滚开的干净盐水朝竹篓上淋下,盐就结成晶,颜色也变得更白,更亮……"

作者至少用了三个以上的章节来描写井盐生产这个复杂而宏大的系列场景,与小说的情节、人物的经历融为一体。它的神奇、它的功效,"比听龙门阵有趣得多",它的科学含量中所折射出的丰富的想象,它的劳动创造中所包含的坚忍不拔的精神力量,都无可替代地体现了井盐文化的精髓。

作者进而在更为广阔复杂的社会生活场景中,表现"产""运""销"三者的联系以及引起的一系列矛盾,表现盐业家族与商会、衙门、军队、劳工的相互关系与争斗,还涉及兴办义学和井盐生产方式的变革,等等,为我们揭开了盐业世家的重重帷幕,使我们得以窥见它的家族结构、企业经营、利益分配和生活状况。因此,从某种意义上说,这部小说的社会价值,恰好就在于它再现了自流井当年"特殊的出产和特殊的社会情形"而为世人所瞩目。

一、《自流井》中的盐饮食生活文化

莎士比亚的名著《李尔王》里曾有个很经典的考爱问题,父亲问女儿:你们有多爱我?小女:父亲我爱你像盐一般。在电影《闪闪的红星》中,主人公甘冒生命危险也要把食盐偷运给红军战士,两个例子足以表现出盐的重要性。盐在人类日常生活中必不可缺少,每人每天需要摄取一定量的盐才能保持人体心脏的正常活动、维持正常的渗透压及体内酸碱的平衡。此外,盐是咸味的载体,在调味品中居主角,有"百味之祖"的称号。

在《自流井》中提到了一样"镔铁桶炖牛肉":找出一个镔铁桶,用火油烧去那桶里的洋油味,装满了牛肉块,装满了萝卜片,又把盖子盖上去,焊得清丝严缝,叫它不透气。然后丢进盐锅里,跟盐水一齐煮,煮了一整天,捞起打开,牛肉萝卜,炖得稀烂……"周白文想着那鲜美的滋味,嘴头只涌清水。"这道菜做法虽不算考究,但绝对是自流井特有的一种吃法。

《自流井》中描写美食的篇幅并不多,但牛肉绝对是一个代表。这与盐产密切相关,盐产过程中的推水,锉井需要大量的牛,"连筒带索子怕差不多好几千斤重",高强度的工作使得大批牛累死,而累死的牛绝不可能白白扔掉,于是便靠着盐,加工牛肉,这就是自贡的美食大多与牛肉相关的原因之一。时至今日,"火鞭子牛肉"仍是闻名的自贡特产。顺便提一点,累死的牛不只是剩下肉,还有牛皮,当地人在牛死后将其皮作席子,成为特产,所以自贡的牛皮席也是相当出名的。

文本中有两处提到盐蛋,"看见成堆的粽子和盐蛋,口水先流出二尺长",产盐的地儿,盐腌制品固然是少不了的。自贡盐蛋一般采用浓盐水泡制,可以将蛋煮熟了泡,也可以泡了之后再煮,依据各家喜好而定,也有人加入茴香腌制,通常七天便可食用。

二、《自流井》的井盐科技文化

《自流井》紧紧围绕"查账—抵佃—分家"的家庭内部矛盾(即以迪三爷、学八公为代表的"维新派"和以如四爷、渔大爷为代表的"保皇派"的矛盾),并在刻画两派人物的同时带出军阀、官僚、债团代表、捐客等一系列"明里暗里吸吮着盐场膏血"的人物,其间运用了大量篇幅来描述盐产过程,据统计,文本中仅单段描写盐产过程的就有十处。"盐产业"作为盐文化的一大载体,集中体现了我国的井盐科技文化水平。

井盐生产从最初的选井,到办井(下锉、抽小眼、汲卤),再到熬盐。每一环节都凝结着川人独到的智慧。选井的本领是老山匠们才有的,靠世代流传的经验寻脉,在书上找不出来。在这里重点讲述一下烧灶(烧灶集中体现了贡井人早期的节能意识,以井中之火提取井中之盐):"烧灶的火原来就是井里的气,擦根洋火(火柴)去点才变成了火……可是灶为啥占地方总比井口高呢,那因为气向上升,不在高处就引不上来。把气分成一朵一朵的火,才安上一口一口的锅。不管烧的是花盐或是锅巴盐都要渗用黄水和黑水。黄水占一成黑水占三成,一锅盐要用水八石——一石三百二十斤,一天一夜烧。火大的出盐三百斤,火小的出盐两百斤……"花盐和巴盐是自贡井盐的两种盐类:花盐松脆,像冰糖,好看,干净,但容易化,风吹也化,遇水更会化;巴盐细,结得紧,硬得像石头,却不易化。花盐虽好,却不如巴盐便于运输。熬花盐要整整一天一夜,灌满一锅水,把火点着,熬到水里现出盐花,再加一点水,再熬。然后加豆浆,豆浆将水澄清。再熬,水面上就会浮起一层黑泡,脏的东西也会浮上来,将黑泡打出,再加豆浆和母子渣盐——母子渣盐是用温锅熬出来的。加过几回豆浆之后,把火口盖上一半,减小火力,小火慢熬。熬成盐,然后装进竹篾篓中,使它的卤旦水流出,卤旦滤净,又把烧开的干净盐水朝竹篓上淋下,盐就成结晶,颜色也变得更白。聪明的贡井人,通过实践经验找到了给盐提纯的方法,即用饱和的食盐水去浇淋新熬出的盐,这里利用的是化学中浓度更高的液体可以吸附浓度低于其的液体中的杂质的原理。熬巴盐要省事得多,在锅里铺上一层细盐,把锅得极热,慢慢地加水,嗤的一声结上一层,慢慢地结成一块,像一块锅巴。"

伴随井盐出现的一系列生产科技文化,特别是"冲击式顿钻凿井法"在当时领先欧洲技术四百年,堪称当时的世界之冠,这一凿井技术已成为中国人引以为豪的继造纸、印刷术、火药和指南针四大发明之外又一大发明。自流井有世界第一口超千米深井,它还有当时世界上规模最大的笕管输卤体系,堪称古代工业输水之冠。"四面八方的笕竿,两根一排三根一排地一同伸达笕窝。好像无数的长蛇,伸直了身子围集着一个水缸吃水。"还如"寋[kʰɑŋ](上声)盆"(即火井盆),也就是简朴的"气水分离器",它把井中的卤水和天然气分别流向,使水火同井兼而采之。这也就是前面提到的烧灶,用此方法不仅可以节约成本,也能降低能源损耗,自贡盐业作为一个纯粹本土的大型实业,表现出了四川人的聪明睿智,体现出我国辉煌的井盐科技文化水平。

第四节 《自流井》与自贡灯会

《自流井》中对灯会、吃食、游艺、方言等民俗的描写也值得我们进行深入研究,自贡灯会就是其中突出的一个。

古往今来赞美灯会的诗词多不胜数:"去年元夜时,花市灯如昼。月上柳梢头,人约黄昏后。"(欧阳修《生查子》)"有灯无月不娱人,有月无灯不算春。春到人间人似玉,灯烧月下月如银。"(唐寅《元宵》)"月色灯山满帝都,香车宝盖隘通衢。"(李商隐《观灯乐行》)"火树银花合,星桥铁锁开。灯树千光照,明月逐人来。"(苏道味《正月十五夜》)可见,灯会美景数不胜收,令人流连忘返;灯会民俗意味深长,耐人寻味。

自贡灯会,有着古老的历史。隋炀帝时,每年正月十五举行盛大灯会。"灯树千光照,花焰七枝开。"(隋炀帝《元夕于通衢建灯夜升南楼》)盛唐时,正月半前后,灯会已作为制度定下来,高二十丈的灯轮,"悬灯五十盏",真是火树银花,无比壮观。南宋淳熙年间在自贡荣州做县令的大词人陆游有《沁园春》咏道:"一别秦楼,转眼新春,又近放灯。"可见当时自贡新春的张灯结彩已经约定俗成。到明清时期,逐渐发展为具有相对固定内涵的大型民俗文化活动。1964年,自贡市人民政府组织并成功举办了新中国成立以来的首届迎春灯会。从此，灯会规模由小变大，工艺由简至精。灯具由个体发展为群体、由静态发展为联动，布局由平面发展为立体，形成了规模宏大、构思独到、制作精巧、灯景交融的总体艺术特色。发展至今，有"天下第一灯"的美称，备受赞誉。

自贡传统民俗灯会有三种。其一是"天灯会"，每年正月初七开始，各祠庙均立灯竿，悬红灯，举行祭祀活动。届时庙前灯竿上燃灯无数，灯彩多寡视善男信女所捐灯油之多寡而定。其二是"五皇灯会"，每年从冬至到立春、春节，五皇庙内张灯结彩，前来许愿、还愿者抬着供品络绎不绝。自正月初八起竖灯竿，点红灯，到元宵节达到高潮。其三是"放河灯节"，史载乾隆年间自贡即有办盂兰会之举。民众将河灯漂入河中，名为超度亡灵。自贡民间观灯、制灯的习俗一直延续下来，成为现代自贡灯会的雏形。灯会并非一种独立的活动，它的产生、发展都需要依托于其他节日、习俗。因而也就有了各种灯会。

一、新年点灯

早在唐宋年间自贡地区就有了新年赏灯的习俗，迄今已有800多年的历史。明清时期更进一步发展为各种灯节，富有浓郁的地方风情和民间色彩，形成了丰厚的文化积淀。最初，自贡地区的各种灯节活动，一般是由各类祠庙主办。每逢节庆，这些祠庙便要点红灯，善男信女纷纷到这些庙宇去捐菜油、看热闹，求神赐福祛邪。小说《自流井》第七节中就讲道：

……幺母舅家里多热闹：而且离街又近，在新年中，街上特别好耍，晚上遍街点着煤气灯，明亮的如同白昼，更有坐落在河边高处的王爷庙，庙外竖立起十来丈高的灯杆。顶上一盏大灯，下面两条绳子分别穿着两串小灯，从大灯处分开，斜斜的一直牵引到脚下，连着一座灯塔。灯系红纸裱糊的，火光透过红纸，便越加娇艳。虽比不上煤气灯光亮，却比煤气灯更多风趣。幼宜最喜欢这许多的灯：在高山的古寺外，灯杆上挂着朵朵红花似的红纸灯；在广场的人丛中，打着亮筒子在地上翻滚着的长蛇样的狮灯；在繁华的街道上，照耀的灿烂光辉的煤气灯；在深庭大院中，围绕着对对纱灯排演起来的"车车灯"……尤其是车车灯，幼宜在自己家里是看不到的；因为迪三爷是位教育家，连同"讲圣谕"的，等等，都认为"下流"，不准进门。

小说这一段，描写了新年灯会的美景，此时自流井地区的街上早已普及了煤气灯，作者借幼宜的口细数那些漂亮、炫目的彩灯：庙外的灯杆，灯杆上的红纸灯、狮灯、煤气灯、车车灯，一副祥和太平的光景。寺庙立灯杆算是十分传统的一项；广场人丛中长蛇样的狮灯是人们在舞龙灯，龙本身即是蛇身狮脸，人丛中舞动的灯自然非它莫属；而幼宜最稀罕的"车车灯"①则是指年节中的一种游艺，又名小车舞、逗幺妹、跑旱船。一般在旧历正月闹"花灯"时表演，最初"车车灯"是在新中国成立前由河南、河北传来的。当时因为黄河泛滥和虫灾，两地灾民流落到四川，他们通过表演"车车灯"四处拜年，讨取生活费。后来这种喜庆热闹的表演形式被许多本地民间艺人学会，于是"车车灯"就在长江沿岸流行起来。"讲圣谕"②以故事为骨干，其内容常常有"二十四孝""昔孟母，择邻处""岳母刺字"等。四川普遍流行，后来成为说书人的一门技艺，精彩的讲述常令听众感动得哭声一片。康熙帝于康熙九年颁布十六条"圣谕"，雍正二年，为使"圣谕"通俗易懂，全民普及，朝廷加以演绎制定为《圣谕广训》，并专门制定了定讲期、筹讲费、明讲法、肃讲仪等宣传条规，以推行"圣谕"。而"车车灯"，起源于清朝末期。因而这两者在教育家迪三爷那里成了"下流"的，不准进门。

二、庙会观灯

因为灯会总与庙会相结合，或者说是多以庙会为载体，所以不管是逛庙会还是看灯会，都少不了各式各样吃的玩的和新鲜玩意。据史籍记载，唐宋时自贡已逐步形成新年点灯、元宵张灯的习俗。同时，唐代民间的杂技、杂耍等表演活动，也点缀在灯俗之间：

> ……晚上到王爷庙看灯杆，绕着正街走，顺便买一点花炮回来。沙湾河坝的玩意儿多——比离家不远而又常去的大坟堡扯谎坝的玩意儿多得多，有说书的、有打拳的、有卖药的、有耍把戏的、有算命的、有写春联的、有摆骰子摊的、有卖"香香"的……好远好远地就听到卖西洋镜的铜锣声，在坡上望见全河坝上这里一堆，那里一堆，一堆一堆净见人头攒动……天色已经昏暗，四处早已点上了灯。

---

① 车车灯：表演者3人，1人饰幺妹，1人饰小花脸，1人饰车夫或艄翁。也有7人表演的，除上述3人外，增加4个手执灯笼的"报子"（打场人）。灯班均由乡村表演技艺较高的老艺人领头，串联一些爱玩灯的人，临时组成"车车灯"队，春节期间四处玩灯，春节一过即行解散。

② 蒋蓝（文）、顾斯嘉（图）：《正在消失的职业》，上海远东出版社2002年版。

民间活动总是如此热闹，自然是特别能吸引小孩子的兴趣，饶有特色的是自贡人们一般活动的地点都是在河坝上。自流井运盐全靠河流，因而河坝成了人们活动的主要场所，像上文的"沙湾河坝"；就是现在的自贡也保留有很多与河坝相关的地名：鸿鹤坝、唐家坝、伍家坝、代家坝、姚坝、沙坝等。由"香香"也可以看出小说《自流井》独特的四川方言韵味：香本指嗅觉，而在四川方言中指糖果一类的吃食，使用通感的手法用嗅觉表现味觉的好吃。这里，幼宜与幺母舅一同逛灯会，接着话题一转，在河流转折处看见一排歪头歪脑的大木船，河岸堆满盐包，引出一位运盐的船老板，由单纯的幼宜与船老板的对话，三言两语描写出当时盐业的困局，从一个侧面揭示了普通劳动群众的现实。

三、元宵张灯

元宵节也称灯节，元宵燃灯的风俗起自汉朝。到了唐代，赏灯活动更加兴盛。宋代更重视元宵节，赏灯活动更加热闹，赏灯活动要进行5天，灯的样式也更丰富。明代要连续赏灯10天，这是中国最长的灯节了。清代赏灯活动虽然只有3天，但是赏灯活动规模很大，盛况空前，除燃灯之外，还放烟花助兴。纱灯是最基本的彩灯，是用薄纱糊成的灯笼。古时大都用竹制灯架、蜡烛制作照明纱灯，春节、元宵节或喜庆节日庆典时挂在大门或屋角上。成对或多个挂起，颜色艳丽光亮，大的、小的、圆的、方的，造型各异。马灯[①]是一种可以手提的、能防风雨的煤油灯，骑马夜行时能挂在马身上，因此而得名。这里的马灯指的是煤油灯，配上家用灯罩成为观赏的彩灯。同时自贡民俗彩灯源于自贡人民的生活，这和自贡的地域文化是分不开的。自贡是一个因盐设县、因盐建市的城市，因而盐商巨贾办红白喜事举行的灯文化活动，也不断推动了这个民间习俗的发展。

从十三夜起，街上热闹到了顶点：打锣游街的也来啦，一拨紧接着一拨。前面灯火成行，辉煌而又整齐；后面锣鼓的敲打者，使劲地敲打着从这条街游行到那条街，游行过夜，毫不疲倦……百般忍耐，百分努力，从这条街游行到那条街，直游行到东方发白。人流疯狂地汹涌着，像汹涌的浪潮，喊声叫声震天地响起。幼宜他们安坐在街旁的商店里，伸长颈子期待着那些游行的锣鼓敲打过来。等到一股浪潮汹涌过去，人流让开，才走来一对对的灯火：

---

① 马灯：马灯是20世纪在中国产生的一种照明工具。它以煤油作灯油，再配上一根灯芯，外面罩上玻璃罩子，以防止风将灯吹灭，夜行时可挂在马身上，在20世纪70年代用得最为广泛。

头里一定是一堆大纱灯,然后是四对或五对圆的,然后又是方的小纱灯;每个纱灯上都写着朱红扁字,标明某姓某某堂。母亲对于这些堂是熟悉的,她告诉幼宜这是哪一家:是家门或者是亲戚;是某房的某一辈……一大半是熟人,因此也就更有意思了。纱灯之后应该是亮筒子[①],近年却添了马灯,也是成对走着。紧接着亮筒子、马灯的边上一拨锣鼓:打小鼓的走在中间,四周的人都望着他的"点子"……遇上两拨竞争起来,便谁也不让谁……一唱一和,仿佛要拼个你死我活……渐渐地夜阑兴尽,吃过元宵,三五成群四下散去。走到街后田土边顺手偷点青,拔起几颗青菜,菜心点着蜡烛,带回家去,煮熟了吃。

这段对游街打鼓的描写尤为精彩,那种卖力劲儿、热闹劲儿跃然纸上。读者自是会被那种喜庆的气氛所感染,这也为这本充满悲剧色彩的小说增添了一点喜庆的感觉和一丝阳光。这段不光写了打锣游街的盛况,人多得像汹涌的浪潮,更细细描绘了游行队伍中的各色彩灯。小说中描写的纱灯上写着的朱红扁字,一大半是熟人,用现在的话来讲就是写的某姓某某堂就是赞助商,这也表现出了盐商巨贾对灯会的推动作用。

最后,由小说的描写我们大致可以推断出此时的灯会应是"五皇灯会"。我们可以从多个方面得到印证:第一,"天灯会"中举行祭祀活动并未提到;"放河灯节"中的河灯也没有提及;"五皇灯会"竖灯竿,点红灯倒是符合。第二,"五皇灯会"到元宵节达到高潮也有印证——幼宜同母亲和弟妹们看灯是元宵节,此时不光有灯,打锣游街的也来了,街上热闹到了顶点,达到高潮。

四、余兴活动

另外,小说虽只用一句话,却又描绘了一项十分有趣的传统活动——偷青。偷青,即正月十五到别家地里去偷菜,民国前乡下人正月十五会打着灯笼走上山坡去"偷青(情)"。相传这可以偷来一年的好运,偷来桃花运和姑娘的情。小伙子喜欢上谁家的姑娘,就去她家的菜地里偷几把菜,这样,姑娘就知道有小伙子爱上她了。小伙子回家把摘来的几把青青的豌豆苗尖交到妈妈手里,告诉妈妈这是谁家的,妈妈就会知道儿子喜欢上谁了。不动声色的妈妈煮上一锅清香的阳春面,让儿子饱饱地吃下,期待儿子好运长青,托媒人去姑娘家提亲的时候一帆风顺。不过,现在的偷青活动已经没有了"偷

---

① 亮筒子:井火(天然气)初出,用竹管引出,名亮筒子。

情"的意味，只是单单期望偷得新一年的好运，图个彩头。

然而灯会作为传统的民间娱乐，不光有偷青的活动，也不只出现在《自流井》一处中，在很多作品中都有对它的描写。如在《水浒传》中，对灯会就有多处细致描写。如第三十二回：宋江杀阎婆惜被刺配江州，浔阳楼上题反诗，又遭害，后来投奔柴进暂住在清风寨花荣处。时值元宵节"土地大王庙前扎缚起一座小鳌山，上面结彩悬花，张挂五七百碗花灯。土地大王庙内逞赛诸般社火，家家门前，扎起灯棚，赛悬花灯"；第六十五回：在描写吴用智取大名府时，不光描述了吴用元宵用计，更是对古代民间灯会盛况做了详尽生动的描述："市中心添搭两座鳌山，照依旧东京体例，通宵不禁，十三至十七，放灯五夜……家家门前扎起灯棚，都要赛挂好灯，巧样烟火。"《红楼梦》第五十三回描写元宵赏灯："两边大梁上，挂着一对联三聚五玻璃芙蓉彩穗灯。每一席前竖一柄漆干倒垂荷叶，叶上有烛信插着彩烛。……廊檐内外及两边游廊罩棚，将各色羊角、玻璃、戳纱、料丝，或绣，或画，或堆，或抠，或绢，或纸诸灯挂满。"

五、其 他

灯会举办之时，每当夜幕降临，一盏盏彩灯染红满天流霞，极目望去，到处都是灯山火海、琼珠阁楼、叠玉堆金、鸟莺啼转，灯景交融，辉煌迷离，人们徜徉在灯的世界、光的海洋，如同置身梦境一般。灯会早已成为自贡的代表之一。它经过千百年的历练，已经渗透在人们的生活中，创造了最原始、最质朴、最真诚的传统之美，它所显示出的文化品味和格调是历史留给我们的一笔宝贵财富，在漫长的历史进程中显示出了强大的生命力。王余杞的《自流井》中所展现的自贡民俗彩灯艺术是一种最富感染力的乡土艺术，使我们认识到了更深、更丰富的文化内涵。

第七章 自贡方言与说唱音乐①

人类追求科技进步的步伐在 20 世纪以来空前加快,深刻影响和改变了人类社会的生活节奏和交往空间。世界各地的人们相互交流的行为在随时发生,不同的宗教信仰和思想情感在随时遭遇碰撞。如何在各种文化交流加快、增多的情况下,做好本土传统文化的保有、传承与更新,一直是备受广泛关注的热门话题。

自贡市的一些年轻人用他们的热情做了这样的探索:利用适合当代人的文化吸收特点进行本土传统文化的二次诠释和本地方言的推广。在传统说唱艺术中吸取精华,大量采用本土方言演唱;在外来 HIP-HOP 文化中拿来可用之处。通过他们的创作、演出,充分运用多种当代传媒方式展示他们的作品,感动和吸引了大量的观众、听众,以一种充满朝气的方式对自贡本土文化推介和传承作出了全新的贡献。

第一节 自贡说唱音乐的基本情况

一、自贡从事说唱音乐的人员构成

在中国古代就有着"说唱"的艺术与文学的表现形式,这种表演形式利用独立的音乐唱腔体系、特殊的唱词押韵手法成为中国戏曲表演里面独立的分支。其形式与内容在民间广泛流传,深刻植根和介入普通大众的文化生活。

当代时尚流行音乐中的"说唱"则是指 20 世纪 70～90 年代兴起于欧美的 HIP-HOP 街头艺术中的说唱音乐部分。在 20 世纪 70 年代的美国纽约黑人聚集地,开始流行了一种节奏性强、旋律重复、即兴演唱的一种说唱形式。这种表演形式以轻松、随意、直接的艺术表现手法在 20 世纪 90 年代全球流行,2000 年左右传入中国大陆地区,2001 年 HIP-HOP 文化开始在内地城市

---

① 本章内容主要借鉴了四川理工学院何清教授的相关研究成果。

出现，中文说唱在年轻人中风行一时。随着这种舶来文化逐渐被年轻的一代所接受和喜爱，2005年说唱文化在自贡诞生，并成立了自贡第一支说唱团体TNT（The Noise Team）。在后来的几年发展中，说唱文化在自贡越发成熟，越来越多的年轻人参与到了说唱音乐的行列中。他们的作品中，具有突出影响力的是自贡方言说唱，这也是本文主要的关注视点。

这些自贡的年轻人，将国外的说唱等流行文化运用到了本土文化的传承当中，利用说唱这样流行音乐的形式诠释了自贡本土的人文、历史与风景，尹华江主编在内容的选取上利用了符合大众所接受的本土文化特点，将自贡方言歌词和地方特色的旋律完美结合在一起，呈现出了一部部推广自贡本土文化的现代流行文化的影视艺术作品。

此外，还有一些从事说唱艺术创作的青年，虽然没有结成固定团体，但同样有高水平的、深受广大网民熟悉和喜爱的作品。《师专面包》的作者从小生活在自贡某高校校园，他从平凡而快乐的童年生活中，找到创作灵感，从讲述童年生活中一种喜爱的食品这一细节出发，串联起个人的青少年生活感受。这不失为一种个人视角的文化回忆，也是亲情文化、区域文化在个人生命中留下的深刻而美好的痕迹。

就目前来看，自贡方言说唱的创作与演出参与者，从年龄看基本都是"80后"的年轻人，大多数拥有大学学历，非音乐专业的居多；职业有大学美术教师、建筑工程现场管理、在读大学生、服装厂管理人员、舞蹈教练等，是一批受教育程度较高、开朗乐观的年轻人，也基本都是独生子女。

二、自贡方言说唱音乐主要内容

从现有作品主要内容来看，首先是大量介绍自贡地方特色文化：自流井的盐、大安区的燊海井、大山铺的恐龙骨头（化石）、四处矗立的古老采盐天车，等等。这个城市的辉煌与荣耀，在他们的说唱中更为广泛的传颂：东锅厂、东方广场、汇东新区这些自贡的著名厂矿企业和街区的名字，在他们的说唱中被骄傲地一一道来；灯会、盖碗茶、猜拳这些民俗生活细节把自贡独有的地方特色纷纷囊括其中。如果听过此歌的人一定不会忘记它的名字就叫《这就是自贡》。这首歌于2009年5月正式注册了移动公司彩铃版权，伴随着每一次来电，自贡的名声和地方文化特色被最为广泛地传播。

其次是大量关于童年生活的叙写，尤其是吃、喝、玩、乐的快活时光的记忆。"80后"是指出生于1980—1989年的一代，这群出生年代相近、经历相仿的人拥有相同的整体回忆：院落、藤椅、小巷、铁环、动画片等。而自贡的"80后"不仅拥有和全国"80后"相同的回忆，也有着属于自己地方特色的特别回忆：公园里的大象梭梭板、少年宫、学校外的小吃摊、爬山探险等。例如《童年》这首歌充满留恋地对小时候玩过的游戏名称和游戏方式作了阐述，表达了对家庭关系和父母教育子女方式的理解等。该创作的重点放在表现儿时的"玩儿"的快乐上，很能勾起同龄人甚至上一辈人的情感共鸣。在MV的拍摄上，采用了大量镜头描写小孩子玩耍在各个老街巷道中的情形，加以老旧照片的特效处理形式，更加直观地展现了过去的味道。

"民以食为天"，在民间生活中，饮食文化扮演着重要的地位。自贡盛产"百味之祖"的盐，川菜在自贡因地域因素变种为小河帮菜系，其滋味丰厚，咸辣鲜香的特色突出。深受自贡菜养育的年轻自贡人，用极大的热情创作出了《盐帮菜》这一推介自贡饮食文化的精品之作，充分体现了自贡人对生活的热爱和享受生活的愉悦之情。这也构成了他们创作的第三个大方面的内容。

这首TNT的新作《盐帮菜》，通过表现层次和歌曲结构，巧妙地涵盖了江湖、市井、经典文化三个方面的内容：江湖体现着自贡人的豪爽侠气；而市井就是TNT为代表的自贡青年的草根精神；川剧高腔作为整首歌的收尾，则是经典文化的气质彰显。在这首歌中，诠释和解读本土文化的创作初衷，开始有了直觉的意识与表现方式，在歌词和编曲上找到了在流行音乐和传统音乐相结合的切入点。

在自贡说唱艺术的特点上，引人关注的是他们的作品中，使用自贡方言说唱的部分。从周边城市的调研中可以看出，除自贡之外，其他地区的说唱采取的基本是普通话。方言对艺术的表现力在当代随着人们相互了解、知识面的扩展、多媒体字幕的处理等有利因素出现，也突破了原有的局限。原汁原味的地域文化血统和味道，被很好地保护了下来。

通过这些努力，越来越多的人接受了这种新颖的音乐表达形式，并对自贡方言说唱的方式进行了认可。许多外地朋友看到了自贡说唱的作品后开始知道了自贡，了解到自贡虽是地处四川南边的二级城市也有着如此深厚的文化底蕴，甚至网上一时掀起了学习自贡话的热潮，同时也有越来越多的年轻人喜欢上了说唱，并自己尝试着原创说唱音乐，在自贡本地的文化圈形成了一股不小的波澜，间接或直接影响了自贡本地现代文化发展。

概括起来，自贡民间青年的说唱艺术活动具有这样一些特色：

第一，出现时间较早，有固定团体和成员：自贡TNT成立于2005年，是周边及川南城市中最早的说唱团体，此外还有一大批喜爱说唱的青年。

第二，以自贡本土文化为主要题材，作品量大，演唱以自贡方言为主。

第三，与信息媒介合作度高，传播方式新颖。TNT等说唱团队曾多次参与各大、小商业演出及公益演出活动，在本土音乐文化领域受到了广大朋友的热爱。作品通过广播电台、电视台、网络、手机彩铃等新媒介传播。

第四，影响力较大。其中 TNT 不仅是自贡及川南地区最具影响力的说唱团体，他们的作品《这就是自贡》被国内著名音乐人高晓松收录于《高晓松自选辑·十城志》中。《童年》参加 2011 土豆网映像节，并获得了广东国际纪录片大会 2011 南方多媒短片盛典金奖。该片得到了大会组委会以及国内著名导演陆川的高度认可，并与陆川一起召开新闻发布会接受国内各大媒体采访。成都电视台在 2011 年春节的时候在自贡大街上随机采访路人，有 90% 的人知道自贡 TNT 说唱团体，90% 的人听过《这就是自贡》。

第二节　自贡说唱音乐的语言特色

目前自贡方言说唱的代表作主要有《这就是自贡》《童年》《盐帮菜》《师专面包》等四首歌曲，分别从不同的侧面反映了自贡的社会生活。《这就是自贡》歌词突出了自贡的大三绝、小三绝以及普通人生活的方方面面。《童年》则表现了自贡城区成长起来的这部分 80 后共同的童年记忆。《盐帮菜》则是在自贡盐帮菜风靡四川甚至全国的背景下，对自贡特色的盐帮菜进行的较为全面的描写和推介，《师专面包》则是 80～90 年代自贡城区人的共同记忆，唤起了自贡人对曾经盛行自贡的师专面包的集体回忆。

这些作品都非常有自贡地域特色，其歌词的撰写和演唱都是使用的纯正的自贡方言，当然由于年龄的原因（作者和演唱者都为 30 岁左右的"80 后""90 后"），这些歌曲使用的都是新派自贡方言，在演唱中也展现出了自贡方言受普通话及成都方言影响的特点，表现出了自贡方言的发展趋势。下面就以这四首歌中最有影响力的两首《这就是自贡》和《童年》为例，解析自贡说唱音乐的语言特色。

一、歌词内容

（一）这就是自贡

TNT 乐队

四儿财中，好弟兄，四季财，全打开，四季财
哎呀着了噻，来兄弟伙些些干了干了

老板儿再来一件啤酒
打斗灯笼抓点儿盐巴
用龙骨头熬汤，你嘿期喝嘛
小心嘴巴儿巴斗烫
这首歌巴斗唱，台子上巴斗上
你喜欢的话还是要鼓点巴巴掌
自贡的姑娘儿长得都多撑展
你不要焦眉辣眼问我在晒干前
我头发多短扎不起马马灯儿
做啥子整死不得当类个扫脚兔儿
自贡人耿直也要吹壳子
特产是刀刀爽包装是用盒子
反正得自贡有莫多的故事
自贡方言就像火锅里面放盐
自贡人豪爽儿打麻将绝对有钱
我不想紧斗念也不想紧斗玄
自贡话有盐有味还是要节约时间
天车高天车长我家住在天车旁
这就是自贡诶我生活的地方诶
天车高天车长我家住在天车旁
这就是自贡诶我美丽的家乡诶
盖碗茶嘿我要来喝两口
早晨家不早点起来只有在类等斗
龙门阵吹起走有热闹跟斗吼
整不巴适再喊老板儿跟你来瓶二锅头
要说旅游我恩大山铺看骨头
看起囊高的恐龙骨头还是有点牛
大安区类个海井我就不说好多米
反正落下及呀我就再也找不到你
没得事的河边上可以晒哈儿太阳
顺便约斗几个朋友可以打哈儿麻将
还有最后一张自贡话要说海底捞
把牌一摸卡二条说你着不着
我 HY 从小就得自贡长大

吃自贡的盐巴喝自贡的茶
自流井就好像是我屋头的院坝
走得哪类都是说的自贡话
从东锅厂到东方广场
类是以前读初中必须走的地方
的类的读啊三年昏书像是走的过场
所以年轻人还是好生读书天天向上
二天有啊钱就得汇东买套房子
找个靓扫的妹子就囊个子过一辈子
HY 真朝晚上去看灯会吗
哪些哦？哎呀还是那几爷子噻
天车高天车长我家住在天车旁
这就是自贡诶我生活的地方诶
天车高天车长我家住在天车旁
这就是自贡诶我美丽的家乡诶

两千年的历史不用寻找地址
有吴玉章的雕像有邓小平的题词
磨剪刀起菜刀还是师专面包
晚上整点夜宵螺丝儿要个撬
龚扇子的篾皮儿富顺的豆花儿
洗碗要用烧瓜布不得及用刷把签儿
天气热啊扇蒲扇坝伸凉板儿
出门找个摊摊儿吃碗凉粉儿
自贡的海椒不是板把板的辣
好吃嘴儿得自贡看到都要吓
盐帮的菜盐都的爱
外地人都要找盐都的太太

南国灯城的天空不会是阴天
就算寒冷冬天也灯火通天
灯火的海洋把你包围得中间
自贡灯会让你看了绝对新鲜
我叫自贡人不叫 zhi 贡人

平舌跟卷舌我嗯不得起打腾腾

这就是自贡诶我生活的地方诶

天车高天车长我家住在天车旁

这就是自贡诶我美丽的家乡诶

天车高天车长我家住在天车旁

白天伴我入学堂　晚上伴我入梦乡

（二）童　年

TNT 乐队

（童声）一、一、一、二一，妈妈不买米，饿死你，爸爸不煮饭，靠边站。

（男声）拿斗一袋酸梅粉儿，去撇几根宽蔑片儿，做成一把宝剑的生活才好耍。

说的推六门儿，一定要走边边儿，技术撇的只有跟他两个兜哈圈圈儿，

栽三刀、飞飞镖、累了买坨冰糕，门朝的活动我们干脆改到真朝，

下课后扯点草草儿吊哈干鱼鳅儿，

晚上伙斗院子头的一起耍哈藏藏猫儿，

钓点龙虾，抠点螃蟹，哇哇叫那个不是客猫儿那是蛇拐，

回去滚哈铁环，还要扯哈响响儿。

没得事在河边上去捡几个蚌壳儿，

是哪个娃儿偷了我的北京白墨，搞了伙的脸，嘿个个都是漆黑

哈哈子儿，打哈板儿，堰塘中间洗个澡儿，小那会儿的生活就是浪好耍儿。

（女声）小那会儿的相片，傻戳戳的鬼脸。

（男声）长大后的我们是否还记得从前。

（女声）放玩具的房间，娃儿书在床边。

（男声）长大后的我们是否还记得从前。

（女声）走累了再不能胡闹让爸爸抱。

（男声）做错了再没有妈妈慈祥的笑。

（女声）时间让童年无奈画上句号，擦不掉墙上水彩笔的记号。

（女）提起小那会儿敢说哪个没偷过钱，办完招待回去心头还是有点悬。

手板心的棱棱，床底下的棍棍，洗脸帕都揪不干你真的是个笨笨。

翻毛线爆火炮儿丢沙包斗沙壳儿。

先来办哈锅锅酒儿，暗点去耍梭梭板儿，

大象梭梭板儿，耍过没有？

（男）人民公园那个啊？

（女）哦！

（男）嗨，可以，那个安逸。

（女）五角钱的红莲擦炮当真有点昂，电光炮儿是哑的我看不到光，麻起胆子擦了就往耗子洞头丢，捂到耳朵嘿期笑还不搞快溜。

他们说学校后头昨儿天又闹鬼，

从椅背后跳出来喊一声"辄"，

要探险走哪里屋后头尽是山，

胆子大的走前头，担斗一匹砖。

（女声）小那会儿的相片，傻戳戳的鬼脸。

（男声）长大后的我们是否还记得从前。

（女声）放玩具的房间，娃儿书在床边。

（男声）长大后的我们是否还记得从前。

（女声）走累了再不能胡闹让爸爸抱。

（男声）做错了再没有妈妈慈祥的笑。

（女声）时间让童年无奈画上句号，擦不掉墙上水彩笔的记号。

（女声）小那会儿的相片，傻戳戳的鬼脸。

（男声）长大后的我们是否还记得从前。

（女声）放玩具的房间，娃儿书在床边。

（男声）长大后的我们是否还记得从前。

（女声）走累了再不能胡闹让爸爸抱。

（男声）做错了再没有妈妈慈祥的笑。

（女声）时间让童年无奈画上句号，擦不掉墙上水彩笔的记号。

（合）心心背背，背背心心，参加红军。

（女）耍狡赖。

二、自贡方言词语释例

自贡说唱音乐都用的方言来演唱，对于不熟悉自贡方言的外地听众来说，仅仅听语音和看歌词是不一定能明白其意思的，这会影响相关歌曲的传播，因此，对自贡方言词语的意义用普通话进行解释就显得尤为重要了。

（一）《这就是自贡》

四儿财中，好弟兄，四季财，全打开，四季财：自贡人行酒令，划拳的说词。

打斗：打着。

龙骨头：恐龙的骨头。暗示自贡盛产恐龙化石。

嘿期：使劲，努力，用力，放开。

撑展：漂亮，帅气，男女都可用。

焦眉辣眼：愁眉苦脸。

晒干前：哪里，哪个地方。

马马灯儿：在自贡方言中有两个意思，一是蜻蜓，二是马尾辫。此处是第二个意思。

类：那。

扫脚兔儿：比喻不守规矩、爱捣乱的人。

吹壳子：吹牛。

莫多：很多。

好耍儿：好玩儿。

紧斗：老是，反复做。

念：唠叨。

玄：故意放慢动作，拖延时间。

等斗：等着。

巴适：好。

我恩：我们。

囊：那么。

哈儿：一会儿。

斗：着。

海底捞、卡二条：自贡麻将的特殊规则和相关称呼。

读昏书：比喻学习不认真，没学好。

靓扫：漂亮，只能用于女性。

蔑皮儿：片状物。

烧瓜布：丝瓜蔫后留下的瓤，用作洗碗的工具。

刷巴签儿：捆成一捆的竹签，用于洗锅。

坝：动词，铺。

伸：量词，张。

板把板：一点点。

打腾腾：吞吞吐吐，说话不顺畅。

天车：井架。

二天：以后，将来。

（二）《童年》

酸梅粉儿：一种零食，味道酸。80年代自贡小孩中流行。

撒：读上声表动词，折断；读去声表形容词，差劲。

推六门儿：一种儿童游戏。

边边儿：边上。

栽：用刀插入。

坨：量词，块。

门朝：明天。

真朝：今天。

客猫儿：青蛙。

蛇拐：黄土色的青蛙。

北京白墨：粉笔的一种，由矿物质构成。

浪：那么。

手板心：手心。

棱棱：被条状物抽打后的印记。

揪：拧。

锅锅酒：儿童游戏，过家家。

暗点：晚点。

梭梭板儿：滑梯。

辄：拟声词，相当于"哇"。

担斗：拿着。

匹：量词，块。

耍狡赖：耍赖。

三、歌词的方言特色

自贡说唱音乐主要用现代自贡方言读音押韵，以说为主，对押韵没有那么看重。而且由于自贡方言也属于西南官话，在押韵上与普通话差别不大，但是还是在一些地方用方言说唱更具特色。如《这就是自贡》中，"自贡的海椒不是板把板的辣,好吃嘴儿得自贡看到都要吓"句,韵脚分别是"辣"和"吓"。按普通话读音,"辣"的韵母是开口呼"a","吓"的韵母是齐齿呼"ia",虽然主元音相同,韵头不同也符合押韵原则,但是在唱词中使用的是方言读音"ha214",韵脚两字的韵母完全一样,在听感上更加顺畅悦耳。

同时,自贡说唱音乐的演唱,还体现了自贡方言在字音上发生的变化,以及自贡方言将来发展的趋势。例如《这就是自贡》中,"特产是刀刀爽包装是用盒子",这句话的"产"字,老派自贡方言是读平舌音"can53",而在说唱中念的翘舌音"chan53",读音发生了变化,结合日常口语,新派自贡方言的已经开始出现"产"字平翘舌混用的情况。再如"自贡灯会让你看了绝对新鲜"中的"鲜"字,韵母在老派自贡方言是读撮口呼"üan44",而在说唱中念的齐齿呼"ian44"。而且读"xian44"的情况已经在40岁以下的新派自贡方言中非常普遍,已经有取代"xüan44"读音的趋势。这些变化无疑是受普通话影响,自贡方言在声母、韵母及声调方面无限向普通话靠拢。我们可以预见,在未来的20年内,将会形成一种与普通话无限接近的新型自贡话。

第三节　自贡说唱音乐与地方文化

由于文化本身是一个人言言殊的词汇,加上研究方法、观察视角和理论的五花八门,而呈现出纷繁复杂的现象。从称谓上来说,就有大众文化、通俗文化、精英文化、高雅文化、民间文化等。理论界关于每个词汇的定义以及褒贬等批评态度,也是各有不同。在这里,我们暂且把传统意义上的经典文化和来自于民众生活的称为民间文化,以此互为参数来进行文章的讨论。

一、自贡传统文化底蕴与自贡说唱艺术的关联

(一)富庶的井盐中心是其文化滋养的摇篮

地处川南的自贡,从地理形势上看,不是历代兵家的必争之地,从水陆交通来看,也不是运输枢纽和主要中转场所,但因为自古以来在这里便发现了丰富盐矿资源而备受重视。大约在汉章帝时期(76—88年)就开采出了一口大盐井"以其井出盐最多,人获厚利"被誉为"富市盐井"。这是自贡地区盐业兴盛的早期萌芽。此后经过唐代的发展,明代时期自流井的开采为这个

城市带来了响亮的"盐都"名号。到清代的嘉庆、道光时期,自流井成为西川盐业生产中心,所产的井盐占全川总量的一半以上,远销到川、滇、黔、湘、鄂等地,盐业生产技术的发展,给人们带来了富足的生活,也兴旺了这个地区文化的大发展。

走进自贡这个城市,留给人们的深刻印象是保留于市中心的采盐专用井架,一种叫做天车的高大木制建筑,雄伟地矗立在市区各处,每有一处天车就意味着这里有一口盐井。这些天车使用数十乃至数百根杉木,加上竹篾条索等,经能工巧匠的手精心捆扎而成,是采盐的重要工具。正如《这就是自贡》里面所说唱到的情形:"天车高,天车长,我家住在天车旁。"

也正是由于盐业经济的发达,五湖四海的商人纷至沓来,他们带来大量资金和各地风俗文化,招募盐工,兴修盐业会馆,目前保存完好的尚有十余座,王爷庙、恒侯宫、贡井贵州庙、南华宫等都是其中佼佼者。最为突出的是占地3150平方米的西秦会馆。这是清乾隆年间,在自贡经营盐业运销和开办钱庄票号的陕西商人集巨资修建而成的。这座被列为全国文物保护单位的古代建筑群,整体巍峨辉煌,结构完整,内饰雕梁画栋,精美的木雕石刻随处可见。《盐帮菜》中川剧高腔所唱颂的"半城青山诶,半城楼宇诶"就是浓缩了自贡这个城市的地理之特色。

自贡市镇发达,各种民俗活动丰富。新年燃灯放炮的民俗,在自贡地区自唐代以来便十分盛行。据史料记载:"荣县新年灯火甚盛。唐人称火树银花合者,盍林立矣……采笺书画,嵌灯如星,一亭然(燃)四五百灯,辉丽万有。西人来观,亦京沪所不见也。"②竖灯杆、耍灯灯、狮子灯、牛儿灯、车灯等应有尽有。到今天,自贡灯会已经蜚声全国并在加拿大、美国、东南亚等地展出,很受各地人民的欢迎。这些文化痕迹,在自贡的说唱艺术中,或直接表达在说唱词中,或作为突出的背景画面,与歌声结合,传递本土文化信息。

此外,对自贡说唱艺术产生发展有重要滋养意义的是大量流传于民间的盐业歌谣和盐工号子,这些包含劳动人民智慧和幽默,在苦难生活中的诙谐调侃,在快乐时刻的舒心愉悦,都在这些歌谣中传唱了出来。例如:

《天辊辊转》:天辊辊转,地辊辊圆,老娘推水儿赚钱!大的儿来看,小的儿来睃,老娘推水莫奈何!(《挽子歌》之一)

《月亮》:月亮像只船,沉香木做的船,桫椤树做篙竿,江水滔滔往东流,一颗明珠落火海。(《挽子歌》之二)

《抛呀抛起闪》:抛抛起闪哟,闪闪起抛哎,闪起那些好,越闪越轻巧;闪起又不重,越闪越轻松……(《扛运号子》之一)

完全口语化的盐业民谣、盐工号子,包含了当地人民的坚韧、乐观、风趣、直爽的地域气质,在今天的自贡城市方言说唱艺术中,得到了一脉相传的体现。其中,突出的是不论生活和劳动是如何的艰辛,自贡人对生活的热爱是一如既往的。因此,作为外来流行文化 HIP-HOP 中的说唱,本来是多包含对现实的不满的批判性话语,在自贡的城市说唱中,却基本难以见到。自贡的说唱以歌唱本土文化、表达对本土生活与文化的喜爱甚至骄傲为主,有一种对本土文化特别自信的精神,这点也是与川南其他地市的说唱艺术不同的。

(二)"没有城墙的都市"赋予其开放的情怀

在近两千年的盐业开采岁月中,"因利所以聚人,因人所以成邑"④。"因盐设市"是自贡城市形成的特点。哪里打出了新的盐井,开起了制盐的灶房,自贡的城市空间就迁延发展到哪里。所以实业使自贡人从传统中走过来,又不囿于传统。这个城市甚至连自我龟缩、封闭象征的城墙也不需要,而有的是釜溪河上、王爷庙前千帆林立,万船待发,向各地输送自流井盐的繁荣景象。抗战时期,自贡人民对国家和民族的贡献有目共睹,这个城市的博大胸怀,开放的文化因子,影响和造就了人民的开放心态。因此,当外来文化中的说唱流行元素进入自贡的时候,很快能与本土文化结合,产生一批创作者、接受者和固定的创作团队。

(三)"水火相融"的城市精神是其发展的土壤

在开采井盐的同时,随着深井技术的发展,天然气井,即火井也被发现和广为利用。自贡盐业利用天然气烧锅熬盐,在其生产实践中独创了一个专用名词叫做"窠盆"。《康熙字典》的解释其意思是"空室"的意思。本来不能相兼容的水火,在盐业生产中,却二者必不可少,双方相得益彰。"不同籍贯,不同社会地位,不同经济势力,不同政治倾向,不同宗教信仰的人们,运用'窠盆'智慧给予的启示,使这座城市变得更加的包容、和谐。"

由此可见,是自贡的一方水土,养育了一代又一代的自贡人。这个地区因盐业发达而独有的盐文化韵味,在当今年轻一代的说唱人身上焕发了独特的风采。没有自贡盐文化的滋养,也就不可能有自贡城市说唱艺术的产生和发展。这些年轻的孩子们,在接受、吸纳西方当代流行文化元素的同时,与自贡本土文化特征进行了极好的对接与融合。文化传承是靠人来完成的,离开了人的生活并没有什么文化的意义与价值。在这一点上说,自贡本土传统文化有了很有希望的、衷心热爱它的传播者和继承者。

二、自贡说唱艺术对传统文化的传承

自贡的说唱艺术尤其是方言说唱部分,利用与新兴传媒技术相结合,通过多种媒体传播,在宣传自贡本土文化上做出了不可忽视的贡献。

(一)表现形式由少到多

传统的文化丰富多彩,从物质到非物质,从衣食住行到民风民俗,从城市建筑到人民性格,方方面面都有充分的结晶。如果传承仅仅依靠和局限于说唱艺术,通过歌词和画面来表达的话,对于丰富的文化本身,就是一种断章取义、浮光掠影,广度和深度都达不到。但是,如果换种眼光来看待,这是一种新的文化的传导和继承方式,那它就使我们更多一种手段与方式表现文化,表达对文化的热爱,这是值得鼓励甚至应帮助其发展的。

(二)二次诠释是大力推广

毫无疑问,说唱中一一提到的文化形式,包括自贡灯会、自贡盐业、自贡的盐帮菜等,伴随着演唱,通过新媒体的立体式快捷传播,引起了很多外地人对自贡的兴趣。自贡文化的推介工作,在民间自然而然地发生了。而如果受众对自贡文化是被说唱所吸引进而接受,也会因此产生被动吸纳的副作用:不再对亲身感受和接触传统文化形式本身感兴趣,而乐于享受说唱提供的便餐式文化。这对于了解本土文化的原貌就是一种伤害、一种阻隔,误读的现象发生,也就不难设想了。

但是同时,伴随着手机彩铃,伴随着以 TNT 为代表的说唱活动日益活跃,自贡这个川南二级城市,也的确打响了城市文化招牌。一些听过《这就是自贡》《盐帮菜》等作品的外地朋友,一是对自贡文化发生了兴趣,二是在这些热爱和乐于传唱本土文化的青年身上,看到了这个城市人民的乐观心态和幸福生活,这些都是对自贡市的良好印象和正性评价。因此,自贡方言说唱艺术,可在政府的文化部门与学术界的合力支持下,帮助他们完成由自然到直觉的成长历程。

(三)"皮毛"的文化也是文化

理论界关于文化的定义正如前所述,十分复杂和难以确立一个完全的标准,这里不做关于此内容的讨论。将经典意义上的传统文化与来自民间的文化相比较而言,已有言论表明,人们将 HIP-HOP 涵盖的说唱艺术,称为反文化的亚文化的一种。"它的破坏性和民间性与我们传统意义上的流行文化背道而驰。"

说唱艺术在西方街头文化中，起初也是受指责的。"尽管早在90年代初期就有人认为这种絮絮叨叨，满是脏话粗口、叛逆词语的音乐会很快消失。"但事实上却是它已经在世界很多地区被人们接受，尤其是受到广大青少年的喜爱。结合本土文化特色，当代的城市说唱呈现多样化的特色。

就"絮絮叨叨"来说，说唱一般是歌词字句数量远远大于传统说唱或者歌曲。以自贡几首知名的说唱歌曲为例，《这就是自贡》歌词847字，66句；《童年》歌词630字，48句；《盐帮菜》歌词829字，64句。除开由于配合节奏较快的音乐，歌词字句使用数量大的客观因素之外，值得关注的是这其实充分体现了青年一代中国独生子女的倾诉愿望。大批城市乃至乡村的孩子，由于缺乏兄弟姊妹的伙伴，父母工作繁忙，用说唱"叨叨"他们的内心情感，是一种十分符合其心理特点和年龄特征的。

粗口脏话，对社会有一定激烈的批判性言词等最早源自黑人街区的街头文化风范，在自贡本土的说唱中基本见不到。自贡的年轻人用这样一种轻松愉快的表现方式，说唱自贡的历史文化，表达他们对这个城市的热爱，对父母养育之情的感恩，抒发对童年往事以及亲情的甜蜜回忆，等等。这种文化方式，也是一种新兴的文化现象，应该是当代多元、多层次、多分支文化现象中的独特一种，同时也是非常健康和有益的一种。

三、结　语

自贡本土民间的方言说唱，代表新生一代对传统文化的理解和态度。总的说来，呈现了积极阳光的一面。由于他们的说唱而让更多外地人知道了自贡，了解了自贡，更愿意走进自贡，这对自贡以盐业文化为主的城市文化特色，做出了有益的传播。

附录一 国际音标表

辅音

方法		部位	双唇	唇齿	齿间	舌尖前	舌尖后	舌叶(舌尖及面)	舌面前	舌面中	舌根(舌面后)	小舌	喉壁	喉
塞音	清	不送气	p			t	ʈ		ȶ	c	k	q		ʔ
	清	送气	pʰ			tʰ	ʈʰ		ȶʰ	cʰ	kʰ	qʰ		ʔʰ
	浊	不送气	b			d	ɖ		ȡ	ɟ	g	ɢ		
	浊	送气	bʰ			dʰ	ɖʰ		ȡʰ	ɟʰ	gʰ	ɢʰ		
塞擦音	清	不送气		pf	tθ	ts	tʂ	tʃ	tɕ					
	清	送气		pfʰ	tθʰ	tsʰ	tʂʰ	tʃʰ	tɕʰ					
	浊	不送气		bv	dð	dz	dʐ	dʒ	dʑ					
	浊	送气		bvʰ	dðʰ	dzʰ	dʐʰ	dʒʰ	dʑʰ					
鼻音	浊		m	ɱ		n	ɳ		ɲ	ɲ	ŋ	ɴ		
滚音	浊					r						ʀ		
闪音	浊					ɾ	ɽ					ʀ		
边擦音	浊					ɬ ɮ								
擦音	清		ɸ	f	θ	s	ʂ	ʃ	ɕ	ç	x	χ	ħ	h
	浊		β	v	ð	z	ʐ	ʒ	ʑ	ʝ	ɣ	ʁ	ʕ	ɦ
无擦通音及半元音			w	ʋ		ɹ			j(ɥ)		ɰ(w)			

元音

	圆唇元音	前		舌尖元音 前	后	舌面元音 前		央	后
高	(y ɥ ɯ u) (ø o) (œ ɔ)			ɿ	ʅ	i y	i ʉ	ɨ ʉ	ɯ u
半高						e ø			ɤ o
半低						ɛ œ		ɜ ɞ	ʌ ɔ
低						æ	a	ɐ	ɑ ɒ

1. 声调符号

调号用五度制声调符号。把字调的平均相对音高分为"低、半低、中、半高、高"五度，分别用"1，2，3，4，5"表示。常用调号如下：

11 低平　　　　　　131 低升降
22 半低平　　　　　153 全升高降
33 中平　　　　　　353 高升降
44 半高平　　　　　351 高升全降
55 高平　　　　　　242 中升降
13 低升　　　　　　513 全降低升
15 全升　　　　　　535 高降升
24 中升　　　　　　424 中降升
35 高升　　　　　　313 低降升
53 高降　　　　　　315 低降权升
51 全降
42 中降
31 低降

2. 其他音

ɪ——i，e 之间的音　　　　Y——y，ø 之间的音
ʊ——u，o 之间的音　　　　E——e，ɛ 之间的音
ᴀ——a，ɑ 之间的音　　　　θ——ø，o 之间的音
ɜ——ə，ɐ 之间的音

附录二　自贡方言字表①

一、果摄字

编号	汉字	古声母	韵部	古声调	自贡方言读音
1	多	端	果开一歌	平	to44
2	拖	透	果开一歌	平	tʰo44
3	他	透	果开一歌	平	lᴀ44
4	驼	定	果开一歌	平	tʰo21
5	驮拿，驮起来	定	果开一歌	平	tʰo21
6	挪	泥（娘）	果开一歌	平	lo21
7	罗	来	果开一歌	平	lo21
8	锣	来	果开一歌	平	lo21
9	箩	来	果开一歌	平	lo21
10	搓	清	果开一歌	平	tsʰo44
11	歌	见	果开一歌	平	ko44
12	哥	见	果开一歌	平	ko44
13	蛾	疑	果开一歌	平	o21
14	鹅	疑	果开一歌	平	o21
15	俄	疑	果开一歌	平	o21
16	河	匣	果开一歌	平	xo21
17	何	匣	果开一歌	平	xo21
18	荷 荷花	匣	果开一歌	平	xo21
19	阿 阿胶，阿哥	影	果开一歌	平	ᴀ44
20	舵	定	果开一哿	上	to214
21	哪 哪个	泥（娘）	果开一哿	上	lᴀ53
22	左	精	果开一哿	上	tso53
23	可	溪	果开一哿	上	kʰo53

① 本表根据社科院所编《方言调查字表》所含十六摄顺序排列，以国际音标注。凡是自贡方言读音标注为无的，即为本方言中无此物或无此说法。

编号	汉字	古声母	韵部	古声调	自贡方言读音
24	我	疑	果开一哿	上	ŋo53
25	大	定	果开一个	去	tA214
26	驮驮子	定	果开一个	去	tʰo21
27	那	泥（娘）	果开一个	去	lA214
28	佐	精	果开一个	去	tso53
29	个个人，一个	见	果开一个	去	ko214
30	饿	疑	果开一个	去	o214
31	荷薄荷	晓	果开一个	去	xo214
32	贺	匣	果开一个	去	xo214
33	茄茄子	群	果开三戈	平	tɕye21
34	波	帮	果合一戈	平	po44
35	菠菠菜	帮	果合一戈	平	po44
36	颇	滂	果合一戈	平	pʰo44
37	坡	滂	果合一戈	平	pʰo44
38	玻玻璃	滂	果合一戈	平	po44
39	婆	并	果合一戈	平	pʰo21
40	魔	明	果合一戈	平	mo21
41	磨磨刀	明	果合一戈	平	mo21
42	摩	明	果合一戈	平	mo21
43	馍	明	果合一戈	平	mo21
44	骡	来	果合一戈	平	lo21
45	螺螺蛳	来	果合一戈	平	lo21
46	脶手指纹	来	果合一戈	平	lo21
47	罗啰嗦	来	果合一戈	平	lo21
48	矬矮	从	果合一戈	平	tso21
49	蓑	心	果合一戈	平	so44
50	梭织布梭	心	果合一戈	平	so44
51	嗦啰嗦	心	果合一戈	平	so44
52	莎莎草	心	果合一戈	平	ʂA44
53	过	见	果合一戈	平	ko214

编号	汉字	古声母	韵部	古声调	自贡方言读音
54	锅	见	果合一戈	平	ko44
55	戈	见	果合一戈	平	ko44
56	科	溪	果合一戈	平	kʰo44
57	窠	溪	果合一戈	平	kʰo44
58	棵（科）	溪	果合一戈	平	kʰo21
59	讹	疑	果合一戈	平	ŋe21
60	和和气	匣	果合一戈	平	xo21
61	禾	匣	果合一戈	平	xo21
62	倭	影	果合一戈	平	o44
63	踒踒了脚	影	果合一戈	平	uai53
64	窝	影	果合一戈	平	o44
65	跛跛足	帮	果合一果	上	pai44
66	簸簸一簸	帮	果合一果	上	po53
67	朵（躲）	端	果合一果	上	to53
68	妥	透	果合一果	上	tʰo53
69	椭椭圆	透	果合一果	上	tʰo53
70	惰	定	果合一果	上	to214
71	垛柴垛	定	果合一果	上	to214
72	裸裸体	来	果合一果	上	lo53
73	瘰瘰疬	来	果合一果	上	无
74	坐	从	果合一果	上	tso44
75	锁	心	果合一果	上	so53
76	琐琐碎	心	果合一果	上	so53
77	果	见	果合一果	上	ko53
78	裹	见	果合一果	上	ko53
79	餜	见	果合一果	上	无
80	颗一颗珠	溪	果合一果	上	kʰo53
81	火	晓	果合一果	上	xo53
82	伙（火）	晓	果合一果	上	xo53
83	祸	匣	果合一果	上	xo214

编号	汉字	古声母	韵部	古声调	自贡方言读音
84	簸簸箕	帮	果合一过	去	po53
85	破	滂	果合一过	去	p^ho53
86	薄薄荷	并	果合一过	去	po53
87	磨磨面,石磨	明	果合一过	去	mo214
88	剁	端	果合一过	去	to214
89	唾唾液,唾沫	透	果合一过	去	t^ho214
90	糯糯米	泥（娘）	果合一过	去	lo214
91	摞摞起来	来	果合一过	去	lo214
92	锉	从	果合一过	去	ts^ho214
93	座	心	果合一过	去	tso214
94	过	见	果合一过	去	ko214
95	课	溪	果合一过	去	k^ho214
96	卧	疑	果合一过	去	o214
97	货	晓	果合一过	去	xo214
98	和和面	匣	果合一过	去	xo53
99	涴弄脏	影	果合一过	去	无
100	瘸瘸腿	群	果合三戈	平	tɕye21
101	靴	晓	果合三戈	平	ɕye44
102	膕膀子	影	果合三戈	平	无

二、假摄字

编号	汉字	古声母	韵部	古声调	自贡方言读音
103	巴	帮	假开二麻	平	$pA44$
104	芭	帮	假开二麻	平	$pA44$
105	疤	帮	假开二麻	平	$pA44$
106	爬	并	假开二麻	平	p^hA21
107	琶琵琶	并	假开二麻	平	$pA44$
108	杷枇杷	并	假开二麻	平	$pA44$
109	钯（杷）钯子	并	假开二麻	平	p^hA21
110	麻	明	假开二麻	平	$mA21$
111	痳	明	假开二麻	平	$mA21$
112	蟆蛤蟆	明	假开二麻	平	$mA21$

编号	汉字	古声母	韵部	古声调	自贡方言读音
113	妈	明	假开二麻	平	mA44
114	拿	泥（娘）	假开二麻	平	lA21
115	茶	澄	假开二麻	平	tşhA21
116	搽（涂）	澄	假开二麻	平	tşhA21
117	查（柤）	照庄	假开二麻	平	tşhA21
118	渣	照庄	假开二麻	平	tşA44
119	叉	穿初	假开二麻	平	tşhA44
120	杈枝杈	穿初	假开二麻	平	tşhA44
121	差差别，差不多	穿初	假开二麻	平	tşhA44
122	茬	床崇	假开二麻	平	tşhA21
123	[查]调查	床崇	假开二麻	平	tşhA21
124	沙	审生	假开二麻	平	şA44
125	纱	审生	假开二麻	平	şA44
126	家	见	假开二麻	平	kA44/tçiA44
127	加	见	假开二麻	平	tçia44
128	痂	见	假开二麻	平	无
129	嘉	见	假开二麻	平	tçia44
130	家家具	见	假开二麻	平	tçia44
131	牙	疑	假开二麻	平	iA21
132	芽	疑	假开二麻	平	iA21
133	衙	疑	假开二麻	平	iA21
134	伢小孩子	疑	假开二麻	平	iA21
135	虾鱼虾	晓	假开二麻	平	çia44
136	哈哈腰	晓	假开二麻	平	xA44
137	霞	匣	假开二麻	平	çia21
138	瑕	匣	假开二麻	平	çia21
139	遐	匣	假开二麻	平	çia21
140	蝦蝦蟆	匣	假开二麻	平	çia44
141	鸦	影	假开二麻	平	ia44
142	丫丫头	影	假开二麻	平	ia44
143	桠桠杈	影	假开二麻	平	ia44
144	把把握，把守，一把	帮	假开二马	上	pA53
145	马	明	假开二马	上	mA53
146	码（马）码子	明	假开二马	上	mA53

附录二 自贡方言字表

编号	汉字	古声母	韵部	古声调	自贡方言读音
147	洒	审生	假开二马	上	sA53
148	假真假	见	假开二马	上	tɕia53
149	贾姓	见	假开二马	上	tɕia53
150	雅	疑	假开二马	上	ia53
151	下底下	匣	假开二马	上	ɕia53
152	夏姓	匣	假开二马	上	ɕia214
153	厦厦门	匣	假开二马	上	ɕia214
154	哑	影	假开二马	上	ia53
155	霸	帮	假开二祃	去	pA214
156	把柄	帮	假开二祃	去	pA53
157	坝堤	帮	假开二祃	去	pA214
158	坝平川	帮	假开二祃	去	pA214
159	爸	帮	假开二祃	去	pA21
160	怕	滂	假开二祃	去	pA214
161	帕	滂	假开二祃	去	pA214
162	耙犁耙，耙地	并	假开二祃	去	pʰA21
163	骂	明	假开二祃	去	mA214
164	蛇水母	澄	假开二祃	去	无
165	诈	照庄	假开二祃	去	tʂA214
166	榨榨油	照庄	假开二祃	去	tʂA214
167	[炸]炸弹	照庄	假开二祃	去	tʂA214
168	岔三岔路	穿初	假开二祃	去	tʂʰA214
169	乍	床崇	假开二祃	去	tʂA214
170	厦偏厦,前廊后厦	审生	假开二祃	去	ʂA214
171	假放假	见	假开二祃	去	tɕia53
172	架	见	假开二祃	去	tɕia214
173	驾	见	假开二祃	去	tɕia214
174	嫁	见	假开二祃	去	tɕia214
175	稼	见	假开二祃	去	tɕia44
176	价	见	假开二祃	去	tɕia214
177	搾捕，捉，拿住	溪	假开二祃	去	tɕia214
178	砑砑平	疑	假开二祃	去	ŋA44
179	嚇吓一跳	晓	假开二祃	去	xA214
180	下下降	匣	假开二祃	去	ɕia214

编号	汉字	古声母	韵部	古声调	自贡方言读音
181	夏春夏	匣	假开二祃	去	çia214
182	睱	匣	假开二祃	去	çia21
183	亚	影	假开二祃	去	çia214
184	些	心	假开三麻	平	çi44
185	邪	邪	假开三麻	平	çie21
186	斜	邪	假开三麻	平	çie21
187	爹	知	假开三麻	平	tie44
188	遮	照章	假开三麻	平	tṣe44
189	车马车	穿昌	假开三麻	平	tṣʰe44
190	蛇	床船	假开三麻	平	ṣe21
191	奢	审书	假开三麻	平	ṣe44
192	赊	审书	假开三麻	平	ṣe44
193	佘（余）姓	禅	假开三麻	平	ṣe44
194	耶	喻以	假开三麻	平	ie44
195	爷	喻以	假开三麻	平	ie21
196	姐	精	假开三马	上	tçie53
197	且	清	假开三马	上	tçʰye53
198	写	心	假开三马	上	çie53
199	者	照章	假开三马	上	tṣe53
200	扯	穿昌	假开三马	上	tṣʰe53
201	舍舍弃	审书	假开三马	上	ṣe53
202	社	禅	假开三马	上	ṣe214
203	惹	日	假开三马	上	zɛ53
204	也者也，也是	喻以	假开三马	上	ie53
205	野	喻以	假开三马	上	ie53
206	借	精	假开三祃	去	tçie214
207	苴斜	清	假开三祃	去	无
208	藉藉故	从	假开三祃	去	tçi214
209	席席子	从	假开三祃	去	çi214
210	泻	心	假开三祃	去	çie214
211	卸	心	假开三祃	去	çie214
212	谢	邪	假开三祃	去	çie214
213	蔗	照章	假开三祃	去	tṣe214
214	射	床船	假开三祃	去	ṣe214

编号	汉字	古声母	韵部	古声调	自贡方言读音
215	麝麝香	床船	假开三祃	去	ṣe214
216	赦	审书	假开三祃	去	ṣe214
217	舍宿舍	审书	假开三祃	去	ṣe214
218	騇母的牛马	审书	假开三祃	去	无
219	夜	喻以	假开三祃	去	ie214
220	髽髽髻	照庄	假合二麻	平	tsuan21
221	瓜	见	假合二麻	平	kua44
222	蜗	见	假合二麻	平	o44
223	夸	溪	假合二麻	平	kua44
224	花	晓	假合二麻	平	xua44
225	华中华	匣	假合二麻	平	xua21
226	铧	匣	假合二麻	平	无
227	划划船	匣	假合二麻	平	xua21
228	蛙	影	假合二麻	平	ua44
229	洼	影	假合二麻	平	ua44
230	傻	审生	假合二马	上	xᴀ53
231	[耍]	审生	假合二马	上	ṣua53
232	寡	见	假合二马	上	kua53
233	刮	见	假合二马	上	kua214
234	侉	溪	假合二马	上	无
235	[垮]	溪	假合二马	上	kʰua53
236	瓦	疑	假合二马	上	ua53
237	跨	溪	假合二祃	去	kʰua214
238	瓦动词	疑	假合二祃	去	ua53
239	化	晓	假合二祃	去	xua214
240	华华山，姓	匣	假合二祃	去	xua21
241	桦桦树	匣	假合二祃	去	xua21

三、遇摄字

编号	汉字	古声母	韵部	古声调	自贡方言读音
242	铺铺设	滂	遇合一模	平	pʰu44
243	蒲	并	遇合一模	平	pʰu21
244	菩菩萨	并	遇合一模	平	pʰu21
245	脯胸脯	并	遇合一模	平	pʰu21
246	模模子	明	遇合一模	平	mu21

编号	汉字	古声母	韵部	古声调	自贡方言读音
247	模 模范	明	遇合一模	平	mu21
248	摹 摹仿	明	遇合一模	平	mu21
249	都 都城	端	遇合一模	平	tu44
250	都 都是	端	遇合一模	平	təu44
251	徒	定	遇合一模	平	tʰu21
252	屠	定	遇合一模	平	tʰu21
253	途	定	遇合一模	平	tʰu21
254	涂	定	遇合一模	平	tʰu21
255	图	定	遇合一模	平	tʰu21
256	奴	泥（娘）	遇合一模	平	lu21
257	卢	来	遇合一模	平	lu21
258	炉	来	遇合一模	平	lu21
259	芦 芦苇	来	遇合一模	平	lu21
260	鸬 鸬鹚	来	遇合一模	平	lu21
261	租	精	遇合一模	平	tsu44
262	粗	清	遇合一模	平	tsʰu44
263	苏	心	遇合一模	平	su44
264	酥	心	遇合一模	平	su44
265	姑	见	遇合一模	平	ku44
266	孤	见	遇合一模	平	ku44
267	箍	见	遇合一模	平	kʰu44
268	枯	溪	遇合一模	平	kʰu44
269	吴	疑	遇合一模	平	u21
270	蜈 蜈蚣	疑	遇合一模	平	u21
271	吾	疑	遇合一模	平	u21
272	梧 梧桐	疑	遇合一模	平	u21
273	呼	晓	遇合一模	平	fu21
274	胡	匣	遇合一模	平	fu21
275	湖	匣	遇合一模	平	fu21
276	狐	匣	遇合一模	平	fu21
277	壶	匣	遇合一模	平	fu21
278	乎	匣	遇合一模	平	fu21
279	葫 葫芦	匣	遇合一模	平	fu21
280	胡 胡子	匣	遇合一模	平	fu21

编号	汉字	古声母	韵部	古声调	自贡方言读音
281	乌	影	遇合一模	平	vu21
282	污	影	遇合一模	平	vu21
283	补	帮	遇合一姥	上	pu21
284	谱	帮	遇合一姥	上	pʰu21
285	普	滂	遇合一姥	上	pʰu21
286	浦	滂	遇合一姥	上	pʰu21
287	部	并	遇合一姥	上	pʰu214
288	簿	并	遇合一姥	上	pʰu21
289	堵	端	遇合一姥	上	tu53
290	赌	端	遇合一姥	上	tu53
291	肚鱼肚子	端	遇合一姥	上	tu53
292	土	透	遇合一姥	上	tʰu53
293	吐吐痰	透	遇合一姥	上	tʰu53
294	杜	定	遇合一姥	上	tu214
295	肚腹肚	定	遇合一姥	上	tu44
296	努	泥（娘）	遇合一姥	上	lu53
297	鲁	来	遇合一姥	上	lu53
298	橹	来	遇合一姥	上	lu53
299	虏	来	遇合一姥	上	lu53
300	卤	来	遇合一姥	上	lu53
301	祖	精	遇合一姥	上	lu53
302	组	精	遇合一姥	上	tsu44
303	古	见	遇合一姥	上	ku53
304	估估计	见	遇合一姥	上	ku53
305	蛊蛊子	见	遇合一姥	上	ku53
306	牯	见	遇合一姥	上	ku53
307	股	见	遇合一姥	上	ku53
308	鼓	见	遇合一姥	上	ku53
309	苦	溪	遇合一姥	上	kʰu53
310	五	疑	遇合一姥	上	u53
311	伍	疑	遇合一姥	上	u53
312	午	疑	遇合一姥	上	u53
313	虎	晓	遇合一姥	上	fu53
314	浒水浒	晓	遇合一姥	上	fu53

编号	汉字	古声母	韵部	古声调	自贡方言读音
315	户	匣	遇合一姥	上	fu214
316	沪	匣	遇合一姥	上	fu214
317	坞	影	遇合一姥	上	u53
318	布	帮	遇合一暮	去	pu214
319	佈	帮	遇合一暮	去	pu214
320	铺店铺	滂	遇合一暮	去	pu214
321	怖恐怖	滂	遇合一暮	去	pu214
322	步	并	遇合一暮	去	pʰu44
323	捕	并	遇合一暮	去	pʰu214
324	埠（步）商埠	并	遇合一暮	去	pʰu214
325	暮	明	遇合一暮	去	mu214
326	慕	明	遇合一暮	去	mu214
327	墓	明	遇合一暮	去	mu214
328	募	明	遇合一暮	去	mu214
329	妒	端	遇合一暮	去	tu214
330	吐呕吐	透	遇合一暮	去	tʰu53
331	兔	透	遇合一暮	去	tʰu214
332	度	定	遇合一暮	去	tu214
333	渡	定	遇合一暮	去	tu214
334	镀	定	遇合一暮	去	tu214
335	怒	泥（娘）	遇合一暮	去	lu214
336	路	来	遇合一暮	去	lu44
337	赂	来	遇合一暮	去	lu214
338	露	来	遇合一暮	去	lu214
339	鹭鹭鸶	来	遇合一暮	去	lu214
340	做（作）	精	遇合一暮	去	tsu214
341	醋	清	遇合一暮	去	tsʰu214
342	措措置	清	遇合一暮	去	tsʰo214
343	错错误	清	遇合一暮	去	tsʰo214
344	素	心	遇合一暮	去	su214
345	诉	心	遇合一暮	去	su214
346	塑塑像	心	遇合一暮	去	su214
347	嗉鸟嗉子	心	遇合一暮	去	su214
348	故	见	遇合一暮	去	ku214

编号	汉字	古声母	韵部	古声调	自贡方言读音
349	固	见	遇合一暮	去	ku214
350	锢锢露锅	见	遇合一暮	去	ku214
351	雇	见	遇合一暮	去	ku214
352	顾	见	遇合一暮	去	ku214
353	库	溪	遇合一暮	去	k^{h}u214
354	裤	溪	遇合一暮	去	k^{h}u214
355	误	疑	遇合一暮	去	u214
356	悟	疑	遇合一暮	去	u214
357	戽戽斗	晓	遇合一暮	去	fu44
358	互	匣	遇合一暮	去	fu214
359	护	匣	遇合一暮	去	fu214
360	瓠瓠子,瓠瓜	匣	遇合一暮	去	fu214
361	恶恨,可恶	影	遇合一暮	去	u214
362	庐茅庐,庐山	来	遇合三鱼	平	lu21
363	驴	来	遇合三鱼	平	lu21
364	蛆生蛆	清	遇合三鱼	平	tɕy44
365	徐	邪	遇合三鱼	平	ɕy21
366	猪	知	遇合三鱼	平	tʂu44
367	除	澄	遇合三鱼	平	tʂ^{h}u21
368	储储蓄	澄	遇合三鱼	平	tʂ^{h}u21
369	初	穿初	遇合三鱼	平	ts^{h}u44
370	锄	床崇	遇合三鱼	平	ts^{h}u21
371	梳梳头	审生	遇合三鱼	平	su44
372	疏疏远	审生	遇合三鱼	平	su44
373	蔬	审生	遇合三鱼	平	su44
374	诸	照章	遇合三鱼	平	tʂu44
375	书	审书	遇合三鱼	平	ʂu44
376	舒	审书	遇合三鱼	平	ʂu44
377	如	日	遇合三鱼	平	zu21
378	居	见	遇合三鱼	平	tɕy44
379	车车马炮	见	遇合三鱼	平	tɕy44
380	墟墟市	溪	遇合三鱼	平	ɕy44
381	渠	群	遇合三鱼	平	tɕ^{h}y21
382	[㑩]他	群	遇合三鱼	平	无

编号	汉字	古声母	韵部	古声调	自贡方言读音
383	鱼	疑	遇合三鱼	平	y21
384	渔	疑	遇合三鱼	平	y21
385	虚	晓	遇合三鱼	平	çy44
386	嘘吙噓	晓	遇合三鱼	平	çy44
387	於於此	影	遇合三鱼	平	y21
388	淤	影	遇合三鱼	平	y44
389	余	喻以	遇合三鱼	平	y21
390	馀	喻以	遇合三鱼	平	y21
391	舁抬	喻以	遇合三鱼	平	无
392	女	泥（娘）	遇合三语	上	ny53
393	吕	来	遇合三语	上	ly53
394	稆野生	来	遇合三语	上	无
395	旅	来	遇合三语	上	ly53
396	序	邪	遇合三语	上	ly53
397	叙	邪	遇合三语	上	çy214
398	绪	邪	遇合三语	上	çy214
399	褚姓	彻	遇合三语	上	tʂʰu53
400	苎苎麻	澄	遇合三语	上	无
401	阻	照庄	遇合三语	上	tsu53
402	楚	穿初	遇合三语	上	tsʰu53
403	础柱下石	穿初	遇合三语	上	tsʰu53
404	所	审生	遇合三语	上	so53
405	煮	照章	遇合三语	上	tʂu53
406	处相处	穿昌	遇合三语	上	tʂʰu53
407	杵	穿昌	遇合三语	上	tʂʰu53
408	暑	审书	遇合三语	上	ʂu53
409	鼠	审书	遇合三语	上	ʂu53
410	黍	审书	遇合三语	上	ʂu53
411	汝	日	遇合三语	上	zu53
412	举	见	遇合三语	上	tçy53
413	巨	群	遇合三语	上	tçy214
414	拒	群	遇合三语	上	tçy214
415	距	群	遇合三语	上	tçy214
416	语	疑	遇合三语	上	y53

编号	汉字	古声母	韵部	古声调	自贡方言读音
417	许	晓	遇合三语	上	ɕy53
418	与及，给与	喻以	遇合三语	上	y53
419	虑	来	遇合三御	去	ly53
420	滤	来	遇合三御	去	ly53
421	絮	心	遇合三御	去	ɕy53
422	著显著	知	遇合三御	去	tʂu214
423	箸筷子	澄	遇合三御	去	tʂu214
424	助	床崇	遇合三御	去	tsu214
425	疏注疏	审生	遇合三御	去	su214
426	处处所	穿昌	遇合三御	去	tʂʰu53
427	庶	审书	遇合三御	去	ʂu214
428	恕	审书	遇合三御	去	ʂu214
429	署专署	禅	遇合三御	去	ʂu53
430	薯白薯	禅	遇合三御	去	ʂu53
431	据	见	遇合三御	去	tɕy214
432	锯锯子，锯木	见	遇合三御	去	tɕy214
433	去来去，去皮	溪	遇合三御	去	tɕi214
434	驭	疑	遇合三御	去	y214
435	御防御	疑	遇合三御	去	y214
436	誉荣誉	喻以	遇合三御	去	y214
437	预	喻以	遇合三御	去	y214
438	豫	喻以	遇合三御	去	y214
439	夫	非	遇合三虞	平	fu44
440	肤	非	遇合三虞	平	fu44
441	跗跗面，脚面	非	遇合三虞	平	无
442	敷	敷	遇合三虞	平	fu44
443	俘俘虏	敷	遇合三虞	平	fu44
444	孵孵小鸡	敷	遇合三虞	平	pau214
445	麸麦麸子	敷	遇合三虞	平	fu44
446	符	奉	遇合三虞	平	fu21
447	扶	奉	遇合三虞	平	fu21
448	芙芙蓉	奉	遇合三虞	平	fu21
449	无	微	遇合三虞	平	u21
450	巫	微	遇合三虞	平	u44

编号	汉字	古声母	韵部	古声调	自贡方言读音
451	诬	微	遇合三虞	平	u44
452	趋	清	遇合三虞	平	tɕʰy44
453	须	心	遇合三虞	平	ɕy44
454	须 胡须，触须	心	遇合三虞	平	ɕy44
455	需	心	遇合三虞	平	ɕy44
456	诛	知	遇合三虞	平	tʂu44
457	蛛	知	遇合三虞	平	tʂu44
458	株	知	遇合三虞	平	tʂu44
459	厨	澄	遇合三虞	平	tʂʰu21
460	雏	床崇	遇合三虞	平	tʂʰu21
461	朱	照章	遇合三虞	平	tʂu44
462	蛛	照章	遇合三虞	平	tʂu44
463	珠	照章	遇合三虞	平	tʂu44
464	枢	穿昌	遇合三虞	平	su44
465	输	审书	遇合三虞	平	su44
466	殊	禅	遇合三虞	平	su44
467	儒	日	遇合三虞	平	ʐu21
468	拘	见	遇合三虞	平	tɕy44
469	驹	见	遇合三虞	平	tɕy44
470	俱	见	遇合三虞	平	tɕy44
471	区 区域	溪	遇合三虞	平	tɕʰy44
472	驱	溪	遇合三虞	平	tɕʰy44
473	瞿	群	遇合三虞	平	tɕʰy21
474	愚	疑	遇合三虞	平	y21
475	虞	疑	遇合三虞	平	y21
476	娱	疑	遇合三虞	平	y21
477	吁	晓	遇合三虞	平	ɕy21
478	迂	影	遇合三虞	平	y44
479	于	喻云	遇合三虞	平	y21
480	盂	喻云	遇合三虞	平	y21
481	榆	喻以	遇合三虞	平	y21
482	逾	喻以	遇合三虞	平	y21
483	愉	喻以	遇合三虞	平	y21
484	府	非	遇合三虞	上	fu53

附录二 自贡方言字表

编号	汉字	古声母	韵部	古声调	自贡方言读音
485	腑	非	遇合三虞	上	fu53
486	俯	非	遇合三虞	上	fu53
487	甫	非	遇合三虞	上	pʰu53
488	脯杏脯	非	遇合三虞	上	pʰu53
489	斧	非	遇合三虞	上	fu53
490	抚	敷	遇合三虞	上	fu53
491	殕食上生白毛	敷	遇合三虞	上	无
492	父	奉	遇合三虞	上	fu214
493	釜	奉	遇合三虞	上	fu53
494	腐	奉	遇合三虞	上	fu53
495	辅	奉	遇合三虞	上	fu53
496	武	微	遇合三虞	上	u53
497	舞	微	遇合三虞	上	u53
498	侮	微	遇合三虞	上	u53
499	鹉鹦鹉	微	遇合三虞	上	u53
500	缕丝缕	来	遇合三虞	上	luei53
501	取	清	遇合三虞	上	tɕʰye53
502	娶	清	遇合三虞	上	tɕʰye53
503	聚	从	遇合三虞	上	tɕy214
504	拄拄拐杖	知	遇合三虞	上	tʂʰu53
505	柱	澄	遇合三虞	上	tʂu214
506	数动词	审生	遇合三虞	上	su214
507	主	照章	遇合三虞	上	tʂu53
508	竖	禅	遇合三虞	上	tʂʰu214
509	乳	日	遇合三虞	上	zu53
510	擩擩进去	日	遇合三虞	上	zu21
511	矩规矩	见	遇合三虞	上	tɕy53
512	雨	喻云	遇合三虞	上	y53
513	宇	喻云	遇合三虞	上	y53
514	禹	喻云	遇合三虞	上	y53
515	羽	喻云	遇合三虞	上	y53
516	愈愈好，病愈	喻以	遇合三虞	上	y53
517	付	非	遇合三遇	去	fu214
518	赋	非	遇合三遇	去	fu214

编号	汉字	古声母	韵部	古声调	自贡方言读音
519	傅	非	遇合三遇	去	fu214
520	赴	敷	遇合三遇	去	fu214
521	讣	敷	遇合三遇	去	fu214
522	附	奉	遇合三遇	去	fu214
523	务	微	遇合三遇	去	u214
524	雾	微	遇合三遇	去	u214
525	屡	来	遇合三遇	去	luei53
526	趣	清	遇合三遇	去	tɕy214
527	续	邪	遇合三遇	去	ɕy214
528	驻	知	遇合三遇	去	tʂu214
529	注注释	知	遇合三遇	去	tʂu214
530	住	澄	遇合三遇	去	tʂu214
531	数名词	审生	遇合三遇	去	su214
532	注	照章	遇合三遇	去	tʂu214
533	蛀	照章	遇合三遇	去	tʂu214
534	铸	照章	遇合三遇	去	tʂu214
535	戍	审书	遇合三遇	去	ʂu214
536	输运输	审书	遇合三遇	去	ʂu44
537	树	禅	遇合三遇	去	ʂu44
538	句	见	遇合三遇	去	tɕy214
539	具	群	遇合三遇	去	tɕy214
540	惧	群	遇合三遇	去	tɕy214
541	遇	疑	遇合三遇	去	y214
542	寓	疑	遇合三遇	去	y214
543	芋	喻云	遇合三遇	去	y214
544	喻	喻以	遇合三遇	去	y214
545	裕	喻以	遇合三遇	去	y214

四、蟹摄字

编号	汉字	古声母	韵部	古声调	自贡方言读音
546	呆（怡）	端	蟹开一咍	平	tai44
547	胎	透	蟹开一咍	平	tʰai44
548	台 天台，台州	透	蟹开一咍	平	tʰai21
549	台	定	蟹开一咍	平	tʰai21
550	苔 舌苔，青苔	定	蟹开一咍	平	tʰai21
551	抬	定	蟹开一咍	平	tʰai21
552	来	来	蟹开一咍	平	lai21
553	灾	精	蟹开一咍	平	tsai44
554	栽	精	蟹开一咍	平	tsai44
555	猜	清	蟹开一咍	平	tsʰai44
556	才	从	蟹开一咍	平	tsʰai21
557	材	从	蟹开一咍	平	tsʰai21
558	财	从	蟹开一咍	平	tsʰai21
559	裁	从	蟹开一咍	平	tsʰai21
560	才 刚才，仅仅	从	蟹开一咍	平	tsʰai21
561	鳃	心	蟹开一咍	平	sai44
562	腮	心	蟹开一咍	平	sai44
563	该	见	蟹开一咍	平	kai44
564	开	溪	蟹开一咍	平	kʰai44
565	呆	疑	蟹开一咍	平	tai44
566	碾磨，研	疑	蟹开一咍	平	ŋai21
567	孩	匣	蟹开一咍	平	xai21
568	哀	影	蟹开一咍	平	ŋai44
569	埃 尘埃	影	蟹开一咍	平	ŋai44
570	掱 打掱	透	蟹开一海	上	pʰai21
571	奤 奤子	透	蟹开一海	上	无
572	待	定	蟹开一海	上	tai214
573	怠	定	蟹开一海	上	tai214
574	殆	定	蟹开一海	上	tai214
575	乃	泥（娘）	蟹开一海	上	lai53

编号	汉字	古声母	韵部	古声调	自贡方言读音
576	宰	精	蟹开一海	上	tsai53
577	载年载	精	蟹开一海	上	tsai53
578	彩	清	蟹开一海	上	tsʰai53
579	采	清	蟹开一海	上	tsʰai53
580	[睬]	清	蟹开一海	上	tsʰai53
581	在	从	蟹开一海	上	tsai214
582	改	见	蟹开一海	上	kai53
583	凯	溪	蟹开一海	上	kʰai53
584	海	晓	蟹开一海	上	xai53
585	亥	匣	蟹开一海	上	xai214
586	戴	端	蟹开一代	去	tai214
587	态	透	蟹开一代	去	tʰai214
588	贷	透	蟹开一代	去	tai214
589	代	定	蟹开一代	去	tai214
590	袋	定	蟹开一代	去	tai214
591	耐	泥（娘）	蟹开一代	去	lai214
592	再	精	蟹开一代	去	tsai214
593	载载重	精	蟹开一代	去	tsai214
594	菜	清	蟹开一代	去	tsʰai214
595	棌橡树	清	蟹开一代	去	无
596	载满载	从	蟹开一代	去	tsai53
597	赛	心	蟹开一代	去	sai214
598	概	见	蟹开一代	去	kʰai214
599	溉	见	蟹开一代	去	kai214
600	慨慷慨，感激	溪	蟹开一代	去	kʰai53
601	咳咳嗽	溪	蟹开一代	去	kʰe214
602	碍	疑	蟹开一代	去	ŋai214
603	爱	影	蟹开一代	去	ŋai214
604	贝	帮	蟹开一泰	去	pei214
605	沛	滂	蟹开一泰	去	fei214
606	带	端	蟹开一泰	去	tai214
607	太	透	蟹开一泰	去	tʰai214
608	泰	透	蟹开一泰	去	tʰai214
609	大大夫；大黄	定	蟹开一泰	去	tai214

附录二 自贡方言字表

编号	汉字	古声母	韵部	古声调	自贡方言读音
610	奈	泥（娘）	蟹开一泰	去	lai214
611	赖	来	蟹开一泰	去	lai214
612	癞	来	蟹开一泰	去	lai214
613	蔡	清	蟹开一泰	去	tsʰai214
614	盖	见	蟹开一泰	去	kai214
615	丐乞丐	见	蟹开一泰	去	kai214
616	艾	疑	蟹开一泰	去	ŋai214
617	害	匣	蟹开一泰	去	xai214
618	蔼和蔼	影	蟹开一泰	去	ŋai214
619	排	并	蟹开二皆	平	pʰai21
620	埋	明	蟹开二皆	平	mai21
621	齐	照庄	蟹开二皆	平	tɕʰi21
622	豺	床崇	蟹开二皆	平	tʂʰai21
623	皆	见	蟹开二皆	平	tɕiai44
624	阶	见	蟹开二皆	平	tɕiai44
625	秸麦秸	见	蟹开二皆	平	无
626	揩	溪	蟹开二皆	平	kʰai44
627	谐	匣	蟹开二皆	平	ɕiai21
628	挨挨近,挨住	影	蟹开二皆	平	ŋai44
629	攋把攋	来	蟹开二骇	上	无
630	䍃碗上有[䍃]儿	知	蟹开二骇	上	无
631	楷	溪	蟹开二骇	上	kʰai21
632	骇惊骇	匣	蟹开二骇	上	xai214
633	拜	帮	蟹开二怪	去	pai214
634	鞴风箱	并	蟹开二怪	去	无
635	介	见	蟹开二怪	去	kai214
636	界	见	蟹开二怪	去	tɕiai214
637	芥	见	蟹开二怪	去	tɕiai214
638	尬尴尬	见	蟹开二怪	去	kᴀ214
639	疥	见	蟹开二怪	去	无
640	届	见	蟹开二怪	去	tɕiai214
641	戒	见	蟹开二怪	去	tɕiai214
642	械	匣	蟹开二怪	去	tɕiai214
643	牌	并	蟹开二佳	平	pʰai21

编号	汉字	古声母	韵部	古声调	自贡方言读音
644	簰筏	并	蟹开二佳	平	pʰai21
645	钗	穿初	蟹开二佳	平	tʂʰai44
646	差出差	穿初	蟹开二佳	平	tʂʰai44
647	柴	床崇	蟹开二佳	平	tʂʰai21
648	筛筛子	审生	蟹开二佳	平	ʂai44
649	佳	见	蟹开二佳	平	tɕia44
650	街	见	蟹开二佳	平	kai44
651	涯天涯	疑	蟹开二佳	平	ia21
652	崖山崖	疑	蟹开二佳	平	ia21
653	捱捱打,捱骂	疑	蟹开二佳	平	ŋai21
654	鞋	匣	蟹开二佳	平	xai21
655	摆	帮	蟹开二蟹	上	pai53
656	罢	并	蟹开二蟹	上	pᴀ53
657	买	明	蟹开二蟹	上	mai53
658	奶(你)	泥(娘)	蟹开二蟹	上	lai53
659	洒	审生	蟹开二蟹	上	sa53
660	解讲解,解开	见	蟹开二蟹	上	kai53
661	解姓	匣	蟹开二蟹	上	ɕiai214
662	解晓也	匣	蟹开二蟹	上	tɕiai53
663	蟹	匣	蟹开二蟹	上	ɕiai214
664	矮	影	蟹开二蟹	上	ŋai53
665	派	滂	蟹开二卦	去	pʰai214
666	粺	并	蟹开二卦	去	pai214
667	卖	明	蟹开二卦	去	mai214
668	债	穿初	蟹开二卦	去	tʂai214
669	晒	审生	蟹开二卦	去	ʂai214
670	懈	见	蟹开二卦	去	ɕai214
671	隘	影	蟹开二卦	去	ŋai214
672	败	并	蟹开二夬	去	pai214
673	迈	明	蟹开二夬	去	mai214
674	寨	床崇	蟹开二夬	去	tʂai214
675	蔽	帮	蟹开三祭	去	pi214
676	敝	并	蟹开三祭	去	pi214
677	弊	并	蟹开三祭	去	pi214

编号	汉字	古声母	韵部	古声调	自贡方言读音
678	币	并	蟹开三祭	去	pi214
679	毙	并	蟹开三祭	去	pi214
680	例	来	蟹开三祭	去	li214
681	厉	来	蟹开三祭	去	li214
682	励	来	蟹开三祭	去	li214
683	祭	精	蟹开三祭	去	tɕi214
684	际	精	蟹开三祭	去	tɕi214
685	穄 穄子	精	蟹开三祭	去	tɕi214
686	滞 停滞，积滞	澄	蟹开三祭	去	tʂɿ214
687	制	照章	蟹开三祭	去	tʂɿ214
688	制 制造	照章	蟹开三祭	去	tʂɿ214
689	世	审书	蟹开三祭	去	ʂɿ214
690	势	审书	蟹开三祭	去	ʂɿ214
691	誓	禅	蟹开三祭	去	ʂɿ214
692	逝	禅	蟹开三祭	去	ʂɿ214
693	艺	疑	蟹开三祭	去	ɲi214
694	刈	疑	蟹开三废	去	无
695	蓖 蓖麻	帮	蟹开四齐	平	pi214
696	批	滂	蟹开四齐	平	pʰei44
697	迷	明	蟹开四齐	平	mi21
698	低	端	蟹开四齐	平	ti44
699	堤	端	蟹开四齐	平	ti44
700	梯	透	蟹开四齐	平	tʰi44
701	题	定	蟹开四齐	平	tʰi21
702	提	定	蟹开四齐	平	tʰi21
703	蹄	定	蟹开四齐	平	tʰi21
704	啼	定	蟹开四齐	平	tʰi21
705	泥	泥（娘）	蟹开四齐	平	ɲi21
706	犁	来	蟹开四齐	平	li21
707	黎	来	蟹开四齐	平	li21
708	妻	清	蟹开四齐	平	tɕi44
709	齐	从	蟹开四齐	平	tɕi21
710	脐	从	蟹开四齐	平	tɕi21
711	西	心	蟹开四齐	平	ɕi44

编号	汉字	古声母	韵部	古声调	自贡方言读音
712	栖	心	蟹开四齐	平	çi44
713	犀	心	蟹开四齐	平	çi44
714	鸡	见	蟹开四齐	平	tçi44
715	稽	见	蟹开四齐	平	tçi44
716	溪	溪	蟹开四齐	平	tçʰi44
717	倪	疑	蟹开四齐	平	ȵi21
718	奚	匣	蟹开四齐	平	çi44
719	兮	匣	蟹开四齐	平	çi44
720	陛陛下	并	蟹开四荠	上	pi214
721	米	明	蟹开四荠	上	mi53
722	底	端	蟹开四荠	上	ti53
723	抵	端	蟹开四荠	上	ti53
724	体	透	蟹开四荠	上	tʰi53
725	弟	定	蟹开四荠	上	ti214
726	礼	来	蟹开四荠	上	li53
727	挤	精	蟹开四荠	上	tçi53
728	荠	从	蟹开四荠	上	tçi214
729	洗	心	蟹开四荠	上	çi53
730	启	溪	蟹开四荠	上	tçʰi53
731	闭	帮	蟹开四霁	去	pi214
732	算算子	帮	蟹开四霁	去	pi214
733	鐾鐾刀布, 把刀鐾鐾	并	蟹开四霁	去	pi214
734	谜	明	蟹开四霁	去	mi53
735	帝	端	蟹开四霁	去	ti214
736	替	透	蟹开四霁	去	tʰi214
737	涕鼻涕	透	蟹开四霁	去	tʰi214
738	剃	透	蟹开四霁	去	tʰi214
739	屉抽屉, 笼屉	透	蟹开四霁	去	tʰi214
740	第	定	蟹开四霁	去	ti214
741	递	定	蟹开四霁	去	ti214
742	丽美丽	来	蟹开四霁	去	li214
743	隶	来	蟹开四霁	去	li214
744	济	精	蟹开四霁	去	tçi214

编号	汉字	古声母	韵部	古声调	自贡方言读音
745	砌	清	蟹开四霁	去	tɕʰi214
746	剂—剂药,面剂子	从	蟹开四霁	去	tɕi214
747	细	心	蟹开四霁	去	ɕi214
748	婿女婿	心	蟹开四霁	去	ɕi214
749	计	见	蟹开四霁	去	tɕi214
750	继	见	蟹开四霁	去	tɕi214
751	系系鞋带	见	蟹开四霁	去	tɕi214
752	髻	见	蟹开四霁	去	tɕi214
753	契契约	溪	蟹开四霁	去	tɕʰi214
754	系系统	匣	蟹开四霁	去	ɕi214
755	系联系	匣	蟹开四霁	去	ɕi214
756	系确系实情	匣	蟹开四霁	去	ɕi214
757	缢	影	蟹开四霁	去	i214
758	瞖目瞖	影	蟹开四霁	去	无
759	杯	帮	蟹合一灰	平	pei44
760	胚胚胎	滂	蟹合一灰	平	pʰei44
761	坯土坯	滂	蟹合一灰	平	pʰei44
762	培	并	蟹合一灰	平	pʰei21
763	陪	并	蟹合一灰	平	pʰei21
764	赔	并	蟹合一灰	平	pʰei21
765	裴	并	蟹合一灰	平	pʰei21
766	梅	明	蟹合一灰	平	mei21
767	枚	明	蟹合一灰	平	mei21
768	媒	明	蟹合一灰	平	mei21
769	煤	明	蟹合一灰	平	mei21
770	堆	端	蟹合一灰	平	tuei44
771	推	透	蟹合一灰	平	tʰuei44
772	雷	来	蟹合一灰	平	luei21
773	催	清	蟹合一灰	平	tsuei44
774	崔姓	清	蟹合一灰	平	tsuei44
775	盔	溪	蟹合一灰	平	kʰuei44
776	魁	溪	蟹合一灰	平	kʰuei21
777	恢	溪	蟹合一灰	平	xuei44
778	桅船桅杆	疑	蟹合一灰	平	kuei21

编号	汉字	古声母	韵部	古声调	自贡方言读音
779	灰	晓	蟹合一灰	平	xuei44
780	回	匣	蟹合一灰	平	xuei21
781	茴茴香	匣	蟹合一灰	平	xuei21
782	煨	影	蟹合一灰	平	uei44
783	倍	并	蟹合一贿	上	pei214
784	每	明	蟹合一贿	上	mei53
785	腿	透	蟹合一贿	上	tʰuei53
786	儡傀儡	来	蟹合一贿	上	luei53
787	罪	从	蟹合一贿	上	tsuei214
788	傀傀儡	溪	蟹合一贿	上	kʰuei53
789	贿	晓	蟹合一贿	上	xuei214
790	悔	晓	蟹合一贿	上	xuei53
791	汇汇款	匣	蟹合一贿	上	xuei214
792	辈	帮	蟹合一队	去	pei214
793	背	帮	蟹合一队	去	pei214
794	配	滂	蟹合一队	去	pʰei214
795	佩	并	蟹合一队	去	pʰei214
796	背背诵	并	蟹合一队	去	pei214
797	焙焙干	并	蟹合一队	去	pei214
798	妹	明	蟹合一队	去	mei214
799	昧	明	蟹合一队	去	mei214
800	对	端	蟹合一队	去	tuei214
801	碓	端	蟹合一队	去	tuei44
802	退	透	蟹合一队	去	tʰuei214
803	队	定	蟹合一队	去	tuei214
804	内	泥（娘）	蟹合一队	去	luei214
805	累极困	来	蟹合一队	去	luei214
806	碎	心	蟹合一队	去	suei214
807	块	溪	蟹合一队	去	kʰuai53
808	晦	晓	蟹合一队	去	xuei214
809	溃溃脓	透	蟹合一泰	去	kʰuei214
810	蜕蛇蜕皮，蝉蜕	透	蟹合一泰	去	tʰuei214
811	兑	定	蟹合一泰	去	tuei214
812	最	精	蟹合一泰	去	tsuei214

附录二 自贡方言字表

编号	汉字	古声母	韵部	古声调	自贡方言读音
813	会会计	见	蟹合一泰	去	$k^huai214$
814	刽	见	蟹合一泰	去	kuei214
815	桧	见	蟹合一泰	去	xuei214
816	外	疑	蟹合一泰	去	uai214
817	会开会	匣	蟹合一泰	去	xuei214
818	会会不会	匣	蟹合一泰	去	xuei214
819	绘	匣	蟹合一泰	去	xuei214
820	乖	见	蟹合二皆	平	kuai44
821	怀	匣	蟹合二皆	平	xuai21
822	槐	匣	蟹合二皆	平	xuai21
823	淮	匣	蟹合二皆	平	xuai21
824	拽拉	床崇	蟹合二怪	去	tʂuai53
825	怪	见	蟹合二怪	去	kuai214
826	蒯	溪	蟹合二怪	去	k^huai53
827	块	溪	蟹合二怪	去	k^huai53
828	坏	匣	蟹合二怪	去	xuai214
829	歪	晓	蟹合二佳	平	uai44
830	蛙	影	蟹合二佳	平	ua44
831	拐拐杖	见	蟹合二蟹	上	kuai53
832	挂	见	蟹合二卦	去	kua214
833	卦	见	蟹合二卦	去	kua214
834	画	匣	蟹合二卦	去	xua214
835	快	溪	蟹合二夬	去	$k^huai214$
836	[筷]	溪	蟹合二夬	去	$k^huai214$
837	话	匣	蟹合二夬	去	xua214
838	脆	清	蟹合三祭	去	$ts^huei214$
839	岁	心	蟹合三祭	去	suei214
840	缀点缀	知	蟹合三祭	去	tʂuei214
841	赘	照章	蟹合三祭	去	tʂuei214
842	税	审书	蟹合三祭	去	ʂuei214
843	芮姓	日	蟹合三祭	去	ʐuei214
844	鳜鳜鱼	见	蟹合三祭	去	kuei214
845	卫	喻云	蟹合三祭	去	uei214
846	锐	喻以	蟹合三祭	去	ʐuei214

· 169 ·

编号	汉字	古声母	韵部	古声调	自贡方言读音
847	废	非	蟹合三废	去	fei214
848	肺	敷	蟹合三废	去	fei214
849	吠	奉	蟹合三废	去	fei214
850	秽	影	蟹合三废	去	xuei214
851	圭	见	蟹合四齐	平	kuei44
852	闺	见	蟹合四齐	平	kuei44
853	奎	溪	蟹合四齐	平	kʰuei21
854	摧	匣	蟹合四齐	平	tsuei44
855	畦菜畦	匣	蟹合四齐	平	无
856	桂	见	蟹合四齐	平	kuei214
857	惠	匣	蟹合四霁	去	xuei214
858	慧	匣	蟹合四霁	去	xuei214

五、止摄字

编号	汉字	古声母	韵部	古声调	自贡方言读音
859	碑	帮	止开三支	平	pei44
860	卑	帮	止开三支	平	pei44
861	披	滂	止开三支	平	pʰei44
862	皮	并	止开三支	平	pʰi21
863	疲	并	止开三支	平	pʰi21
864	脾	并	止开三支	平	pʰi21
865	糜糜烂	明	止开三支	平	mi21
866	糜糜粥	明	止开三支	平	mi21
867	弥	明	止开三支	平	mi21
868	籢竹籢	明	止开三支	平	mi21
869	离离别	来	止开三支	平	li21
870	篱	来	止开三支	平	li21
871	璃玻璃	来	止开三支	平	li21
872	雌	清	止开三支	平	tsʰɿ21
873	疵吹毛求疵	从	止开三支	平	无
874	斯	心	止开三支	平	sɿ44
875	厮	心	止开三支	平	sɿ44

附录二 自贡方言字表

编号	汉字	古声母	韵部	古声调	自贡方言读音
876	撕	心	止开三支	平	sʅ44
877	知	知	止开三支	平	tʂʅ44
878	蛛蛛蛛	知	止开三支	平	tʂʅ44
879	池	澄	止开三支	平	tʂʰʅ21
880	驰	澄	止开三支	平	tʂʰʅ21
881	差参差	初	止开三支	平	tsʅ44
882	筛筛子	审生	止开三支	平	sai44
883	支	照章	止开三支	平	tʂʅ44
884	枝	照章	止开三支	平	tʂʅ44
885	肢	照章	止开三支	平	tʂʅ44
886	栀栀子花	照章	止开三支	平	tʂʅ44
887	眵眼眵	穿昌	止开三支	平	无
888	施	审书	止开三支	平	sʅ44
889	匙汤匙，钥匙	禅	止开三支	平	ʂʅ21
890	儿	日	止开三支	平	ɚ21
891	奇	群	止开三支	平	tɕʰi21
892	骑	群	止开三支	平	tɕʰi21
893	岐	群	止开三支	平	tɕʰi21
894	宜便宜	疑	止开三支	平	ȵi21
895	仪	疑	止开三支	平	i21
896	牺	晓	止开三支	平	ɕi44
897	移	喻以	止开三支	平	i21
898	彼	帮	止开三纸	上	pi53
899	俾	帮	止开三纸	上	pi53
900	被被子，被卧	并	止开三纸	上	pei214
901	婢	并	止开三纸	上	pei214
902	靡	明	止开三纸	上	mi21
903	紫	精	止开三纸	上	tsʅ53
904	此	清	止开三纸	上	tsʰʅ53
905	玺	心	止开三纸	上	ɕi53
906	徙	心	止开三纸	上	ɕi21
907	纸	照章	止开三纸	上	tʂʅ53
908	只只有	照章	止开三纸	上	tʂʅ53
909	侈奢侈	穿昌	止开三纸	上	tʂʰʅ53

编号	汉字	古声母	韵部	古声调	自贡方言读音
910	舓以舌取物	船	止开三纸	上	无
911	豕	审书	止开三纸	上	无
912	是	禅	止开三纸	上	ʂɿ44
913	氏	禅	止开三纸	上	ʂɿ214
914	尔	日	止开三纸	上	ɚ53
915	企	溪	止开三纸	上	tɕʰi214
916	徛立	群	止开三纸	上	无
917	技	群	止开三纸	上	tɕi214
918	妓	群	止开三纸	上	tɕi214
919	蚁	疑	止开三纸	上	i53
920	倚	影	止开三纸	上	i53
921	椅	影	止开三纸	上	i53
922	臂	帮	止开三寘	去	pi214
923	譬譬喻	滂	止开三寘	去	pi214
924	被被打，被迫	并	止开三寘	去	pi214
925	避	并	止开三寘	去	pi214
926	荔荔枝	来	止开三寘	去	li214
927	离离开半寸	来	止开三寘	去	li53
928	刺	清	止开三寘	去	tsʰɿ214
929	赐	心	止开三寘	去	tsʰɿ214
930	智	知	止开三寘	去	tʂɿ214
931	翅	审书	止开三寘	去	tʂɿ214
932	豉豆豉	禅	止开三寘	去	tʂʰɿ214
933	寄	见	止开三寘	去	tɕi214
934	谊	疑	止开三寘	去	ȵi214
935	义	疑	止开三寘	去	ȵi214
936	议	疑	止开三寘	去	ȵi214
937	戏	晓	止开三寘	去	ɕi214
938	易难易	喻以	止开三寘	去	i214
939	悲	帮	止开三脂	平	pei44
940	丕	滂	止开三脂	平	pʰei44
941	琵琵琶	并	止开三脂	平	pʰi21
942	枇枇杷	并	止开三脂	平	pʰi21
943	眉	明	止开三脂	平	mi21

编号	汉字	古声母	韵部	古声调	自贡方言读音
944	楣	明	止开三脂	平	mei21
945	霉	明	止开三脂	平	mei21
946	尼	泥（娘）	止开三脂	平	ȵi21
947	梨	来	止开三脂	平	li21
948	资	精	止开三脂	平	tsɿ44
949	姿	精	止开三脂	平	tsɿ44
950	咨	精	止开三脂	平	tsɿ44
951	瓷瓷器	从	止开三脂	平	tsʰɿ21
952	糍糍粑	从	止开三脂	平	tsʰɿ21
953	私	心	止开三脂	平	sɿ44
954	迟	澄	止开三脂	平	tʂɿ21
955	师	审生	止开三脂	平	sɿ44
956	狮	审生	止开三脂	平	sɿ44
957	脂	照章	止开三脂	平	tʂɿ44
958	尸	审书	止开三脂	平	sɿ44
959	尸尸体	审书	止开三脂	平	sɿ44
960	饥饥饿	见	止开三脂	平	tɕi44
961	肌	见	止开三脂	平	tɕi44
962	祁	群	止开三脂	平	tɕʰi21
963	鳍	群	止开三脂	平	tɕʰi21
964	伊	影	止开三脂	平	i44
965	夷	喻以	止开三脂	平	i21
966	姨	喻以	止开三脂	平	i21
967	鄙	帮	止开三旨	上	pi53
968	比比较	帮	止开三旨	上	pi53
969	秕秕子,秕谷	帮	止开三旨	上	无
970	美	明	止开三旨	上	mei53
971	履	来	止开三旨	上	ly53
972	姊	精	止开三旨	上	tsɿ53
973	死	心	止开三旨	上	sɿ53
974	雉雉鸡	澄	止开三旨	上	无
975	旨	照章	止开三旨	上	tʂɿ53
976	指	照章	止开三旨	上	tʂɿ53
977	矢	审书	止开三旨	上	sɿ53

编号	汉字	古声母	韵部	古声调	自贡方言读音
978	屎	审书	止开三旨	上	ʂʅ53
979	几茶几	见	止开三旨	上	tɕi44
980	秘	帮	止开三至	去	pei214
981	泌	帮	止开三至	去	pi214
982	襮	帮	止开三至	去	无
983	庇	帮	止开三至	去	pʰi214
984	痹麻痹	帮	止开三至	去	pʰi214
985	屁	滂	止开三至	去	pʰi214
986	备	并	止开三至	去	pi214
987	鼻	并	止开三至	去	pi214
988	箅	并	止开三至	去	pi214
989	媚	明	止开三至	去	mei214
990	寐	明	止开三至	去	mei214
991	地	定	止开三至	去	ti44
992	腻	泥（娘）	止开三至	去	ɲi214
993	利	来	止开三至	去	li214
994	痢	来	止开三至	去	li214
995	次	清	止开三至	去	tsʰʅ214
996	自	从	止开三至	去	tsʅ214
997	四	心	止开三至	去	sʅ214
998	肆	心	止开三至	去	sʅ214
999	致	知	止开三至	去	tʂʅ214
1000	稚幼稚	澄	止开三至	去	tʂʅ214
1001	至	照章	止开三至	去	tʂʅ214
1002	示	船	止开三至	去	ʂʅ214
1003	视	禅	止开三至	去	ʂʅ214
1004	嗜	禅	止开三至	去	ʂʅ214
1005	二	日	止开三至	去	ɚ214
1006	贰贰心	日	止开三至	去	ɚ214
1007	冀	见	止开三至	去	tɕi214
1008	器	溪	止开三至	去	tɕʰi214
1009	弃	溪	止开三至	去	tɕʰi214
1010	肄肄业	喻以	止开三至	去	ɲi214
1011	厘	来	止开三之	平	li21

附录二 自贡方言字表

编号	汉字	古声母	韵部	古声调	自贡方言读音
1012	狸野猫	来	止开三之	平	li21
1013	兹	精	止开三之	平	tsʅ44
1014	滋	精	止开三之	平	tsʅ44
1015	慈	从	止开三之	平	tsʰʅ21
1016	磁磁石	从	止开三之	平	tsʰʅ21
1017	司	心	止开三之	平	sʅ44
1018	丝	心	止开三之	平	sʅ44
1019	思	心	止开三之	平	sʅ44
1020	辞	邪	止开三之	平	tsʰʅ21
1021	词	邪	止开三之	平	tsʰʅ21
1022	祠	邪	止开三之	平	tsʰʅ21
1023	痴	彻	止开三之	平	tʂʰʅ44
1024	持	澄	止开三之	平	tʂʰʅ21
1025	轻轻重	照庄	止开三之	平	tɕin44
1026	之	照章	止开三之	平	tsʅ44
1027	芝	照章	止开三之	平	tsʅ44
1028	嗤嗤笑	穿昌	止开三之	平	tʂʰʅ44
1029	诗	审书	止开三之	平	sʅ44
1030	时	禅	止开三之	平	ʂʅ21
1031	鲥	禅	止开三之	平	ʂʅ21
1032	而	日	止开三之	平	ɚ21
1033	基	见	止开三之	平	tɕi44
1034	欺	溪	止开三之	平	tɕʰi44
1035	其	群	止开三之	平	tɕʰi21
1036	棋	群	止开三之	平	tɕʰi21
1037	期时期	群	止开三之	平	tɕʰi44
1038	旗	群	止开三之	平	tɕʰi21
1039	疑	疑	止开三之	平	i21
1040	嬉	晓	止开三之	平	ɕi44
1041	熙	晓	止开三之	平	ɕi44
1042	医	影	止开三之	平	i44
1043	饴高粱饴	喻以	止开三之	平	无
1044	你	泥（娘）	止开三止	上	ȵi21
1045	李	来	止开三止	上	li53

编号	汉字	古声母	韵部	古声调	自贡方言读音
1046	里	来	止开三止	上	li53
1047	里里面	来	止开三止	上	li53
1048	理	来	止开三止	上	li53
1049	鲤	来	止开三止	上	li53
1050	子	精	止开三止	上	tsʅ53
1051	梓	精	止开三止	上	tsʅ53
1052	似	邪	止开三止	上	sʅ214
1053	祀祭祀	邪	止开三止	上	sʅ214
1054	巳辰巳	邪	止开三止	上	sʅ214
1055	耻	彻	止开三止	上	tʂʰʅ53
1056	痔	澄	止开三止	上	tʂʅ214
1057	滓	照庄	止开三止	上	tsʅ53
1058	士	崇	止开三止	上	sʅ214
1059	仕	崇	止开三止	上	sʅ214
1060	柿	崇	止开三止	上	sʅ214
1061	俟	崇	止开三止	上	sʅ214
1062	使	审生	止开三止	上	sʅ53
1063	史	审生	止开三止	上	sʅ53
1064	驶	审生	止开三止	上	sʅ53
1065	止	照章	止开三止	上	tʂʅ53
1066	趾	照章	止开三止	上	tʂʅ53
1067	址	照章	止开三止	上	tʂʅ53
1068	齿	穿昌	止开三止	上	tʂʰʅ53
1069	始	审书	止开三止	上	sʅ53
1070	市	禅	止开三止	上	sʅ214
1071	恃	禅	止开三止	上	sʅ214
1072	耳	日	止开三止	上	ɚ53
1073	己	见	止开三止	上	tɕi53
1074	纪纪律,世纪	见	止开三止	上	tɕi53
1075	起	溪	止开三止	上	tɕʰi53
1076	杞	溪	止开三止	上	tɕʰi53
1077	拟	疑	止开三止	上	ni53
1078	喜	晓	止开三止	上	ɕi53
1079	喜喜蛛	晓	止开三止	上	ɕi53

编号	汉字	古声母	韵部	古声调	自贡方言读音
1080	矣	喻云	止开三止	上	i53
1081	已	喻以	止开三止	上	i53
1082	以	喻以	止开三止	上	i53
1083	吏	来	止开三志	去	li214
1084	字	从	止开三志	去	tsŋ214
1085	牸母牛	从	止开三志	去	无
1086	伺	心	止开三志	去	tsʰŋ214
1087	思	心	止开三志	去	sŋ44
1088	寺	邪	止开三志	去	sŋ214
1089	嗣	邪	止开三志	去	sŋ214
1090	饲	邪	止开三志	去	sŋ214
1091	置	知	止开三志	去	tʂŋ214
1092	治	澄	止开三志	去	tʂŋ214
1093	厕厕所,茅厕	初	止开三志	去	tsʰe214
1094	事	崇	止开三志	去	sŋ214
1095	志	照章	止开三志	去	tʂŋ214
1096	誌永志不忘	照章	止开三志	去	tʂŋ214
1097	痣	照章	止开三志	去	tʂŋ214
1098	试	审书	止开三志	去	tʂʰŋ214
1099	侍	禅	止开三志	去	sŋ214
1100	饵	日	止开三志	去	ɚ53
1101	记	见	止开三志	去	tɕi214
1102	忌	群	止开三志	去	tɕi214
1103	意	影	止开三志	去	i214
1104	异	喻以	止开三志	去	i214
1105	几几乎	见	止开三微	平	tɕi44
1106	机	见	止开三微	平	tɕi44
1107	讥	见	止开三微	平	tɕi44
1108	饥饥荒	见	止开三微	平	tɕi44
1109	祈	群	止开三微	平	tɕʰi53
1110	沂沂河	疑	止开三微	平	i21
1111	希	晓	止开三微	平	ɕi44
1112	稀	晓	止开三微	平	ɕi44
1113	衣	影	止开三微	平	i44

编号	汉字	古声母	韵部	古声调	自贡方言读音
1114	依	影	止开三微	平	i44
1115	几几个	见	止开三尾	上	tɕi53
1116	岂	溪	止开三尾	上	tɕʰi53
1117	既	见	止开三未	去	tɕi214
1118	气	溪	止开三未	去	tɕʰi214
1119	汽	溪	止开三未	去	tɕʰi214
1120	毅	疑	止开三未	去	ȵi214
1121	隋	邪	止合三支	平	suei21
1122	吹	穿昌	止合三支	平	tʂʰuei44
1123	炊	穿昌	止合三支	平	tsʰuei44
1124	垂	禅	止合三支	平	tʂʰuei21
1125	规	见	止合三支	平	kuei44
1126	亏	溪	止合三支	平	kʰuei44
1127	窥	溪	止合三支	平	kʰuei44
1128	危	疑	止合三支	平	uei44
1129	麾	晓	止合三支	平	xuei44
1130	萎气萎	影	止合三支	平	uei53
1131	为作为	喻云	止合三支	平	uei21
1132	累积累	来	止合三纸	上	luei53
1133	嘴	精	止合三纸	上	tsuei53
1134	髓	心	止合三纸	上	suei53
1135	揣揣度	初	止合三纸	上	tʂuai53
1136	蕊	日	止合三纸	上	zuei53
1137	诡	见	止合三纸	上	kuei53
1138	跪	群	止合三纸	上	kʰuei214
1139	毁	晓	止合三纸	上	xuei53
1140	委	影	止合三纸	上	uei53
1141	累连累	来	止合三寘	去	luei214
1142	睡	禅	止合三寘	去	ʂuei214
1143	瑞	禅	止合三寘	去	zuei214
1144	伪	疑	止合三寘	去	uei53
1145	喂叹词	影	止合三寘	去	uei214
1146	为为什么	喻云	止合三寘	去	uei214
1147	虽	心	止合三脂	平	suei44

编号	汉字	古声母	韵部	古声调	自贡方言读音
1148	绥	心	止合三脂	平	suei21
1149	追	知	止合三脂	平	tʂuei44
1150	槌	澄	止合三脂	平	tʂʰuei21
1151	锤	澄	止合三脂	平	tʂʰuei21
1152	衰	审生	止合三脂	平	ʂuai44
1153	[摔]	审生	止合三脂	平	tʂuai44
1154	锥	照章	止合三脂	平	tʂuei44
1155	谁	禅	止合三脂	平	suei21
1156	龟	见	止合三脂	平	kuei44
1157	逵	群	止合三脂	平	kʰuei21
1158	葵	群	止合三脂	平	kʰuei21
1159	维	喻以	止合三脂	平	uei21
1160	惟	喻以	止合三脂	平	uei21
1161	遗	喻以	止合三脂	平	i21
1162	垒	来	止合三旨	上	luei53
1163	水	审书	止合三旨	上	ʂuei53
1164	轨	见	止合三旨	上	kuei53
1165	癸	见	止合三旨	上	kʰuei53
1166	唯	喻以	止合三旨	上	uei21
1167	类	来	止合三至	去	luei214
1168	泪	来	止合三至	去	luei214
1169	醉	精	止合三至	去	tsuei214
1170	翠	清	止合三至	去	tsʰuei214
1171	粹纯粹	心	止合三至	去	suei214
1172	遂	邪	止合三至	去	suei214
1173	隧隧道	邪	止合三至	去	suei214
1174	穗	邪	止合三至	去	suei214
1175	坠与堕异	澄	止合三至	去	tʂuei214
1176	帅	审生	止合三至	去	ʂuai214
1177	愧	见	止合三至	去	kʰuei214
1178	季	见	止合三至	去	tɕi214
1179	柜	群	止合三至	去	kuei214
1180	位	喻云	止合三至	去	uei214
1181	非	非	止合三微	平	fei44

编号	汉字	古声母	韵部	古声调	自贡方言读音
1182	飞	非	止合三微	平	fei44
1183	妃	敷	止合三微	平	fei44
1184	肥	奉	止合三微	平	fei21
1185	微	微	止合三微	平	uei44
1186	归	见	止合三微	平	kuei44
1187	挥	晓	止合三微	平	xuei44
1188	辉	晓	止合三微	平	xuei44
1189	徽	晓	止合三微	平	xuei44
1190	威	影	止合三微	平	uei44
1191	违	喻云	止合三微	平	uei21
1192	围	喻云	止合三微	平	uei21
1193	匪	非	止合三尾	上	fei53
1194	榧榧子	非	止合三尾	上	无
1195	尾	微	止合三尾	上	uei53
1196	鬼	见	止合三尾	上	kuei53
1197	伟	喻云	止合三尾	上	uei53
1198	苇芦苇	喻云	止合三尾	上	uei53
1199	痱痱子	非	止合三未	去	fei214
1200	费费用	敷	止合三未	去	fei214
1201	翡翡翠	奉	止合三未	去	fei53
1202	未	微	止合三未	去	uei214
1203	味	微	止合三未	去	uei214
1204	贵	见	止合三未	去	kuei214
1205	魏	疑	止合三未	去	uei214
1206	讳	晓	止合三未	去	xuei214
1207	畏	影	止合三未	去	uei214
1208	慰	影	止合三未	去	uei214
1209	纬	喻云	止合三未	去	uei53
1210	胃	喻云	止合三未	去	uei214
1211	谓	喻云	止合三未	去	uei214
1212	猬	喻云	止合三未	去	uei53
1213	汇汇集	喻云	止合三未	去	xuei214

六、效摄字

编号	汉字	古声母	韵部	古声调	自贡方言读音
1214	褒褒奖	帮	效开一豪	平	pau44
1215	袍	并	效开一豪	平	pʰau21
1216	毛	明	效开一豪	平	mau21
1217	刀	端	效开一豪	平	tau44
1218	叨唠叨	端	效开一豪	平	tau44
1219	滔	透	效开一豪	平	tʰau44
1220	掏掏出来	透	效开一豪	平	tʰau44
1221	桃	定	效开一豪	平	tʰau21
1222	逃	定	效开一豪	平	tʰau21
1223	淘淘米	定	效开一豪	平	tʰau21
1224	陶	定	效开一豪	平	tʰau21
1225	萄	定	效开一豪	平	tʰau21
1226	涛	定	效开一豪	平	tʰau44
1227	劳	来	效开一豪	平	lau21
1228	捞	来	效开一豪	平	lau44
1229	牢	来	效开一豪	平	lau21
1230	唠唠叨	来	效开一豪	平	lau21
1231	遭	精	效开一豪	平	tsau44
1232	糟	精	效开一豪	平	tsʰau44
1233	操操作，操演	清	效开一豪	平	tsʰau44
1234	曹	从	效开一豪	平	tsʰau21
1235	槽马槽	从	效开一豪	平	tsʰau21
1236	骚	心	效开一豪	平	sau44
1237	臊臊气	心	效开一豪	平	sau44
1238	高	见	效开一豪	平	kau44
1239	膏	见	效开一豪	平	kau44
1240	篙进船竿	见	效开一豪	平	xau44
1241	羔	见	效开一豪	平	kau44
1242	糕	见	效开一豪	平	kau44
1243	熬	疑	效开一豪	平	ŋau44
1244	蒿蓬蒿	晓	效开一豪	平	xau44
1245	薅除田草	晓	效开一豪	平	xau44
1246	豪	匣	效开一豪	平	xau21

编号	汉字	古声母	韵部	古声调	自贡方言读音
1247	壕	匣	效开一豪	平	xau21
1248	毫	匣	效开一豪	平	xau21
1249	号呼号	匣	效开一豪	平	xau214
1250	熬熬白菜	影	效开一豪	平	ŋau21
1251	保	帮	效开一皓	上	pau53
1252	堡	帮	效开一皓	上	pau53
1253	宝	帮	效开一皓	上	pau53
1254	抱	并	效开一皓	上	pau44
1255	祷	端	效开一皓	上	tau53
1256	岛	端	效开一皓	上	tau53
1257	倒打倒，颠倒	端	效开一皓	上	tau53
1258	讨	透	效开一皓	上	tʰau53
1259	道	定	效开一皓	上	tau214
1260	稻	定	效开一皓	上	tau214
1261	脑	泥（娘）	效开一皓	上	lau53
1262	恼	泥（娘）	效开一皓	上	lau53
1263	老	来	效开一皓	上	lau53
1264	早	精	效开一皓	上	tsau53
1265	枣	精	效开一皓	上	tsau53
1266	蚤	精	效开一皓	上	tsau53
1267	澡	精	效开一皓	上	tsau53
1268	草	清	效开一皓	上	tsʰau53
1269	草雌性，草鸡	清	效开一皓	上	tsʰau53
1270	皂	从	效开一皓	上	tsau214
1271	造建造	从	效开一皓	上	tsʰau214
1272	扫扫地	心	效开一皓	上	sau53
1273	嫂	心	效开一皓	上	sau53
1274	稿	见	效开一皓	上	kau53
1275	考	溪	效开一皓	上	kʰau53
1276	烤	溪	效开一皓	上	kʰau53
1277	好好坏	晓	效开一皓	上	xau53
1278	浩	匣	效开一皓	上	xau214
1279	袄	影	效开一皓	上	ŋau53
1280	懊懊恼	影	效开一皓	上	ŋau214

编号	汉字	古声母	韵部	古声调	自贡方言读音
1281	报	帮	效开一号	去	pau214
1282	暴	并	效开一号	去	pau214
1283	抱孵，抱小鸡	并	效开一号	去	pau214
1284	冒	明	效开一号	去	mau214
1285	帽	明	效开一号	去	mau214
1286	到	端	效开一号	去	tau214
1287	倒倒水	端	效开一号	去	tau214
1288	套	透	效开一号	去	tʰau214
1289	盗	定	效开一号	去	tau214
1290	导	定	效开一号	去	tau53
1291	涝旱涝	来	效开一号	去	lau214
1292	躁	精	效开一号	去	tsʰau214
1293	灶	精	效开一号	去	tsau214
1294	糙粗糙，糙米	清	效开一号	去	tsʰau214
1295	扫扫帚	心	效开一号	去	sau214
1296	告	见	效开一号	去	kau214
1297	膏膏车，膏油	见	效开一号	去	kau44
1298	靠	溪	效开一号	去	kʰau214
1299	犒	溪	效开一号	去	kʰau214
1300	傲	疑	效开一号	去	ŋau214
1301	鳌烙饼用具	疑	效开一号	去	无
1302	好喜好	晓	效开一号	去	xau53
1303	耗	晓	效开一号	去	xau214
1304	号号数	匣	效开一号	去	xau214
1305	奥	影	效开一号	去	ŋau214
1306	懊懊悔	影	效开一号	去	ŋau214
1307	包	帮	效开二肴	平	pau44
1308	胞	帮	效开二肴	平	pau44
1309	泡	滂	效开二肴	平	pʰau44
1310	抛	滂	效开二肴	平	pʰau44
1311	跑	并	效开二肴	平	pʰau53
1312	刨刨地	并	效开二肴	平	pʰau21
1313	狍	并	效开二肴	平	pʰau21
1314	茅	明	效开二肴	平	mau21

编号	汉字	古声母	韵部	古声调	自贡方言读音
1315	猫 猫腰	明	效开二肴	平	mau44
1316	[锚]	明	效开二肴	平	mau21
1317	铙	泥（娘）	效开二肴	平	lau21
1318	挠	泥（娘）	效开二肴	平	lau21
1319	抓	照庄	效开二肴	平	tʂua44
1320	抄 略取，抄写	穿初	效开二肴	平	tʂau44
1321	钞 钱钞	穿初	效开二肴	平	tʂau44
1322	巢	床崇	效开二肴	平	tʂʰau21
1323	梢 树梢	审生	效开二肴	平	ʂau44
1324	捎 捎带	审生	效开二肴	平	ʂau44
1325	交	见	效开二肴	平	tɕiau44
1326	郊	见	效开二肴	平	tɕiau44
1327	胶	见	效开二肴	平	tɕiau44
1328	教 教书	见	效开二肴	平	tɕiau44
1329	敲	溪	效开二肴	平	kʰau44
1330	肴	匣	效开二肴	平	iau21
1331	淆	匣	效开二肴	平	ɕiau21
1332	坳 山坳	影	效开二肴	平	ŋau214
1333	饱	帮	效开二巧	上	pau53
1334	鲍 鲍姓，鲍鱼	并	效开二巧	上	pau214
1335	卯	明	效开二巧	上	mau53
1336	爪 爪牙，爪子	照庄	效开二巧	上	tʂau53
1337	[找]	照庄	效开二巧	上	tʂau53
1338	炒	穿初	效开二巧	上	tʂʰau53
1339	吵	穿初	效开二巧	上	tʂʰau53
1340	绞	见	效开二巧	上	tɕiau53
1341	狡	见	效开二巧	上	tɕiau53
1342	铰	见	效开二巧	上	tɕiau53
1343	搅	见	效开二巧	上	kʰau53
1344	搞（搅）	见	效开二巧	上	kau53
1345	巧	溪	效开二巧	上	tɕʰiau53
1346	咬	疑	效开二巧	上	ŋau53
1347	豹	帮	效开二效	去	pau214
1348	爆	帮	效开二效	去	pau214

编号	汉字	古声母	韵部	古声调	自贡方言读音
1349	炮枪炮	滂	效开二效	去	pʰau214
1350	泡泡在水里	滂	效开二效	去	pʰau214
1351	刨刨平，刨光	并	效开二效	去	pʰau21
1352	貌	明	效开二效	去	mau214
1353	闹	泥（娘）	效开二效	去	lau214
1354	罩	知	效开二效	去	tʂau214
1355	棹桨	澄	效开二效	去	无
1356	笊笊篱	照庄	效开二效	去	无
1357	稍	审生	效开二效	去	ʂau44
1358	潲猪食	审生	效开二效	去	sau214
1359	潲潲雨	审生	效开二效	去	无
1360	教教育，教他去	见	效开二效	去	tɕiau214
1361	校校对	见	效开二效	去	tɕiau214
1362	较	见	效开二效	去	tɕiau214
1363	酵	见	效开二效	去	tɕiau214
1364	窖	见	效开二效	去	kau214
1365	觉睡觉	见	效开二效	去	kau214
1366	孝	晓	效开二效	去	ɕiau214
1367	效	匣	效开二效	去	ɕiau214
1368	校学校	匣	效开二效	去	ɕiau214
1369	校上校	匣	效开二效	去	ɕiau214
1370	靿靴筒	影	效开二效	去	无
1371	膘肥膘	帮	效开三宵	平	piau44
1372	标	帮	效开三宵	平	piau44
1373	飘	滂	效开三宵	平	pʰiau44
1374	瓢	并	效开三宵	平	pʰiau21
1375	[嫖]嫖赌	并	效开三宵	平	pʰiau21
1376	苗	明	效开三宵	平	miau21
1377	描	明	效开三宵	平	miau21
1378	猫	明	效开三宵	平	mau44
1379	燎	来	效开三宵	平	liau21
1380	焦	精	效开三宵	平	tɕiau44
1381	蕉芭蕉，香蕉	精	效开三宵	平	tɕiau44
1382	椒	精	效开三宵	平	tɕiau44

编号	汉字	古声母	韵部	古声调	自贡方言读音
1383	锹	清	效开三宵	平	tɕʰiau44
1384	缲缲边	清	效开三宵	平	无
1385	樵	从	效开三宵	平	tɕiau21
1386	[瞧]	从	效开三宵	平	so21
1387	消	心	效开三宵	平	ɕiau44
1388	宵	心	效开三宵	平	ɕiau44
1389	霄	心	效开三宵	平	ɕiau44
1390	硝	心	效开三宵	平	ɕiau44
1391	销	心	效开三宵	平	ɕiau44
1392	朝今朝	知	效开三宵	平	tʂau44
1393	超	彻	效开三宵	平	tʂʰau44
1394	朝朝代	澄	效开三宵	平	tʂʰau21
1395	潮	澄	效开三宵	平	tʂʰau21
1396	昭	照章	效开三宵	平	tʂau44
1397	招	照章	效开三宵	平	tʂau44
1398	烧	审书	效开三宵	平	ʂau44
1399	韶韶关	禅	效开三宵	平	ʂau21
1400	饶	日	效开三宵	平	zau21
1401	桡桨	日	效开三宵	平	无
1402	骄	见	效开三宵	平	tɕiau44
1403	娇	见	效开三宵	平	tɕiau44
1404	乔	群	效开三宵	平	tɕʰiau21
1405	侨	群	效开三宵	平	tɕʰiau21
1406	荞	群	效开三宵	平	tɕʰiau21
1407	桥	群	效开三宵	平	tɕʰiau21
1408	枵	晓	效开三宵	平	ɕiau44
1409	嚣	晓	效开三宵	平	ɕiau44
1410	妖	影	效开三宵	平	iau44
1411	邀	影	效开三宵	平	iau44
1412	腰	影	效开三宵	平	iau44
1413	要要求	影	效开三宵	平	iau44
1414	摇	喻以	效开三宵	平	iau21
1415	谣	喻以	效开三宵	平	iau21
1416	窑	喻以	效开三宵	平	iau21

编号	汉字	古声母	韵部	古声调	自贡方言读音
1417	姚	喻以	效开三宵	平	iau21
1418	表	帮	效开三小	上	piau53
1419	表手表	帮	效开三小	上	piau53
1420	漂	滂	效开三小	上	pʰiau214
1421	鳔	并	效开三小	上	pʰiau53
1422	藐	明	效开三小	上	miau53
1423	渺	明	效开三小	上	miau53
1424	秒	明	效开三小	上	miau53
1425	燎火燎眉毛	来	效开三小	上	liau53
1426	剿	精	效开三小	上	tɕiau53
1427	悄静悄悄	清	效开三小	上	tɕiau44
1428	小	心	效开三小	上	ɕiau53
1429	赵	澄	效开三小	上	tʂau214
1430	兆	澄	效开三小	上	tʂau214
1431	沼池沼,沼气	照章	效开三小	上	tʂau53
1432	少多少	审书	效开三小	上	ʂau53
1433	绍	禅	效开三小	上	ʂau214
1434	扰	日	效开三小	上	zau53
1435	绕围绕	日	效开三小	上	zau53
1436	矫矫诈	见	效开三小	上	tɕiau53
1437	舀舀水	喻以	效开三小	上	iau53
1438	票车票	滂	效开三笑	去	pʰiau214
1439	漂漂亮	滂	效开三笑	去	pʰiau214
1440	庙	明	效开三笑	去	miau214
1441	妙	明	效开三笑	去	miau214
1442	疗	来	效开三笑	去	liau53
1443	醮打醮,再醮	精	效开三笑	去	无
1444	俏	清	效开三笑	去	tɕiau214
1445	愀傻	清	效开三笑	去	无
1446	䏧牛倒䏧	从	效开三笑	去	无
1447	笑	心	效开三笑	去	ɕiau214
1448	鞘刀鞘	心	效开三笑	去	tɕʰiau214
1449	召	澄	效开三笑	去	tʂau44
1450	照	照章	效开三笑	去	tʂau214

编号	汉字	古声母	韵部	古声调	自贡方言读音
1451	诏	照章	效开三笑	去	tṣau214
1452	少少年	审书	效开三笑	去	ṣau214
1453	邵	禅	效开三笑	去	ṣau214
1454	绕绕线	日	效开三笑	去	zau214
1455	轿	群	效开三笑	去	tɕiau214
1456	要想要，重要	影	效开三笑	去	iau214
1457	耀	喻以	效开三笑	去	iau214
1458	鹞鹞鹰	喻以	效开三笑	去	iau214
1459	刁	端	效开四萧	平	tiau44
1460	貂	端	效开四萧	平	tiau44
1461	雕	端	效开四萧	平	tiau44
1462	挑	透	效开四萧	平	tʰiau44
1463	条	定	效开四萧	平	tʰiau21
1464	调调和	定	效开四萧	平	tʰiau21
1465	跳	定	效开四萧	平	tʰiau214
1466	聊	来	效开四萧	平	liau21
1467	辽	来	效开四萧	平	liau21
1468	撩撩起来	来	效开四萧	平	liau21
1469	寥	来	效开四萧	平	liau21
1470	萧	心	效开四萧	平	ɕiau44
1471	箫	心	效开四萧	平	ɕiau44
1472	浇	见	效开四萧	平	tɕiau44
1473	尧	疑	效开四萧	平	iau21
1474	幺幺二三	影	效开四萧	平	iau44
1475	吆吆喝	影	效开四萧	平	iau44
1476	鸟	端	效开四筱	上	ȵiau53
1477	了明了	来	效开四筱	上	liau53
1478	缴上缴	见	效开四筱	上	tɕiau53
1479	侥侥幸	见	效开四筱	上	tɕiau53
1480	晓	晓	效开四筱	上	ɕiau53
1481	杳杳无音信	影	效开四筱	上	iau53
1482	钓	端	效开四啸	去	tiau214
1483	吊吊唁	端	效开四啸	去	tiau214
1484	跳	透	效开四啸	去	tʰiau214

编号	汉字	古声母	韵部	古声调	自贡方言读音
1485	粜	透	效开四啸	去	tʰiɑu214
1486	掉	定	效开四啸	去	tiɑu214
1487	调音调	定	效开四啸	去	tiɑu214
1488	调调动	定	效开四啸	去	tiɑu214
1489	藋灰藋菜	定	效开四啸	去	无
1490	尿	泥（娘）	效开四啸	去	ȵiɑu214
1491	料	来	效开四啸	去	liɑu214
1492	尥马尥蹶子	来	效开四啸	去	无
1493	叫	见	效开四啸	去	tɕiɑu214
1494	窍	溪	效开四啸	去	tɕʰiɑu214

七、流摄字

编号	汉字	古声母	韵部	古声调	自贡方言读音
1495	兜	端	流开一侯	平	təu44
1496	偷	透	流开一侯	平	tʰəu44
1497	头	定	流开一侯	平	tʰəu21
1498	投	定	流开一侯	平	tʰəu21
1499	楼	来	流开一侯	平	ləu21
1500	搂搂取	来	流开一侯	平	ləu44
1501	耧农具	来	流开一侯	平	ləu21
1502	勾	见	流开一侯	平	kəu44
1503	钩	见	流开一侯	平	kəu44
1504	沟	见	流开一侯	平	kəu44
1505	抠	溪	流开一侯	平	kʰəu44
1506	眍眼眍	溪	流开一侯	平	kʰəu44
1507	侯	匣	流开一侯	平	xəu21
1508	喉	匣	流开一侯	平	xəu21
1509	猴	匣	流开一侯	平	xəu21
1510	瘊瘊子	匣	流开一侯	平	xəu44
1511	欧	影	流开一侯	平	ŋəu44
1512	瓯	影	流开一侯	平	ŋəu44
1513	剖	滂	流开一厚	上	pʰo53

编号	汉字	古声母	韵部	古声调	自贡方言读音
1514	某	明	流开一厚	上	muŋ53
1515	亩	明	流开一厚	上	muŋ53
1516	牡	明	流开一厚	上	mu53
1517	母	明	流开一厚	上	mu53
1518	拇	明	流开一厚	上	mu53
1519	斗容器	端	流开一厚	上	təu53
1520	抖	端	流开一厚	上	tʰəu53
1521	陡	端	流开一厚	上	təu53
1522	敨展开，敨气	透	流开一厚	上	无
1523	篓	来	流开一厚	上	ləu53
1524	[搂]抱	来	流开一厚	上	ləu53
1525	走	精	流开一厚	上	tsəu53
1526	叟	心	流开一厚	上	səu53
1527	狗	见	流开一厚	上	kəu53
1528	苟	见	流开一厚	上	kəu53
1529	口	溪	流开一厚	上	kʰəu53
1530	叩叩头	溪	流开一厚	上	kʰəu214
1531	藕	疑	流开一厚	上	ŋəu53
1532	偶配偶	疑	流开一厚	上	ŋəu53
1533	吼	晓	流开一厚	上	xəu53
1534	後	匣	流开一厚	上	xəu214
1535	厚	匣	流开一厚	上	xəu214
1536	后	匣	流开一厚	上	xəu214
1537	呕呕吐	影	流开一厚	上	ŋəu53
1538	殴	影	流开一厚	上	ŋəu44
1539	戊	明	流开一候	去	u214
1540	茂	明	流开一候	去	muŋ214
1541	贸	明	流开一候	去	muŋ214
1542	斗斗争	端	流开一候	去	təu214
1543	透	透	流开一候	去	tʰəu214
1544	豆	定	流开一候	去	təu214
1545	逗	定	流开一候	去	təu44
1546	漏	来	流开一候	去	ləu214
1547	陋	来	流开一候	去	ləu214

编号	汉字	古声母	韵部	古声调	自贡方言读音
1548	奏	精	流开一候	去	tsəu214
1549	凑	清	流开一候	去	tsʰəu214
1550	嗽咳嗽	心	流开一候	去	səu214
1551	彀往上彀	见	流开一候	去	kəu214
1552	够	见	流开一候	去	kəu214
1553	构	见	流开一候	去	kəu214
1554	购	见	流开一候	去	kəu214
1555	勾勾当	见	流开一候	去	kəu44
1556	扣扣住	溪	流开一候	去	kʰəu214
1557	寇	溪	流开一候	去	kʰəu214
1558	偶偶然	疑	流开一候	去	ŋəu53
1559	候	匣	流开一候	去	xəu214
1560	沤久浸水中	影	流开一候	去	无
1561	怄怄气	影	流开一候	去	ŋəu214
1562	浮	奉	流三尤	平	fuŋ21
1563	谋	明	流三尤	平	muŋ21
1564	矛	明	流三尤	平	mɑu21
1565	流	来	流三尤	平	liəu21
1566	留	来	流三尤	平	liəu21
1567	刘	来	流三尤	平	liəu21
1568	榴石榴	来	流三尤	平	liəu21
1569	硫硫黄	来	流三尤	平	liəu21
1570	琉琉璃	来	流三尤	平	liəu21
1571	揪一把揪住	精	流三尤	平	tɕiəu44
1572	鬏梳个鬏儿	精	流三尤	平	无
1573	秋秋天	清	流三尤	平	tɕʰiəu44
1574	鞦秋千	清	流三尤	平	tɕʰiəu44
1575	鳅牛鳅	清	流三尤	平	无
1576	修	心	流三尤	平	ɕiəu44
1577	羞	心	流三尤	平	ɕiəu44
1578	囚	邪	流三尤	平	tɕʰiəu21
1579	泅泅水	邪	流三尤	平	tɕʰiəu21
1580	抽	彻	流三尤	平	tʂʰəu44
1581	绸	澄	流三尤	平	tʂʰəu21

编号	汉字	古声母	韵部	古声调	自贡方言读音
1582	稠	澄	流开三尤	平	tʂʰəu21
1583	筹	澄	流开三尤	平	tʂʰəu21
1584	邹	照庄	流开三尤	平	tsəu44
1585	掫望上掫	照庄	流开三尤	平	无
1586	搊搊起来	穿初	流开三尤	平	无
1587	愁	床崇	流开三尤	平	tsʰəu21
1588	搜	审生	流开三尤	平	səu44
1589	飕	审生	流开三尤	平	səu44
1590	馊饭馊了	审生	流开三尤	平	səu44
1591	搜搜集	审生	流开三尤	平	səu44
1592	周	照章	流开三尤	平	tʂəu44
1593	舟	照章	流开三尤	平	tʂəu44
1594	州	照章	流开三尤	平	tʂəu44
1595	洲	照章	流开三尤	平	tʂəu44
1596	收	审书	流开三尤	平	ʂəu44
1597	仇	审书	流开三尤	平	tʂʰəu21
1598	酬	审书	流开三尤	平	tʂʰəu21
1599	柔	日	流开三尤	平	zəu21
1600	揉	日	流开三尤	平	zəu21
1601	鸠	见	流开三尤	平	tɕiəu44
1602	阄抓阄	见	流开三尤	平	tɕiəu44
1603	纠纠缠	见	流开三尤	平	tɕiəu44
1604	丘	溪	流开三尤	平	tɕʰiəu44
1605	求	群	流开三尤	平	tɕʰiəu21
1606	球	群	流开三尤	平	tɕʰiəu21
1607	仇姓	群	流开三尤	平	tɕʰiəu21
1608	牛	疑	流开三尤	平	ȵiəu21
1609	休	晓	流开三尤	平	ɕiəu44
1610	忧	影	流开三尤	平	iəu44
1611	优	影	流开三尤	平	iəu44
1612	尤	喻云	流开三尤	平	iəu44
1613	邮	喻云	流开三尤	平	iəu21
1614	由	喻以	流开三尤	平	iəu21
1615	油	喻以	流开三尤	平	iəu21

编号	汉字	古声母	韵部	古声调	自贡方言读音
1616	游	喻以	流开三尤	平	iəu21
1617	犹	喻以	流开三尤	平	iəu21
1618	悠悠悠	喻以	流开三尤	平	iəu44
1619	否	非	流开三有	上	fuŋ53
1620	妇	奉	流开三有	上	fu214
1621	负	奉	流开三有	上	fu214
1622	阜	奉	流开三有	上	fu214
1623	纽	泥（娘）	流开三有	上	ɲiəu53
1624	扭	泥（娘）	流开三有	上	ɲiəu53
1625	柳	来	流开三有	上	liəu53
1626	酒	精	流开三有	上	tɕiəu53
1627	肘	知	流开三有	上	tʂəu53
1628	丑天干	彻	流开三有	上	tʂʰəu53
1629	纣桀纣	澄	流开三有	上	tʂəu214
1630	聪聪人	穿初	流开三有	上	无
1631	帚	照章	流开三有	上	tʂəu53
1632	丑丑陋	穿昌	流开三有	上	tʂʰəu53
1633	手	审书	流开三有	上	ʂəu53
1634	首	审书	流开三有	上	ʂəu53
1635	守	审书	流开三有	上	ʂəu53
1636	受	禅	流开三有	上	ʂəu214
1637	九	见	流开三有	上	tɕiəu53
1638	久	见	流开三有	上	tɕiəu53
1639	韭	见	流开三有	上	tɕiəu53
1640	灸针灸	见	流开三有	上	tɕiəu44
1641	糗面煮糗了	溪	流开三有	上	无
1642	臼	群	流开三有	上	tɕiəu53
1643	舅	群	流开三有	上	tɕiəu214
1644	咎	群	流开三有	上	tɕiəu44
1645	朽	晓	流开三有	上	ɕiəu53
1646	有	喻云	流开三有	上	iəu53
1647	友	喻云	流开三有	上	iəu53
1648	酉	喻以	流开三有	上	iəu53
1649	莠	喻以	流开三有	上	iəu214

编号	汉字	古声母	韵部	古声调	自贡方言读音
1650	诱	喻以	流开三有	上	iəu214
1651	富	非	流开三宥	去	fu214
1652	副	敷	流开三宥	去	fu214
1653	复复兴	奉	流开三宥	去	fu214
1654	溜	来	流开三宥	去	liəu44
1655	馏	来	流开三宥	去	liəu21
1656	廖姓	来	流开三宥	去	liɑu214
1657	就	从	流开三宥	去	tɕiəu214
1658	秀	心	流开三宥	去	ɕiəu214
1659	绣	心	流开三宥	去	ɕiəu214
1660	宿星宿	心	流开三宥	去	ɕiəu214
1661	锈铁锈	心	流开三宥	去	ɕiəu214
1662	袖	邪	流开三宥	去	ɕiəu214
1663	昼	知	流开三宥	去	tʂəu214
1664	宙	澄	流开三宥	去	tʂəu214
1665	皱	照庄	流开三宥	去	tsuŋ214
1666	绉	照庄	流开三宥	去	tsəu44
1667	骤	床崇	流开三宥	去	tsəu214
1668	瘦	审生	流开三宥	去	səu214
1669	漱漱口	审生	流开三宥	去	su214
1670	咒	照章	流开三宥	去	tʂəu214
1671	臭香臭	穿昌	流开三宥	去	tʂʰəu214
1672	兽	审书	流开三宥	去	ʂəu214
1673	寿	禅	流开三宥	去	ʂəu214
1674	授	禅	流开三宥	去	ʂəu214
1675	售	禅	流开三宥	去	ʂəu214
1676	救	见	流开三宥	去	tɕiəu214
1677	究	见	流开三宥	去	tɕiəu44
1678	旧	群	流开三宥	去	tɕiəu214
1679	柩	群	流开三宥	去	tɕiəu214
1680	嗅用鼻嗅	晓	流开三宥	去	ɕiəu214
1681	又	喻云	流开三宥	去	iəu214
1682	右	喻云	流开三宥	去	iəu214
1683	佑	喻云	流开三宥	去	iəu214

编号	汉字	古声母	韵部	古声调	自贡方言读音
1684	柚	喻以	流开三宥	去	iəu214
1685	鼬黄鼬	喻以	流开三宥	去	iəu214
1686	釉	喻以	流开三宥	去	iəu214
1687	彪	帮	流开三幽	平	piau44
1688	丢	端	流开三幽	平	tiəu44
1689	幽	影	流开三幽	平	iuei44
1690	纠纠正	见	流开三黝	上	tɕiəu44
1691	谬	明	流开三幼	去	miau214
1692	幼	影	流开三幼	去	yo214

八、咸摄字

编号	汉字	古声母	韵部	古声调	自贡方言读音
1693	耽	端	咸开一覃	平	tan44
1694	贪	透	咸开一覃	平	tʰan44
1695	潭	定	咸开一覃	平	tʰan21
1696	谭	定	咸开一覃	平	tʰan21
1697	南	泥（娘）	咸开一覃	平	lan21
1698	男	泥（娘）	咸开一覃	平	lan21
1699	簪	精	咸开一覃	平	tsan44
1700	参	清	咸开一覃	平	tsʰan44
1701	蚕	从	咸开一覃	平	tsʰan21
1702	堪	溪	咸开一覃	平	kʰan44
1703	龛	溪	咸开一覃	平	kʰan44
1704	含	匣	咸开一覃	平	xan21
1705	函	匣	咸开一覃	平	xan21
1706	庵	影	咸开一覃	平	ŋan44
1707	漤漤柿子	来	咸开一感	上	lan53
1708	惨	清	咸开一感	上	tsʰan53
1709	感	见	咸开一感	上	kan53
1710	坎	溪	咸开一感	上	kʰan53
1711	[砍]	溪	咸开一感	上	kʰan53
1712	撼	匣	咸开一感	上	xan53

编号	汉字	古声母	韵部	古声调	自贡方言读音
1713	揞揞住	影	咸开一感	上	ŋan214
1714	探试探, 侦探	透	咸开一勘	去	tʰan214
1715	勘勘误, 勘探	溪	咸开一勘	去	kʰan44
1716	憾	匣	咸开一勘	去	xan214
1717	暗	影	咸开一勘	去	ŋan214
1718	答	端	咸开一合	入	tA214
1719	搭	端	咸开一合	入	tʰA214
1720	踏	透	咸开一合	入	tʰA214
1721	拓拓本	透	咸开一合	入	tʰA214
1722	沓一沓纸	定	咸开一合	入	tʰA214
1723	纳	泥（娘）	咸开一合	入	lA214
1724	拉	来	咸开一合	入	lA44
1725	杂	从	咸开一合	入	tsA214
1726	合容量	见	咸开一合	入	xo214
1727	蛤蛤蜊	见	咸开一合	入	xA214
1728	鸽	见	咸开一合	入	ko214
1729	喝喝酒	晓	咸开一合	入	xo44
1730	合	匣	咸开一合	入	xo214
1731	盒烟盒	匣	咸开一谈	平	xo214
1732	担担任	端	咸开一谈	平	tan44
1733	坍坍下来	透	咸开一谈	平	tʰan44
1734	谈	定	咸开一谈	平	tʰan21
1735	痰	定	咸开一谈	平	tʰan21
1736	蓝	来	咸开一谈	平	lan21
1737	篮	来	咸开一谈	平	lan21
1738	惭	从	咸开一谈	平	tsan21
1739	三	心	咸开一谈	平	san44
1740	甘	见	咸开一谈	平	kan44
1741	柑	见	咸开一谈	平	kan44
1742	泔泔水	见	咸开一谈	平	sau214
1743	蚶蚶子	晓	咸开一谈	平	无
1744	憨痴	晓	咸开一谈	平	xan44
1745	酣	匣	咸开一谈	平	xan44
1746	胆	端	咸开一敢	上	tan53

编号	汉字	古声母	韵部	古声调	自贡方言读音
1747	毯	透	咸开一敢	上	tʰan53
1748	淡	定	咸开一敢	上	tan214
1749	览	来	咸开一敢	上	lan53
1750	揽	来	咸开一敢	上	lan53
1751	榄橄榄	来	咸开一敢	上	lan53
1752	敢	见	咸开一敢	上	kan53
1753	橄橄榄	见	咸开一敢	上	kan53
1754	喊	晓	咸开一敢	上	xan53
1755	埳坑	影	咸开一敢	上	无
1756	担挑担	端	咸开一阚	去	tan214
1757	滥	来	咸开一阚	去	lan214
1758	缆	来	咸开一阚	去	lan53
1759	暂	从	咸开一阚	去	tsan214
1760	蹔蹔花	从	咸开一阚	去	无
1761	塔	透	咸开一盍	入	tʰA214
1762	榻	透	咸开一盍	入	tʰA214
1763	塌	透	咸开一盍	入	tʰA214
1764	溻汗溻湿了	透	咸开一盍	入	tʰA214
1765	腊	来	咸开一盍	入	lA214
1766	蜡	来	咸开一盍	入	lA214
1767	鑞锡鑞	来	咸开一盍	入	无
1768	磕	溪	咸开一盍	入	kʰo214
1769	谗	床崇	咸开二咸	平	tʂʰan21
1770	馋	床崇	咸开二咸	平	tsʰan21
1771	杉	审生	咸开二咸	平	ʂhan44
1772	尴尴尬	见	咸开二咸	平	kan44
1773	鹐鸟啄物	溪	咸开二咸	平	无
1774	咸	匣	咸开二咸	平	xan21
1775	咸咸味	匣	咸开二咸	平	xan21
1776	斩	照庄	咸开二豏	上	tʂan21
1777	减	见	咸开二豏	上	tɕian21
1778	鹻	见	咸开二豏	上	无
1779	站立	知	咸开二陷	去	tʂan214
1780	赚	澄	咸开二陷	去	tʂuan214

编号	汉字	古声母	韵部	古声调	自贡方言读音
1781	[站]车站	澄	咸开二陷	去	tṣan214
1782	蘸 蘸酱油	照庄	咸开二陷	去	tsan214
1783	陷	匣	咸开二陷	去	xan214
1784	馅	匣	咸开二陷	去	ɕian214
1785	扎 用针扎	知	咸开二洽	入	tṣA214
1786	眨 眨眼	照庄	咸开二洽	入	tsA214
1787	插	穿初	咸开二洽	入	tṣʰA214
1788	闸	床崇	咸开二洽	入	tṣA214
1789	炸 用油炸	审生	咸开二洽	入	tṣA214
1790	夹	见	咸开二洽	入	tɕia214
1791	夹 夹衣	见	咸开二洽	入	tɕia214
1792	恰	溪	咸开二洽	入	tɕʰia214
1793	掐	溪	咸开二洽	入	tɕʰia214
1794	狭	匣	咸开二洽	入	ɕia21
1795	峡	匣	咸开二洽	入	ɕia21
1796	洽	匣	咸开二洽	入	tɕʰia214
1797	搀	穿初	咸开二衔	平	tsʰan44
1798	衫	审生	咸开二衔	平	ṣan44
1799	监 监视，监牢	见	咸开二衔	平	tɕian44
1800	嵌	溪	咸开二衔	平	kʰan44
1801	岩	疑	咸开二衔	平	ŋai21
1802	衔	匣	咸开二衔	平	xan21
1803	舰	匣	咸开二槛	上	tɕian214
1804	钐 大镰刀	审生	咸开二鉴	去	无
1805	鉴	见	咸开二鉴	去	tɕian214
1806	监 国子监	见	咸开二鉴	去	tɕian214
1807	甲	见	咸开二狎	入	tɕia214
1808	胛 肩胛	见	咸开二狎	入	tɕia214
1809	匣 箱匣	匣	咸开二狎	入	ɕia214
1810	鸭	影	咸开二狎	入	ia214
1811	押	影	咸开二狎	入	ia214
1812	压	影	咸开二狎	入	ia214
1813	黏 黏米	泥（娘）	咸开三监	平	ȵian21
1814	廉	来	咸开三监	平	lian21

编号	汉字	古声母	韵部	古声调	自贡方言读音
1815	镰	来	咸开三盐	平	lian21
1816	帘门帘	来	咸开三盐	平	lian21
1817	尖	精	咸开三盐	平	tɕian44
1818	歼歼灭	精	咸开三盐	平	tɕian44
1819	签标签	清	咸开三盐	平	tɕʰian44
1820	签签名	清	咸开三盐	平	tɕʰian44
1821	潜	从	咸开三盐	平	tɕian21
1822	沾	知	咸开三盐	平	tʂan44
1823	粘粘贴	知	咸开三盐	平	tʂan44
1824	瞻	照章	咸开三盐	平	tʂan44
1825	占占卜	照章	咸开三盐	平	tʂan44
1826	蟾蟾酥	禅	咸开三盐	平	tʂʰan21
1827	钳	群	咸开三盐	平	tɕian21
1828	淹	群	咸开三盐	平	ŋan44
1829	阉	影	咸开三盐	平	ian44
1830	炎	喻云	咸开三盐	平	ian21
1831	盐	喻以	咸开三盐	平	ian21
1832	阎	喻以	咸开三盐	平	ian21
1833	檐	喻以	咸开三盐	平	ian21
1834	贬	帮	咸开三琰	上	pian53
1835	敛	来	咸开三琰	上	lian53
1836	渐	从	咸开三琰	上	tɕian214
1837	陕陕西	审书	咸开三琰	上	ʂan53
1838	闪	审书	咸开三琰	上	ʂan53
1839	染	日	咸开三琰	上	ʐan53
1840	冉	日	咸开三琰	上	ʐan53
1841	检	见	咸开三琰	上	tɕian53
1842	脸	见	咸开三琰	上	lian53
1843	俭	群	咸开三琰	上	tɕian53
1844	险	晓	咸开三琰	上	ɕian53
1845	掩	影	咸开三琰	上	lian53
1846	魇	影	咸开三琰	上	ian53
1847	敛	来	咸开三艳	去	lian53
1848	殓	来	咸开三艳	去	lian53

编号	汉字	古声母	韵部	古声调	自贡方言读音
1849	占占领	照章	咸开三艳	去	tṣan214
1850	验	疑	咸开三艳	去	ɲian214
1851	厌	影	咸开三艳	去	ian214
1852	艳	喻以	咸开三艳	去	ian214
1853	焰	喻以	咸开三艳	去	ian214
1854	盐腌	喻以	咸开三艳	去	ian53
1855	聂姓	泥（娘）	咸开三叶	入	ɲie214
1856	镊镊子	泥（娘）	咸开三叶	入	ɲie214
1857	蹑蹑脚走	泥（娘）	咸开三叶	入	ɲie214
1858	猎	来	咸开三叶	入	lie214
1859	接	精	咸开三叶	入	tɕie214
1860	妾	清	咸开三叶	入	tɕʰie214
1861	捷	从	咸开三叶	入	tɕʰie214
1862	折折叠	照章	咸开三叶	入	tṣe214
1863	褶褶子，皱纹	照章	咸开三叶	入	tṣe214
1864	摄	审书	咸开三叶	入	ṣe214
1865	涉	禅	咸开三叶	入	ṣe214
1866	靥酒靥	影	咸开三叶	入	无
1867	叶	喻以	咸开三叶	入	ie214
1868	页	喻以	咸开三叶	入	ie214
1869	严	疑	咸开三严	平	ɲian21
1870	锨锨属	晓	咸开三严	平	无
1871	腌	影	咸开三严	平	ian44
1872	俨俨然	疑	咸开三俨	上	ian53
1873	剑	见	咸开三酽	去	tɕian214
1874	欠	溪	咸开三酽	去	tɕʰian214
1875	釅釅茶	疑	咸开三酽	去	无
1876	劫	见	咸开三业	入	tɕie214
1877	怯畏怯	溪	咸开三业	入	tɕʰie214
1878	业	疑	咸开三业	入	ŋie214
1879	胁	晓	咸开三业	入	ɕie21
1880	腌	影	咸开三业	入	ian44
1881	掂掂掇	端	咸开四添	平	tian44
1882	添	透	咸开四添	平	tʰian44

编号	汉字	古声母	韵部	古声调	自贡方言读音
1883	甜	定	咸开四添	平	tʰian21
1884	鲇鲇鱼	泥（娘）	咸开四添	平	nian21
1885	拈拈起来	泥（娘）	咸开四添	平	nian44
1886	兼	见	咸开四添	平	tɕian44
1887	搛搛菜，夹菜	见	咸开四添	平	无
1888	谦	溪	咸开四添	平	tɕʰian44
1889	嫌	匣	咸开四添	平	ɕian21
1890	点	端	咸开四忝	上	tian53
1891	舔以舌取物	透	咸开四忝	上	tʰian53
1892	簟席	定	咸开四忝	上	无
1893	店	端	咸开四㮇	去	tian214
1894	掭掭笔	透	咸开四㮇	去	无
1895	念	泥（娘）	咸开四㮇	去	nian214
1896	歉	溪	咸开四㮇	去	tɕʰian214
1897	跌	端	咸开四贴	入	tie214
1898	帖碑帖，请帖	透	咸开四贴	入	tʰie214
1899	贴	透	咸开四贴	入	tʰie214
1900	叠	定	咸开四贴	入	tie214
1901	碟	定	咸开四贴	入	tie214
1902	牒	定	咸开四贴	入	tie214
1903	蝶	定	咸开四贴	入	tie214
1904	谍	定	咸开四贴	入	tie214
1905	苶发苶	泥（娘）	咸开四贴	入	无
1906	夹夹菜	见	咸开四贴	入	tɕia214
1907	协	匣	咸开四贴	入	ɕie214
1908	凡	奉	咸合三凡	平	fan21
1909	帆	奉	咸合三凡	平	fan21
1910	范范围	奉	咸合三范	上	fan214
1911	范榜样	奉	咸合三范	上	fan214
1912	犯	奉	咸合三范	上	fan214
1913	泛	敷	咸合三梵	去	fan214
1914	法法，法子	非	咸合三乏	入	fa214
1915	乏	奉	咸合三乏	入	fa214

九、深摄字

编号	汉字	古声母	韵部	古声调	自贡方言读音
1916	林	来	深开三侵	平	lin21
1917	淋淋漓，淋湿	来	深开三侵	平	lin21
1918	临	来	深开三侵	平	lin21
1919	侵	清	深开三侵	平	tɕin44
1920	心	心	深开三侵	平	in44
1921	寻	邪	深开三侵	平	ɕyn44
1922	沉	澄	深开三侵	平	tʂən21
1923	簪	照庄	深开三侵	平	tsan44
1924	参参差	穿初	深开三侵	平	tsən44
1925	岑	床崇	深开三侵	平	tsən21
1926	森	审生	深开三侵	平	sən44
1927	参人参	审生	深开三侵	平	sən44
1928	针	照章	深开三侵	平	tʂən44
1929	斟	照章	深开三侵	平	tʂən44
1930	深	审书	深开三侵	平	ʂən44
1931	壬	日	深开三侵	平	zən21
1932	任姓	日	深开三侵	平	zən21
1933	今	见	深开三侵	平	tɕin44
1934	金	见	深开三侵	平	tɕin44
1935	禁禁不住	见	深开三侵	平	tɕin214
1936	襟	见	深开三侵	平	tɕin44
1937	钦	溪	深开三侵	平	tɕʰin44
1938	琴	群	深开三侵	平	tɕʰin21
1939	禽	群	深开三侵	平	tɕʰin21
1940	擒	群	深开三侵	平	tɕʰin21
1941	吟	疑	深开三侵	平	in21
1942	音	影	深开三侵	平	in44
1943	阴	影	深开三侵	平	in44
1944	淫	喻以	深开三侵	平	in21
1945	禀	帮	深开三寝	上	pin53
1946	品	滂	深开三寝	上	pʰin53
1947	懔	来	深开三寝	上	无
1948	寝	清	深开三寝	上	tɕʰin53

编号	汉字	古声母	韵部	古声调	自贡方言读音
1949	枕	照章	深开三寝	上	tʂən53
1950	葚桑葚	床船	深开三寝	上	ʂən214
1951	沈	审书	深开三寝	上	ʂən53
1952	审	审书	深开三寝	上	ʂən53
1953	婶	审书	深开三寝	上	ʂən53
1954	甚	禅	深开三寝	上	ʂən214
1955	锦	见	深开三寝	上	tɕin53
1956	饮饮酒	影	深开三寝	上	in53
1957	饮饮米汤	影	深开三寝	上	in53
1958	赁租赁	泥（娘）	深开三沁	去	lin214
1959	浸	精	深开三沁	去	tɕʰin214
1960	吣猫吣	清	深开三沁	去	无
1961	渗水渗透	审生	深开三沁	去	ʂən214
1962	枕动词	照章	深开三沁	去	tʂən53
1963	任责任	日	深开三沁	去	zən214
1964	纫缝纫	日	深开三沁	去	zən214
1965	禁禁止	见	深开三沁	去	tɕin214
1966	揿按	溪	深开三沁	去	无
1967	妗舅母	群	深开三沁	去	无
1968	荫屋子很荫	影	深开三沁	去	in214
1969	窨地窨子	影	深开三沁	去	in214
1970	饮饮马	影	深开三沁	去	in53
1971	立	来	深开三缉	入	li214
1972	笠	来	深开三缉	入	li214
1973	粒	来	深开三缉	入	li214
1974	缉缉鞋口	清	深开三缉	入	tɕi214
1975	集	从	深开三缉	入	tɕi214
1976	辑编辑	从	深开三缉	入	tɕi214
1977	习	邪	深开三缉	入	ɕi214
1978	袭	邪	深开三缉	入	ɕi214
1979	蛰惊蛰	澄	深开三缉	入	tʂe214
1980	涩	审生	深开三缉	入	se214
1981	执	照章	深开三缉	入	tʂʅ214
1982	汁	照章	深开三缉	入	tʂʅ214

编号	汉字	古声母	韵部	古声调	自贡方言读音
1983	湿	审书	深开三缉	入	ʂʅ214
1984	十	禅	深开三缉	入	ʂʅ214
1985	什什物	禅	深开三缉	入	ʂʅ214
1986	拾拾起来	禅	深开三缉	入	ʂʅ214
1987	入	日	深开三缉	入	zu214
1988	急	见	深开三缉	入	tɕi214
1989	级	见	深开三缉	入	tɕi214
1990	给给你，供给	见	深开三缉	入	kən44
1991	泣	溪	深开三缉	入	tɕʰi214
1992	嗢	溪	深开三缉	入	无
1993	及	群	深开三缉	入	tɕi214
1994	吸	晓	深开三缉	入	ɕi214
1995	揖作揖	影	深开三缉	入	i214

十、山摄字

编号	汉字	古声母	韵部	古声调	自贡方言读音
1996	丹	端	山开一寒	平	tan44
1997	单单独	端	山开一寒	平	tan44
1998	滩	透	山开一寒	平	tʰan44
1999	摊	透	山开一寒	平	tʰan44
2000	檀	定	山开一寒	平	tʰan21
2001	坛花坛	定	山开一寒	平	tʰan21
2002	弹弹琴	定	山开一寒	平	tʰan21
2003	难难易	泥（娘）	山开一寒	平	lan21
2004	兰	来	山开一寒	平	lan21
2005	拦	来	山开一寒	平	lan21
2006	栏	来	山开一寒	平	lan21
2007	餐	清	山开一寒	平	tsan44
2008	残	从	山开一寒	平	tsan21
2009	珊	心	山开一寒	平	san44
2010	干	见	山开一寒	平	kan44
2011	肝	见	山开一寒	平	kan44

编号	汉字	古声母	韵部	古声调	自贡方言读音
2012	竿竹竿	见	山开一寒	平	kan44
2013	干干湿	见	山开一寒	平	kan44
2014	看看守	溪	山开一寒	平	kʰan214
2015	刊	溪	山开一寒	平	kʰan44
2016	鼾睡时鼾声	晓	山开一寒	平	xan44
2017	寒	匣	山开一寒	平	xan21
2018	韩	匣	山开一寒	平	xan21
2019	安	影	山开一寒	平	ŋan44
2020	鞍	影	山开一寒	平	ŋan44
2021	掸鸡毛掸子	端	山开一旱	上	tan53
2022	坦	透	山开一旱	上	tʰan53
2023	诞	定	山开一旱	上	tan214
2024	懒	来	山开一旱	上	lan53
2025	散鞋带散了	心	山开一旱	上	san53
2026	伞	心	山开一旱	上	san53
2027	杆	见	山开一旱	上	kan53
2028	秆稻秆	见	山开一旱	上	kan53
2029	擀擀面	见	山开一旱	上	kan53
2030	[赶]	见	山开一旱	上	kan53
2031	罕	晓	山开一旱	上	xan214
2032	旱	匣	山开一旱	上	xan214
2033	旦	端	山开一翰	去	tan214
2034	炭	透	山开一翰	去	tʰan214
2035	叹	透	山开一翰	去	tʰan214
2036	但	定	山开一翰	去	tan214
2037	弹子弹	定	山开一翰	去	tan214
2038	蛋	定	山开一翰	去	tan214
2039	难患难	泥（娘）	山开一翰	去	lan214
2040	烂	来	山开一翰	去	lan214
2041	赞	精	山开一翰	去	tsan214
2042	攒攒溅	精	山开一翰	去	tsan214
2043	灿	清	山开一翰	去	tsʰan214
2044	散分散	心	山开一翰	去	san214
2045	干	见	山开一翰	去	kan214

编号	汉字	古声母	韵部	古声调	自贡方言读音
2046	看看见	溪	山开一翰	去	kʰan214
2047	岸	疑	山开一翰	去	ŋan214
2048	汉	晓	山开一翰	去	xan214
2049	汗	匣	山开一翰	去	xan214
2050	焊焊铁壶	匣	山开一翰	去	xan214
2051	翰	匣	山开一翰	去	xan214
2052	按	影	山开一翰	去	ŋan214
2053	案	影	山开一翰	去	ŋan214
2054	獭水獭	透	山开一曷	入	tʰA214
2055	达	定	山开一曷	入	tA214
2056	捺撒捺	泥（娘）	山开一曷	入	lA214
2057	辣	来	山开一曷	入	lA214
2058	瘌	来	山开一曷	入	无
2059	擦	清	山开一曷	入	tsʰA214
2060	撒撒手,撒种	心	山开一曷	入	sA214
2061	萨	心	山开一曷	入	sA44
2062	割	见	山开一曷	入	ke214
2063	葛	见	山开一曷	入	ke214
2064	渴	溪	山开一曷	入	kʰo214
2065	喝喝彩,吆喝	晓	山开一曷	入	xo214
2066	山	审生	山开二山	平	ʂan44
2067	艰	见	山开二山	平	tɕian44
2068	间空间,中间	见	山开二山	平	tɕian44
2069	闲	匣	山开二山	平	xan21
2070	盏	照庄	山开二产	上	tʂan53
2071	铲	穿初	山开二产	上	tʂʰuan53
2072	产	审生	山开二产	上	tsan53
2073	简	见	山开二产	上	tɕian53
2074	裥	见	山开二产	上	无
2075	柬	见	山开二产	上	tɕian53
2076	拣	见	山开二产	上	tɕian53
2077	眼	疑	山开二产	上	ian53
2078	限	匣	山开二产	上	ɕian214
2079	扮	帮	山开二裥	去	pan214

编号	汉字	古声母	韵部	古声调	自贡方言读音
2080	盼	滂	山开二裥	去	pʰan214
2081	瓣	并	山开二裥	去	pan214
2082	办	并	山开二裥	去	pan214
2083	绽	澄	山开二裥	去	tʂan214
2084	间间断，间或	见	山开二裥	去	tɕian214
2085	苋	匣	山开二裥	去	xan214
2086	八	帮	山开二黠	入	pA214
2087	拔	并	山开二黠	入	pA214
2088	抹抹桌子	明	山开二黠	入	mA214
2089	札	照庄	山开二黠	入	tʂA214
2090	扎扎营	照庄	山开二黠	入	tʂA214
2091	察	穿初	山开二黠	入	tʂʰA21
2092	杀	审生	山开二黠	入	ʂA214
2093	挖用刀刮	溪	山开二黠	入	kuA214
2094	轧被车轧	影	山开二黠	入	ŋA44
2095	班	帮	山开二删	平	pan44
2096	斑	帮	山开二删	平	pan44
2097	颁	帮	山开二删	平	pan44
2098	扳扳倒	帮	山开二删	平	pan44
2099	攀	滂	山开二删	平	pʰan44
2100	扳扳手跤	滂	山开二删	平	pan44
2101	爿	并	山开二删	平	无
2102	蛮	明	山开二删	平	man21
2103	删	审生	山开二删	平	ʂan44
2104	奸	见	山开二删	平	tɕian44
2105	颜	疑	山开二删	平	ian21
2106	板	帮	山开二潸	上	pan53
2107	版	帮	山开二潸	上	pan53
2108	襻纽襻	滂	山开二谏	去	无
2109	慢	明	山开二谏	去	man214
2110	栈	床崇	山开二谏	去	tʂan214
2111	疝疝气	审生	山开二谏	去	ʂan214
2112	谏	见	山开二谏	去	tɕian214
2113	涧	见	山开二谏	去	tɕian214

编号	汉字	古声母	韵部	古声调	自贡方言读音
2114	铜车铜	见	山开二谏	去	无
2115	雁	疑	山开二谏	去	ian214
2116	晏晚也	影	山开二谏	去	ŋan214
2117	铡铡刀	床崇	山开二辖	入	tʂA214
2118	瞎	晓	山开二辖	入	ɕiA214
2119	辖管辖	匣	山开二辖	入	ɕiA214
2120	鞭	帮	山开三仙	平	pian44
2121	编	帮	山开三仙	平	pian44
2122	篇	滂	山开三仙	平	pʰian44
2123	偏	滂	山开三仙	平	pʰian44
2124	便便宜	并	山开三仙	平	pʰian21
2125	绵	明	山开三仙	平	mian21
2126	棉	明	山开三仙	平	mian21
2127	连	来	山开三仙	平	lian21
2128	联	来	山开三仙	平	lian21
2129	煎	精	山开三仙	平	tɕian44
2130	迁	清	山开三仙	平	tɕian44
2131	钱	从	山开三仙	平	tɕian21
2132	仙	心	山开三仙	平	ɕian44
2133	鲜新鲜	心	山开三仙	平	ɕyan44
2134	涎	邪	山开三仙	平	ɕian21
2135	缠	澄	山开三仙	平	tʂʰan21
2136	毡	照章	山开三仙	平	tʂan44
2137	膻	审书	山开三仙	平	无
2138	扇动词	审书	山开三仙	平	ʂan214
2139	蝉	禅	山开三仙	平	ʂan21
2140	禅禅宗	禅	山开三仙	平	tʂʰan21
2141	然	日	山开三仙	平	zan21
2142	燃	日	山开三仙	平	zan21
2143	乾乾坤	群	山开三仙	平	tɕʰian21
2144	虔	群	山开三仙	平	tɕʰian21
2145	搴	群	山开三仙	平	无
2146	犍犍为县	群	山开三仙	平	tɕʰian21
2147	蔫食物不新鲜	影	山开三仙	平	ian44

编号	汉字	古声母	韵部	古声调	自贡方言读音
2148	焉心不在焉	喻云	山开三仙	平	ian44
2149	延	喻以	山开三仙	平	ian21
2150	筵	喻以	山开三仙	平	ian214
2151	辨	并	山开三狝	上	pian214
2152	辩	并	山开三狝	上	pian214
2153	免	明	山开三狝	上	mian53
2154	勉	明	山开三狝	上	mian53
2155	娩分娩	明	山开三狝	上	mian53
2156	缅	明	山开三狝	上	mian53
2157	渑渑池	明	山开三狝	上	mian53
2158	碾	泥（娘）	山开三狝	上	ȵian53
2159	辇	来	山开三狝	上	ȵian53
2160	剪	精	山开三狝	上	tɕian53
2161	浅	清	山开三狝	上	tɕʰian53
2162	践	从	山开三狝	上	tɕian214
2163	鲜鲜少	心	山开三狝	上	ɕyan44
2164	藓	心	山开三狝	上	ɕyan53
2165	展	知	山开三狝	上	tʂan53
2166	善	禅	山开三狝	上	ʂan214
2167	囝	见	山开三狝	上	无
2168	遣	溪	山开三狝	上	tɕan53
2169	件	群	山开三狝	上	tɕian214
2170	演	疑	山开三狝	上	ian53
2171	变	帮	山开三线	去	pian214
2172	骗骗马	滂	山开三线	去	无
2173	[骗]欺骗	滂	山开三线	去	pʰian214
2174	汴	并	山开三线	去	pian214
2175	便方便	并	山开三线	去	pian214
2176	面	明	山开三线	去	mian214
2177	箭	精	山开三线	去	tɕian214
2178	溅溅一身水	精	山开三线	去	tsan214
2179	贱	从	山开三线	去	tɕian214
2180	饯饯行	从	山开三线	去	tɕian214
2181	线	心	山开三线	去	ɕian214

编号	汉字	古声母	韵部	古声调	自贡方言读音
2182	羡	邪	山开三线	去	ɕian214
2183	战	照章	山开三线	去	tʂan214
2184	颤	照章	山开三线	去	tʂan214
2185	扇	审书	山开三线	去	ʂan214
2186	膳	禅	山开三线	去	ʂan214
2187	单姓	禅	山开三线	去	ʂan214
2188	禅禅让	禅	山开三线	去	ʂan214
2189	谚	疑	山开三线	去	ian214
2190	别区别	帮	山开三薛	入	pie214
2191	鳖	帮	山开三薛	入	无
2192	别离别	并	山开三薛	入	pie214
2193	灭	明	山开三薛	入	mie214
2194	列	来	山开三薛	入	lie214
2195	烈	来	山开三薛	入	lie214
2196	裂	来	山开三薛	入	lie214
2197	薛	心	山开三薛	入	ɕye214
2198	泄泄漏	心	山开三薛	入	ɕie214
2199	哲	知	山开三薛	入	tʂe214
2200	蜇蝎子蜇人	知	山开三薛	入	无
2201	彻	彻	山开三薛	入	tʂʰe214
2202	撤	彻	山开三薛	入	tʂʰe214
2203	辙	澄	山开三薛	入	tʂe214
2204	折折断	照章	山开三薛	入	tʂe214
2205	浙	照章	山开三薛	入	tʂe214
2206	舌	床船	山开三薛	入	ʂe214
2207	设	审书	山开三薛	入	ʂe214
2208	折弄折了	禅	山开三薛	入	tʂe214
2209	热	日	山开三薛	入	ze214
2210	杰	群	山开三薛	入	tɕie214
2211	孽	疑	山开三薛	入	ȵie214
2212	拽拖	喻以	山开三薛	入	无
2213	犍犍子	见	山开三元	平	tɕian214
2214	言	疑	山开三元	平	ian21
2215	轩	晓	山开三元	平	ɕyan44

编号	汉字	古声母	韵部	古声调	自贡方言读音
2216	掀	晓	山开三元	平	ɕyan44
2217	蔫花萎	影	山开三元	平	ian44
2218	键	群	山开三阮	上	tɕian214
2219	建	见	山开三愿	去	tɕian214
2220	健	群	山开三愿	去	tɕian214
2221	腱	群	山开三愿	去	tɕian214
2222	宪	晓	山开三愿	去	ɕian214
2223	献	晓	山开三愿	去	ɕian214
2224	堰	影	山开三愿	去	yan214
2225	揭	见	山开三月	入	tɕie214
2226	蝎	晓	山开三月	入	ɕie214
2227	歇	晓	山开三月	入	ɕie214
2228	边	帮	山开四先	平	pian44
2229	蝙	帮	山开四先	平	pian44
2230	眠	明	山开四先	平	mian21
2231	颠	端	山开四先	平	tian44
2232	天	透	山开四先	平	tʰian44
2233	田	定	山开四先	平	tʰian21
2234	填	定	山开四先	平	tʰian21
2235	年	泥（娘）	山开四先	平	ȵian21
2236	怜	来	山开四先	平	lian21
2237	莲	来	山开四先	平	lian21
2238	笺	精	山开四先	平	tɕʰian44
2239	千	清	山开四先	平	tɕʰian44
2240	前	从	山开四先	平	tɕʰian21
2241	先	心	山开四先	平	ɕian44
2242	肩	见	山开四先	平	tɕian44
2243	坚	见	山开四先	平	tɕian44
2244	牵	溪	山开四先	平	tɕʰian44
2245	研	疑	山开四先	平	ȵian44
2246	贤	匣	山开四先	平	ɕian21
2247	弦	匣	山开四先	平	cyan21
2248	烟	影	山开四先	平	ian44
2249	燕燕京，姓	影	山开四先	平	ian214

编号	汉字	古声母	韵部	古声调	自贡方言读音
2250	扁	帮	山开四铣	上	pian53
2251	匾	帮	山开四铣	上	pian53
2252	辫	并	山开四铣	上	pian214
2253	典	端	山开四铣	上	tian214
2254	腆腆肚子	透	山开四铣	上	tian53
2255	捻以指捻碎	泥（娘）	山开四铣	上	ȵian44
2256	撵	泥（娘）	山开四铣	上	ȵian53
2257	茧	见	山开四铣	上	tɕian53
2258	趼	见	山开四铣	上	无
2259	筧以竹通水	见	山开四铣	上	tɕian53
2260	显	晓	山开四铣	上	ɕian53
2261	遍一遍	帮	山开四霰	去	pʰian214
2262	遍遍地	帮	山开四霰	去	pʰian214
2263	片	滂	山开四霰	去	pʰian214
2264	面面粉	明	山开四霰	去	mian214
2265	电	定	山开四霰	去	tian214
2266	殿	定	山开四霰	去	tian214
2267	奠	定	山开四霰	去	tian214
2268	佃	定	山开四霰	去	tian214
2269	垫（填）垫钱	定	山开四霰	去	tian214
2270	练	来	山开四霰	去	lian214
2271	炼	来	山开四霰	去	lian214
2272	楝楝树	来	山开四霰	去	无
2273	荐	精	山开四霰	去	tɕian214
2274	见	见	山开四霰	去	tɕian214
2275	砚	疑	山开四霰	去	ian214
2276	现	匣	山开四霰	去	ɕian214
2277	燕燕子	影	山开四霰	去	ian214
2278	咽	影	山开四霰	去	ian214
2279	宴	影	山开四霰	去	ian214
2280	憋（闭）	帮	山开四屑	入	pi214
2281	撇撇捺，撇开	滂	山开四屑	入	pʰie214
2282	篾竹篾	明	山开四屑	入	mie214
2283	铁	透	山开四屑	入	tʰie214

编号	汉字	古声母	韵部	古声调	自贡方言读音
2284	捏	泥（娘）	山开四屑	入	ȵie214
2285	节	精	山开四屑	入	tɕie214
2286	切切开	清	山开四屑	入	tɕʰie214
2287	截	从	山开四屑	入	tɕie214
2288	屑不屑	心	山开四屑	入	ɕye214
2289	屑木屑	心	山开四屑	入	ɕye214
2290	楔楔子	心	山开四屑	入	ɕie214
2291	结	见	山开四屑	入	tɕie214
2292	洁	见	山开四屑	入	tɕie214
2293	锲镰刀	见	山开四屑	入	无
2294	喧喧住了	影	山开四屑	入	无
2295	般	帮	山合一桓	平	pan44
2296	搬（般）	帮	山合一桓	平	pan44
2297	潘	滂	山合一桓	平	pʰan44
2298	拼拼命	滂	山合一桓	平	pʰin44
2299	盘	并	山合一桓	平	pʰan21
2300	瞒（漫）	明	山合一桓	平	man21
2301	馒馒头	明	山合一桓	平	man21
2302	端	端	山合一桓	平	tuan44
2303	团	定	山合一桓	平	tʰuan21
2304	团饭团	定	山合一桓	平	tʰuan21
2305	鸾	来	山合一桓	平	luan21
2306	钻动词	精	山合一桓	平	tsuan44
2307	氽氽丸子	清	山合一桓	平	tsʰuan44
2308	酸	心	山合一桓	平	suan44
2309	官	见	山合一桓	平	kuan44
2310	棺	见	山合一桓	平	kuan44
2311	观参观	见	山合一桓	平	kuan44
2312	冠	见	山合一桓	平	kuan44
2313	宽	溪	山合一桓	平	kʰuan44
2314	欢	晓	山合一桓	平	xuan44
2315	桓	匣	山合一桓	平	xuan21
2316	完	匣	山合一桓	平	uan21
2317	丸肉丸，弹丸	匣	山合一桓	平	uan21

编号	汉字	古声母	韵部	古声调	自贡方言读音
2318	豌豌豆	影	山合一桓	平	uan44
2319	剜	影	山合一桓	平	uan44
2320	伴	并	山合一缓	上	pan214
2321	拌	并	山合一缓	上	pan214
2322	满	明	山合一缓	上	man53
2323	短	端	山合一缓	上	tuan53
2324	疃	透	山合一缓	上	无
2325	断断绝	端	山合一缓	上	tuan214
2326	暖	泥（娘）	山合一缓	上	luan53
2327	卵	来	山合一缓	上	luan53
2328	纂编纂	精	山合一缓	上	tsuan53
2329	攒积攒	精	山合一缓	上	tsan53
2330	管	见	山合一缓	上	kuan53
2331	馆	见	山合一缓	上	kuan53
2332	款	溪	山合一缓	上	kʰuan53
2333	缓	匣	山合一缓	上	xuan53
2334	皖安徽	匣	山合一缓	上	uan53
2335	碗	影	山合一缓	上	uan53
2336	半	帮	山合一换	去	pan214
2337	绊	帮	山合一换	去	pan214
2338	判	滂	山合一换	去	pʰan214
2339	叛	并	山合一换	去	pʰan214
2340	漫	明	山合一换	去	man214
2341	幔	明	山合一换	去	man214
2342	断决断	端	山合一换	去	tuan214
2343	锻锻炼	端	山合一换	去	tuan214
2344	段	定	山合一换	去	tuan214
2345	缎（段）	定	山合一换	去	tuan214
2346	椴	定	山合一换	去	无
2347	乱	来	山合一换	去	luan214
2348	钻木用工具	精	山合一换	去	tsuan214
2349	窜	清	山合一换	去	tsʰuan214
2350	算	心	山合一换	去	suan214
2351	蒜	心	山合一换	去	suan214

编号	汉字	古声母	韵部	古声调	自贡方言读音
2352	贯	见	山合一换	去	kuan214
2353	灌	见	山合一换	去	kuan214
2354	罐	见	山合一换	去	kuan214
2355	观 观寺	见	山合一换	去	kuan214
2356	冠 冠军	见	山合一换	去	kuan214
2357	玩 古玩，游玩	疑	山合一换	去	uan21
2358	唤	晓	山合一换	去	xuan214
2359	焕	晓	山合一换	去	xuan214
2360	换	匣	山合一换	去	xuan214
2361	腕	影	山合一换	去	uan53
2362	钵	帮	山合一末	入	po214
2363	拨	帮	山合一末	入	po214
2364	泼	滂	山合一末	入	pʰo214
2365	钹	并	山合一末	入	po214
2366	末	明	山合一末	入	mo214
2367	沫	明	山合一末	入	mo214
2368	抹	明	山合一末	入	mᴀ214
2369	掇 抬掇	端	山合一末	入	to214
2370	掇 掂掇	端	山合一末	入	to214
2371	脱	透	山合一末	入	tʰo214
2372	夺	定	山合一末	入	to214
2373	捋 捋袖	来	山合一末	入	无
2374	撮 一撮米	清	山合一末	入	tso214
2375	括 包括	见	山合一末	入	kʰue214
2376	聒 聒耳朵	见	山合一末	入	kʰue214
2377	阔	溪	山合一末	入	kʰue214
2378	豁 豁然，豁嘴	晓	山合一末	入	xo214
2379	活	匣	山合一末	入	xo214
2380	鳏 鳏寡	见	山合二山	平	kuan44
2381	顽 顽皮，顽固	疑	山合二山	平	uan21
2382	幻	匣	山合二裥	去	xuan214
2383	滑	匣	山合二黠	入	xua214
2384	猾 狡猾	匣	山合二黠	入	xua214
2385	挖	影	山合二黠	入	ua44

编号	汉字	古声母	韵部	古声调	自贡方言读音
2386	闩	审生	山合二删	平	ʂuan44
2387	拴（栓）	审生	山合二删	平	ʂuan44
2388	关	见	山合二删	平	kuan44
2389	还还原	匣	山合二删	平	xuan21
2390	还还有	匣	山合二删	平	xai21
2391	环	匣	山合二删	平	xuan21
2392	弯	影	山合二删	平	uan44
2393	湾	影	山合二删	平	uan44
2394	撰	床崇	山合二潸	上	tʂuan214
2395	篡	穿初	山合二谏	去	tsuan214
2396	涮涮洗	审生	山合二谏	去	ʂuan214
2397	惯	见	山合二谏	去	kuan214
2398	患	匣	山合二谏	去	xuan214
2399	宦	匣	山合二谏	去	xuan214
2400	刷	审生	山合二辖	入	ʂua214
2401	刮	见	山合二辖	入	kua214
2402	全	从	山合三仙	平	tɕʰuan21
2403	泉	从	山合三仙	平	tɕʰuan21
2404	宣	心	山合三仙	平	ɕuan44
2405	旋	邪	山合三仙	平	ɕuan21
2406	传传达	澄	山合三仙	平	tʂʰuan21
2407	椽	澄	山合三仙	平	tʰuan21
2408	专	照章	山合三仙	平	tʂuan44
2409	砖	照章	山合三仙	平	tʂuan44
2410	膞鸡膞	照章	山合三仙	平	无
2411	川	穿昌	山合三仙	平	tʂʰuan44
2412	穿	穿昌	山合三仙	平	tʂʰuan44
2413	船	床船	山合三仙	平	tʂʰuan21
2414	篅盛谷具	禅	山合三仙	平	无
2415	圈圆圈	溪	山合三仙	平	tɕʰyan44
2416	拳	群	山合三仙	平	tɕʰyan21
2417	权	群	山合三仙	平	tɕʰyan21
2418	颧颧骨	群	山合三仙	平	tɕʰyan21
2419	圆	喻云	山合三仙	平	yan21

附录二 自贡方言字表

编号	汉字	古声母	韵部	古声调	自贡方言读音
2420	员	喻云	山合三仙	平	yan21
2421	缘	喻以	山合三仙	平	yan21
2422	沿	喻以	山合三仙	平	yan21
2423	铅	喻以	山合三仙	平	tɕʰian44
2424	捐	喻以	山合三仙	平	tɕyan44
2425	选	心	山合三狝	上	ɕyan53
2426	转 转眼，转送	知	山合三狝	上	tʂuan53
2427	篆	澄	山合三狝	上	tʂuan214
2428	喘	穿昌	山合三狝	上	tʂʰuan53
2429	软	日	山合三狝	上	zuan53
2430	卷 卷起	见	山合三狝	上	tɕyan53
2431	圈 猪圈	群	山合三狝	上	tɕyan214
2432	兖	喻以	山合三狝	上	无
2433	恋	来	山合三线	去	lian214
2434	䜩糊	来	山合三线	去	无
2435	旋 旋吃旋做	邪	山合三线	去	ɕyan214
2436	镟 镟床	邪	山合三线	去	无
2437	转 转螺丝	知	山合三线	去	tʂuan214
2438	传 传记	澄	山合三线	去	tʂuan214
2439	串（穿）	穿昌	山合三线	去	tʂʰuan214
2440	眷	见	山合三线	去	tɕyan214
2441	卷	见	山合三线	去	tɕyan53
2442	绢	见	山合三线	去	tɕyan44
2443	倦	群	山合三线	去	tɕyan214
2444	院	喻云	山合三线	去	yan214
2445	劣	来	山合三薛	入	le214
2446	绝	心	山合三薛	入	tɕye214
2447	雪	邪	山合三薛	入	ɕye214
2448	拙	照章	山合三薛	入	tʂo214
2449	说 说话	审书	山合三薛	入	ʂo214
2450	悦	喻以	山合三薛	入	yo214
2451	阅	喻以	山合三薛	入	yo214
2452	藩	非	山合三元	平	fan44
2453	翻	敷	山合三元	平	fan44

编号	汉字	古声母	韵部	古声调	自贡方言读音
2454	番儿番	敷	山合三元	平	fan44
2455	烦	奉	山合三元	平	fan21
2456	藩	奉	山合三元	平	fan44
2457	矾	奉	山合三元	平	fan21
2458	繁	奉	山合三元	平	fan21
2459	元	疑	山合三元	平	yan21
2460	喧	晓	山合三元	平	ɕyan44
2461	冤	影	山合三元	平	yan44
2462	袁	喻云	山合三元	平	yan21
2463	辕	喻云	山合三元	平	yan21
2464	园	喻云	山合三元	平	yan21
2465	援援救	喻云	山合三元	平	yan21
2466	反	非	山合三阮	上	fan53
2467	晚	微	山合三阮	上	uan53
2468	挽	微	山合三阮	上	uan53
2469	阮	疑	山合三阮	上	zuan53
2470	宛	影	山合三阮	上	uan53
2471	远	喻云	山合三阮	上	yuan53
2472	贩	非	山合三愿	去	fan214
2473	㜊鸟下蛋	敷	山合三愿	去	无
2474	饭	奉	山合三愿	去	fan214
2475	万	微	山合三愿	去	uan214
2476	蔓瓜蔓子	微	山合三愿	去	man214
2477	劝	溪	山合三愿	去	tɕʰyan214
2478	券	溪	山合三愿	去	tɕyan214
2479	愿	疑	山合三愿	去	yan214
2480	楥鞋楥	晓	山合三愿	去	无
2481	怨	影	山合三愿	去	yan214
2482	发头发	非	山合三月	入	fA214
2483	发发现	非	山合三月	入	fA214
2484	伐	奉	山合三月	入	fA214
2485	筏	奉	山合三月	入	fA214
2486	罚	奉	山合三月	入	fA214
2487	袜	微	山合三月	入	uA214

编号	汉字	古声母	韵部	古声调	自贡方言读音
2488	厥	见	山合三月	入	tɕye214
2489	倔脾气倔	见	山合三月	入	tɕye214
2490	掘	群	山合三月	入	tɕye214
2491	橛橛子	群	山合三月	入	tɕye214
2492	月	疑	山合三月	入	ye214
2493	哕干哕	影	山合三月	入	无
2494	越	喻云	山合三月	入	ye214
2495	曰	喻云	山合三月	入	yo214
2496	粤	喻云	山合三月	入	ye214
2497	玄	匣	山合四先	平	ɕyan21
2498	悬	匣	山合四先	平	ɕyan21
2499	渊	影	山合四先	平	yan44
2500	犬	溪	山合四铣	上	tɕʰyan53
2501	县	匣	山合四霰	去	ɕian214
2502	眩	匣	山合四霰	去	ɕyan214
2503	决	见	山合四屑	入	tɕye214
2504	诀	溪	山合四屑	入	tɕye214
2505	缺	溪	山合四屑	入	tɕʰye214
2506	血	晓	山合四屑	入	ɕye214
2507	穴	匣	山合四屑	入	ɕye214

十一、臻摄字

编号	汉字	古声母	韵部	古声调	自贡方言读音
2508	吞	透	臻开一痕	平	tʰən44
2509	跟	见	臻开一痕	平	kən44
2510	根	见	臻开一痕	平	kən44
2511	痕	匣	臻开一痕	平	xən21
2512	恩	影	臻开一痕	平	ŋən44
2513	恳	溪	臻开一很	上	kʰən53
2514	垦	溪	臻开一很	上	kʰən53
2515	啃老鼠啃	溪	臻开一很	上	kʰən53
2516	很	匣	臻开一很	上	xən53

编号	汉字	古声母	韵部	古声调	自贡方言读音
2517	恨	匣	臻开一恨	去	xən214
2518	彬	帮	臻开三真	平	pin44
2519	宾	帮	臻开三真	平	pin44
2520	槟槟榔	帮	臻开三真	平	pin44
2521	贫	并	臻开三真	平	pʰin21
2522	频频繁	并	臻开三真	平	pʰin21
2523	闽闽越	明	臻开三真	平	min53
2524	民	明	臻开三真	平	min21
2525	邻	来	臻开三真	平	lin21
2526	鳞	来	臻开三真	平	lin21
2527	磷	来	臻开三真	平	lin21
2528	津	精	臻开三真	平	tɕin44
2529	亲	清	臻开三真	平	tɕʰin44
2530	秦	从	臻开三真	平	tɕʰin21
2531	辛	心	臻开三真	平	ɕin44
2532	新	心	臻开三真	平	ɕin44
2533	薪	心	臻开三真	平	ɕin44
2534	珍	知	臻开三真	平	tʂən44
2535	陈	澄	臻开三真	平	tʂʰən21
2536	尘	澄	臻开三真	平	tʂʰən21
2537	榛	照庄	臻开三真	平	tʂən44
2538	臻	照庄	臻开三真	平	tʂən44
2539	真	照章	臻开三真	平	tʂən44
2540	神	床船	臻开三真	平	ʂən21
2541	身	审书	臻开三真	平	ʂən44
2542	申	审书	臻开三真	平	ʂən44
2543	伸	审书	臻开三真	平	tʂʰən44
2544	娠	审书	臻开三真	平	ʂən21
2545	辰	禅	臻开三真	平	ʂən21
2546	晨	禅	臻开三真	平	xʂən21
2547	臣	禅	臻开三真	平	tʂʰən21
2548	人	日	臻开三真	平	zən21
2549	仁	日	臻开三真	平	zən21
2550	巾	见	臻开三真	平	tɕin44

附录二 自贡方言字表

编号	汉字	古声母	韵部	古声调	自贡方言读音
2551	银	疑	臻开三真	平	in21
2552	因	疑	臻开三真	平	in44
2553	姻	疑	臻开三真	平	in44
2554	洇	疑	臻开三真	平	ian44
2555	寅	喻以	臻开三真	平	in21
2556	悯	明	臻开三轸	上	min53
2557	敏	明	臻开三轸	上	min53
2558	抿	明	臻开三轸	上	min53
2559	尽尽前	精	臻开三轸	上	tɕin214
2560	尽	从	臻开三轸	上	tɕin214
2561	诊	照章	臻开三轸	上	tʂən53
2562	疹	照章	臻开三轸	上	tʂən53
2563	肾	禅	臻开三轸	上	ʂən214
2564	忍	日	臻开三轸	上	zən53
2565	紧	见	臻开三轸	上	tɕin53
2566	引	喻以	臻开三轸	上	in53
2567	殡	帮	臻开三震	去	pin214
2568	鬓	帮	臻开三震	去	pin214
2569	吝吝啬	来	臻开三震	去	lin214
2570	进	精	臻开三震	去	tɕin214
2571	晋	精	臻开三震	去	tɕin214
2572	亲亲家	清	臻开三震	去	tɕʰin214
2573	信	心	臻开三震	去	ɕin214
2574	讯	心	臻开三震	去	ɕyn214
2575	镇	知	臻开三震	去	tʂən214
2576	趁	彻	臻开三震	去	tʂʰən214
2577	阵	澄	臻开三震	去	tʂən214
2578	衬	穿初	臻开三震	去	tsʰən214
2579	振	照章	臻开三震	去	tʂən214
2580	震	照章	臻开三震	去	tʂən214
2581	慎	禅	臻开三震	去	ʂən214
2582	刃	日	臻开三震	去	zən214
2583	认	日	臻开三震	去	zən214
2584	韧	日	臻开三震	去	zən214

编号	汉字	古声母	韵部	古声调	自贡方言读音
2585	仅	群	臻开三震	去	tɕin53
2586	衅	晓	臻开三震	去	ɕin214
2587	印	影	臻开三震	去	in214
2588	笔	帮	臻开三质	入	pi214
2589	毕	帮	臻开三质	入	pi214
2590	必	帮	臻开三质	入	pi214
2591	匹	滂	臻开三质	入	pʰi214
2592	弼	并	臻开三质	入	pi214
2593	密	明	臻开三质	入	mi214
2594	蜜	明	臻开三质	入	mi214
2595	栗	来	臻开三质	入	li214
2596	七	清	臻开三质	入	tɕʰi214
2597	漆	清	臻开三质	入	tɕʰi214
2598	疾	从	臻开三质	入	tɕi214
2599	悉	心	臻开三质	入	ɕi214
2600	膝	心	臻开三质	入	ɕi214
2601	侄	澄	臻开三质	入	tʂʅ214
2602	秩	澄	臻开三质	入	tʂʰʅ214
2603	瑟	审生	臻开三质	入	se214
2604	虱	审生	臻开三质	入	se 214
2605	质	照章	臻开三质	入	tʂʅ214
2606	实	床船	臻开三质	入	ʂʅ214
2607	失	审书	臻开三质	入	ʂʅ214
2608	室	审书	臻开三质	入	ʂʅ214
2609	日	日	臻开三质	入	zʅ214
2610	吉	见	臻开三质	入	tɕi214
2611	乙	影	臻开三质	入	i214
2612	一	影	臻开三质	入	i214
2613	逸	喻以	臻开三质	入	i214
2614	斤	见	臻开三殷	平	i214
2615	筋	见	臻开三殷	平	tɕin44
2616	勤	群	臻开三殷	平	tɕʰin21
2617	芹	群	臻开三殷	平	tɕʰin21
2618	欣	晓	臻开三殷	平	ɕin44

编号	汉字	古声母	韵部	古声调	自贡方言读音
2619	殷	影	臻开三殷	平	in44
2620	谨	见	臻开三隐	上	tɕin53
2621	近	群	臻开三隐	上	tɕin214
2622	隐	影	臻开三隐	上	in53
2623	劲有劲	见	臻开三焮	去	tɕin214
2624	讫	见	臻开三迄	入	无
2625	乞	溪	臻开三迄	入	tɕʰi214
2626	奔	帮	臻合一魂	平	pən44
2627	锛	帮	臻合一魂	平	无
2628	喷喷水	滂	臻合一魂	平	fən21
2629	盆	并	臻合一魂	平	pʰən21
2630	门	明	臻合一魂	平	mən21
2631	敦敦厚	端	臻合一魂	平	tən44
2632	墩	端	臻合一魂	平	tən44
2633	屯	定	臻合一魂	平	tʰuən21
2634	豚	定	臻合一魂	平	tʰuən21
2635	饨馄饨	定	臻合一魂	平	tuən214
2636	臀	定	臻合一魂	平	tʰuən21
2637	论论语	来	臻合一魂	平	luən21
2638	仑	来	臻合一魂	平	luən21
2639	尊	精	臻合一魂	平	tsən44
2640	村	清	臻合一魂	平	tsʰən44
2641	存	从	臻合一魂	平	tsʰən21
2642	蹲	从	臻合一魂	平	tən44
2643	孙	心	臻合一魂	平	sən44
2644	昆	见	臻合一魂	平	kʰuən44
2645	昆昆仑	见	臻合一魂	平	kʰuən44
2646	坤	溪	臻合一魂	平	kʰuən44
2647	昏	晓	臻合一魂	平	xuən44
2648	婚	晓	臻合一魂	平	xuən44
2649	魂	匣	臻合一魂	平	xuən21
2650	馄馄饨	匣	臻合一魂	平	xuən21
2651	浑浑浊	匣	臻合一魂	平	xuən21
2652	温	影	臻合一魂	平	uən44

编号	汉字	古声母	韵部	古声调	自贡方言读音
2653	瘟	影	臻合一魂	平	uən44
2654	本	帮	臻合一混	上	pən53
2655	笨	并	臻合一混	上	pən214
2656	囤	定	臻合一混	上	tʰuən53
2657	沌	定	臻合一混	上	tuən214
2658	盾矛盾，赵盾	定	臻合一混	上	tuən214
2659	撙	精	臻合一混	上	无
2660	忖	清	臻合一混	上	tsʰuən214
2661	损	心	臻合一混	上	suən53
2662	滚	见	臻合一混	上	kuən53
2663	捆	溪	臻合一混	上	kʰuən53
2664	混相混，混沌	匣	臻合一混	上	xuən214
2665	稳	影	臻合一混	上	uən53
2666	奔奔头	帮	臻合一慁	去	pən214
2667	喷喷香，喷嚏	滂	臻合一慁	去	fən214
2668	闷	明	臻合一慁	去	mən214
2669	顿	端	臻合一慁	去	tuən214
2670	扽	端	臻合一慁	去	tuən214
2671	[褪]	透	臻合一慁	去	tʰuei214
2672	钝	定	臻合一慁	去	tuən214
2673	遁	定	臻合一慁	去	tuən214
2674	嫩	泥	臻合一慁	去	lən214
2675	论议论	来	臻合一慁	去	luən214
2676	寸	清	臻合一慁	去	tsuən214
2677	逊	心	臻合一慁	去	ɕyn214
2678	[棍]	见	臻合一慁	去	kuən214
2679	困	溪	臻合一慁	去	kʰuən214
2680	[不]	帮	臻合一没	入	pu214
2681	勃	并	臻合一没	入	po214
2682	垺垺土	并	臻合一没	入	无
2683	饽面饽	并	臻合一没	入	po214
2684	没沉没，没有	明	臻合一没	入	mo214
2685	突	定	臻合一没	入	tʰu214
2686	卒兵卒	精	臻合一没	入	tsu214

附录二 自贡方言字表

编号	汉字	古声母	韵部	古声调	自贡方言读音
2687	猝仓猝	清	臻合一没	入	tsʰu214
2688	骨筋骨，头骨	见	臻合一没	入	ku214
2689	窟窟窿	溪	臻合一没	入	kʰu214
2690	杌杌子，杌凳	疑	臻合一没	入	无
2691	忽	晓	臻合一没	入	fu214
2692	核	匣	臻合一没	入	xe214
2693	伦	来	臻合三谆	平	luən21
2694	沦	来	臻合三谆	平	luən21
2695	轮	来	臻合三谆	平	luən21
2696	遵	精	臻合三谆	平	tsən44
2697	皴脸皴	清	臻合三谆	平	无
2698	荀	心	臻合三谆	平	ɕyn21
2699	旬	邪	臻合三谆	平	ɕyn21
2700	循	邪	臻合三谆	平	ɕyn21
2701	巡	邪	臻合三谆	平	ɕyn21
2702	椿椿树	彻	臻合三谆	平	无
2703	肫肫肝	照章	臻合三谆	平	tɕyn214
2704	春	穿昌	臻合三谆	平	tʂʰuən44
2705	唇	床船	臻合三谆	平	tʂʰuən21
2706	纯	禅	臻合三谆	平	tʂʰuən21
2707	莼莼菜	禅	臻合三谆	平	tʂʰuən21
2708	醇酒味醇	禅	臻合三谆	平	tʂʰuən21
2709	均	见	臻合三谆	平	tɕyn44
2710	钧	见	臻合三谆	平	tɕyn44
2711	匀	喻以	臻合三谆	平	yn21
2712	笋	心	臻合三准	上	sən53
2713	榫榫头	心	臻合三准	上	sən53
2714	准批准	照章	臻合三准	上	tʂuən53
2715	准标准	照章	臻合三准	上	tʂuən53
2716	蠢	穿昌	臻合三准	上	tʂʰuən53
2717	盾矛盾	床船	臻合三准	上	tuən214
2718	窘	群	臻合三准	上	tɕyn53
2719	菌	群	臻合三准	上	tɕyn214
2720	允	喻以	臻合三准	上	yn53

编号	汉字	古声母	韵部	古声调	自贡方言读音
2721	尹	喻以	臻合三准	上	in53
2722	俊	精	臻合三	去	tɕyn214
2723	迅	心	臻合三	去	ɕyn214
2724	浚浚河	心	臻合三	去	tɕyn214
2725	殉	邪	臻合三	去	ɕyn214
2726	顺	床船	臻合三	去	ʂuən214
2727	舜	审书	臻合三	去	ʂuən214
2728	润	日	臻合三	去	zuən214
2729	闰	日	臻合三	去	zuən214
2730	律	来	臻合三术	入	lu214
2731	率速率	来	臻合三术	入	lu214
2732	焌	清	臻合三术	入	无
2733	黢黢黑	清	臻合三术	入	tɕʰy214
2734	戌	心	臻合三术	入	ɕy214
2735	恤	心	臻合三术	入	ɕye214
2736	术白术,苍术	澄	臻合三术	入	ʂu214
2737	率率领	审生	臻合三术	入	ʂuai214
2738	蟀	审生	臻合三术	入	ʂuai214
2739	出	穿昌	臻合三术	入	tʂʰu214
2740	术	床船	臻合三术	入	ʂu214
2741	述	床船	臻合三术	入	ʂu214
2742	秫	床船	臻合三术	入	无
2743	橘	见	臻合三术	入	tɕy214
2744	分分开	非	臻合三文	平	fən44
2745	芬	敷	臻合三文	平	fən44
2746	纷	敷	臻合三文	平	fən44
2747	焚	奉	臻合三文	平	fən21
2748	坟	奉	臻合三文	平	fən21
2749	豮雄性动物	奉	臻合三文	平	无
2750	文	微	臻合三文	平	uən21
2751	纹	微	臻合三文	平	uən21
2752	蚊	微	臻合三文	平	uən21
2753	闻	微	臻合三文	平	uən21
2754	君	见	臻合三文	平	tɕyn44

编号	汉字	古声母	韵部	古声调	自贡方言读音
2755	军	见	臻合三文	平	tɕyn44
2756	群	群	臻合三文	平	tɕʰyn21
2757	裙	群	臻合三文	平	tɕʰyn21
2758	熏	晓	臻合三文	平	ɕyn44
2759	勋	晓	臻合三文	平	ɕyn44
2760	薰	晓	臻合三文	平	ɕyn44
2761	荤	晓	臻合三文	平	xuən44
2762	云说	喻云	臻合三文	平	yn21
2763	云	喻云	臻合三文	平	yn21
2764	粉	非	臻合三吻	上	fən53
2765	愤	奉	臻合三吻	上	fən214
2766	忿	奉	臻合三吻	上	fən214
2767	吻	微	臻合三吻	上	uən53
2768	刎	微	臻合三吻	上	uən53
2769	粪	非	臻合三问	去	fən214
2770	奋	非	臻合三问	去	fən214
2771	份一份	奉	臻合三问	去	fən214
2772	问	微	臻合三问	去	uən214
2773	璺裂璺	微	臻合三问	去	无
2774	郡	群	臻合三问	去	tɕyn214
2775	训	晓	臻合三问	去	ɕyn214
2776	熨	影	臻合三问	去	yn214
2777	韵	喻云	臻合三问	去	yn214
2778	运	喻云	臻合三问	去	yn214
2779	晕	喻云	臻合三问	去	yn214
2780	佛仿佛	敷	臻合三物	入	fu214
2781	佛	奉	臻合三物	入	fu214
2782	物	微	臻合三物	入	u214
2783	勿	微	臻合三物	入	u214
2784	屈	溪	臻合三物	入	tɕy214
2785	掘	群	臻合三物	入	tɕye214
2786	倔倔强	群	臻合三物	入	tɕye214

十二、宕摄字

编号	汉字	古声母	韵部	古声调	自贡方言读音
2787	帮	帮	宕开一唐	平	paŋ44
2788	滂滂沱	滂	宕开一唐	平	pʰaŋ21
2789	旁	并	宕开一唐	平	pʰaŋ21
2790	螃螃蟹	并	宕开一唐	平	pʰaŋ21
2791	忙	明	宕开一唐	平	maŋ21
2792	芒	明	宕开一唐	平	maŋ21
2793	茫	明	宕开一唐	平	maŋ21
2794	当当时，应当	端	宕开一唐	平	taŋ44
2795	汤	透	宕开一唐	平	tʰaŋ44
2796	堂	定	宕开一唐	平	tʰaŋ21
2797	棠	定	宕开一唐	平	tʰaŋ21
2798	螳螳螂	定	宕开一唐	平	tʰaŋ21
2799	唐	定	宕开一唐	平	tʰaŋ21
2800	糖	定	宕开一唐	平	tʰaŋ21
2801	塘	定	宕开一唐	平	tʰaŋ21
2802	囊	泥（娘）	宕开一唐	平	laŋ21
2803	郎	来	宕开一唐	平	laŋ21
2804	廊	来	宕开一唐	平	laŋ21
2805	狼	来	宕开一唐	平	laŋ21
2806	螂	来	宕开一唐	平	laŋ21
2807	赃	精	宕开一唐	平	tsaŋ44
2808	[脏]不干净	精	宕开一唐	平	tsaŋ44
2809	仓	清	宕开一唐	平	tsʰaŋ44
2810	苍	清	宕开一唐	平	tsʰaŋ44
2811	藏隐藏	从	宕开一唐	平	tsʰaŋ21
2812	桑	心	宕开一唐	平	saŋ44
2813	丧婚丧	心	宕开一唐	平	saŋ44
2814	冈	见	宕开一唐	平	kaŋ44
2815	岗	见	宕开一唐	平	kaŋ44
2816	刚	见	宕开一唐	平	kaŋ44
2817	纲	见	宕开一唐	平	kaŋ44
2818	钢	见	宕开一唐	平	kaŋ44
2819	缸	见	宕开一唐	平	kaŋ44

编号	汉字	古声母	韵部	古声调	自贡方言读音
2820	康	溪	宕开一唐	平	kʰaŋ44
2821	糠	溪	宕开一唐	平	kʰaŋ44
2822	昂	疑	宕开一唐	平	ŋaŋ21
2823	行行列，银行	匣	宕开一唐	平	xaŋ21
2824	航	匣	宕开一唐	平	xaŋ21
2825	杭	匣	宕开一唐	平	xaŋ21
2826	[肮]肮脏	影	宕开一唐	平	ŋaŋ21
2827	榜	帮	宕开一荡	上	paŋ53
2828	莽	并	宕开一荡	上	maŋ53
2829	蟒	并	宕开一荡	上	maŋ53
2830	党	端	宕开一荡	上	taŋ53
2831	当（挡）阻挡	端	宕开一荡	上	taŋ53
2831	抗	溪	宕开一宕	去	kʰaŋ214
2832	倘倘使	透	宕开一荡	上	tʰaŋ53
2833	躺（踢）	透	宕开一荡	上	tʰaŋ53
2834	荡放荡	定	宕开一荡	上	taŋ214
2835	曩	泥（娘）	宕开一荡	上	laŋ21
2836	朗	来	宕开一荡	上	laŋ53
2837	磉柱下石	心	宕开一荡	上	无
2838	嗓	心	宕开一荡	上	saŋ53
2839	搡	心	宕开一荡	上	无
2840	慷慷慨	溪	宕开一荡	上	kʰaŋ44
2841	谤	帮	宕开一宕	去	paŋ214
2842	傍	并	宕开一宕	去	pʰaŋ21
2843	当当作，典当	端	宕开一宕	去	taŋ214
2844	烫（汤）	透	宕开一宕	去	tʰaŋ214
2845	[趟]一趟	透	宕开一宕	去	tʰaŋ214
2846	浪	来	宕开一宕	去	laŋ214
2847	葬	精	宕开一宕	去	tsaŋ214
2848	藏西藏	从	宕开一宕	去	tsaŋ214
2849	脏内脏	从	宕开一宕	去	tsaŋ214
2850	丧丧失	心	宕开一宕	去	saŋ214
2851	钢刀钝了，钢钢	见	宕开一宕	去	kaŋ44
2852	[杠]	见	宕开一宕	去	kaŋ214

编号	汉字	古声母	韵部	古声调	自贡方言读音
2854	炕	溪	宕开一宕	去	kʰaŋ214
2855	囥藏	溪	宕开一宕	去	无
2856	博	帮	宕开一铎	入	po214
2857	泊梁山泊	滂	宕开一铎	入	pʰe214
2858	薄	并	宕开一铎	入	po214
2859	泊	并	宕开一铎	入	pʰe214
2860	莫	明	宕开一铎	入	mo214
2861	膜	明	宕开一铎	入	mu21
2862	幕	明	宕开一铎	入	mu214
2863	寞	明	宕开一铎	入	mo214
2864	摸	明	宕开一铎	入	mo44
2865	托托管	透	宕开一铎	入	tʰo214
2866	托手承物	透	宕开一铎	入	tʰo214
2867	铎	定	宕开一铎	入	to214
2868	踱	定	宕开一铎	入	tu214
2869	诺	泥（娘）	宕开一铎	入	lo214
2870	落	来	宕开一铎	入	lo214
2871	烙	来	宕开一铎	入	lo214
2872	骆	来	宕开一铎	入	lo214
2873	酪	来	宕开一铎	入	lo214
2874	洛	来	宕开一铎	入	lo214
2875	络	来	宕开一铎	入	lo214
2876	乐	来	宕开一铎	入	lo214
2877	作作坊，工作	精	宕开一铎	入	tsu214
2878	错错杂	清	宕开一铎	入	tso214
2879	凿	从	宕开一铎	入	tso214
2880	昨	从	宕开一铎	入	tso214
2881	柞橡树	从	宕开一铎	入	无
2882	索绳索	心	宕开一铎	入	so214
2883	各	见	宕开一铎	入	ko214
2884	阁	见	宕开一铎	入	ke214
2885	搁（阁）	见	宕开一铎	入	ko214
2886	胳胳膊	见	宕开一铎	入	ko214
2887	鄂	疑	宕开一铎	入	ŋo214

编号	汉字	古声母	韵部	古声调	自贡方言读音
2888	郝姓	晓	宕开一铎	入	xo214
2889	蠚蜂蠚人	晓	宕开一铎	入	tɕy44
2890	鹤	匣	宕开一铎	入	xo214
2891	恶善恶	影	宕开一铎	入	ŋo214
2892	娘	泥（娘）	宕开三阳	平	ȵiaŋ21
2893	良	来	宕开三阳	平	liaŋ21
2894	凉	来	宕开三阳	平	liaŋ21
2895	量量长短	来	宕开三阳	平	liaŋ214
2896	粮	来	宕开三阳	平	liaŋ21
2897	梁	来	宕开三阳	平	liaŋ21
2898	梁	来	宕开三阳	平	liaŋ21
2899	将将来	精	宕开三阳	平	tɕiaŋ44
2900	浆	精	宕开三阳	平	tɕiaŋ44
2901	枪	清	宕开三阳	平	tɕʰiaŋ44
2902	墙	从	宕开三阳	平	tɕʰiaŋ21
2903	相互相	心	宕开三阳	平	ɕiaŋ44
2904	箱	心	宕开三阳	平	ɕiaŋ44
2905	厢	心	宕开三阳	平	ɕiaŋ44
2906	湘	心	宕开三阳	平	ɕiaŋ44
2907	襄	心	宕开三阳	平	ɕiaŋ44
2908	镶	心	宕开三阳	平	ɕiaŋ44
2909	详	邪	宕开三阳	平	ɕiaŋ21
2910	祥	邪	宕开三阳	平	ɕiaŋ21
2911	张	知	宕开三阳	平	tʂaŋ44
2912	长长短	澄	宕开三阳	平	tʂʰaŋ21
2913	肠	澄	宕开三阳	平	tʂʰaŋ21
2914	场	澄	宕开三阳	平	tʂʰaŋ21
2915	庄	照庄	宕开三阳	平	tʂuaŋ44
2916	装	照庄	宕开三阳	平	tʂuaŋ44
2917	疮	穿初	宕开三阳	平	tʂʰuaŋ44
2918	床	床崇	宕开三阳	平	tʂʰuaŋ21
2919	霜	审生	宕开三阳	平	ʂuaŋ44
2920	孀	审生	宕开三阳	平	ʂuaŋ44
2921	章	照章	宕开三阳	平	tʂaŋ44

编号	汉字	古声母	韵部	古声调	自贡方言读音
2922	樟	照章	宕开三阳	平	tṣaŋ44
2923	昌	穿昌	宕开三阳	平	tṣʰaŋ44
2924	菖菖蒲	穿昌	宕开三阳	平	无
2925	商	审书	宕开三阳	平	ṣaŋ44
2926	伤	审书	宕开三阳	平	ṣaŋ44
2927	常	禅	宕开三阳	平	ṣaŋ21
2928	尝	禅	宕开三阳	平	ṣaŋ21
2929	裳衣裳	禅	宕开三阳	平	iaŋ21
2930	偿	禅	宕开三阳	平	ṣaŋ21
2931	两两个	来	宕开三养	上	liaŋ53
2931	瓤瓜瓤	日	宕开三阳	平	zaŋ21
2932	穰禾茎	日	宕开三阳	平	无
2933	疆	见	宕开三阳	平	tɕiaŋ44
2934	僵	见	宕开三阳	平	tɕʰiaŋ44
2935	姜	见	宕开三阳	平	tɕiaŋ44
2936	礓礓石	见	宕开三阳	平	无
2937	缰缰绳	见	宕开三阳	平	tɕiaŋ44
2938	姜姓	见	宕开三阳	平	tɕiaŋ44
2939	羌	溪	宕开三阳	平	tɕʰiaŋ44
2940	强	群	宕开三阳	平	tɕʰiaŋ21
2941	香	晓	宕开三阳	平	ɕiaŋ44
2942	乡	晓	宕开三阳	平	ɕiaŋ44
2943	央	影	宕开三阳	平	iaŋ44
2944	秧	影	宕开三阳	平	iaŋ44
2945	殃	影	宕开三阳	平	iaŋ44
2946	羊	影	宕开三阳	平	iaŋ21
2947	洋	影	宕开三阳	平	iaŋ21
2948	烊融化	影	宕开三阳	平	无
2949	杨	影	宕开三阳	平	iaŋ21
2950	阳	影	宕开三阳	平	iaŋ21
2951	扬	影	宕开三阳	平	iaŋ21
2952	疡溃疡	影	宕开三阳	平	iaŋ21
2954	两几两几钱	来	宕开三养	上	liaŋ53
2955	蒋	精	宕开三养	上	tsiaŋ53

编号	汉字	古声母	韵部	古声调	自贡方言读音
2956	奖	精	宕开三养	上	tsiaŋ53
2957	桨	精	宕开三养	上	tsiaŋ53
2958	抢	清	宕开三养	上	tɕʰiaŋ53
2959	想	心	宕开三养	上	ɕiaŋ53
2960	鲞	心	宕开三养	上	无
2961	象	邪	宕开三养	上	ɕiaŋ214
2962	像	邪	宕开三养	上	tɕʰiaŋ214
2963	橡橡树	邪	宕开三养	上	ɕiaŋ214
2964	长生长	知	宕开三养	上	tʂaŋ53
2965	涨（长）	知	宕开三养	上	tʂaŋ53
2966	丈	澄	宕开三养	上	tʂaŋ214
2967	仗	澄	宕开三养	上	tʂaŋ214
2968	杖	澄	宕开三养	上	tʂaŋ214
2969	闯（抢）	穿初	宕开三养	上	tʂʰuaŋ53
2970	爽	审生	宕开三养	上	suaŋ53
2971	掌	照章	宕开三养	上	tʂaŋ53
2972	厂	穿昌	宕开三养	上	tʂʰaŋ53
2973	赏	审书	宕开三养	上	ʂaŋ53
2974	晌晌午	审书	宕开三养	上	ʂau53
2975	上上山	禅	宕开三养	上	ʂaŋ53
2976	壤土壤	日	宕开三养	上	zaŋ53
2977	攘	日	宕开三养	上	zaŋ53
2978	嚷（攘）	日	宕开三养	上	zaŋ53
2979	强勉强	群	宕开三养	上	tɕʰiaŋ53
2980	仰	疑	宕开三养	上	iaŋ53
2981	享	晓	宕开三养	上	ɕiaŋ53
2982	饷	晓	宕开三养	上	ɕiaŋ53
2983	养	喻以	宕开三养	上	iaŋ53
2984	痒	喻以	宕开三养	上	iaŋ53
2985	酿	泥（娘）	宕开三漾	去	zaŋ53
2986	亮	来	宕开三漾	去	liaŋ214
2987	谅	来	宕开三漾	去	liaŋ214
2988	辆（两）	来	宕开三漾	去	liaŋ214
2989	量数量	来	宕开三漾	去	liaŋ214

编号	汉字	古声母	韵部	古声调	自贡方言读音
2990	酱	精	宕开三漾	去	tɕiaŋ214
2991	将大将	精	宕开三漾	去	tɕiaŋ214
2992	匠	从	宕开三漾	去	tɕiaŋ214
2993	相相貌	心	宕开三漾	去	ɕiaŋ214
2994	帐	知	宕开三漾	去	tʂaŋ214
2995	账（帐）	知	宕开三漾	去	tʂaŋ214
2996	胀	知	宕开三漾	去	tʂaŋ214
2997	畅	彻	宕开三漾	去	tʂʰaŋ214
2998	壮	照庄	宕开三漾	去	tʂuaŋ214
2999	创	穿初	宕开三漾	去	tʂʰuaŋ214
3000	状	床崇	宕开三漾	去	tʂuaŋ214
3001	障保障	照章	宕开三漾	去	tʂaŋ214
3002	瘴瘴气	照章	宕开三漾	去	tʂaŋ214
3003	唱	穿昌	宕开三漾	去	tʂʰaŋ214
3004	倡提倡	穿昌	宕开三漾	去	tʂʰaŋ214
3005	饷	审书	宕开三漾	去	ɕiaŋ53
3006	尚	禅	宕开三漾	去	ʂaŋ214
3007	上上面	禅	宕开三漾	去	ʂaŋ214
3008	让	日	宕开三漾	去	zaŋ214
3009	向	晓	宕开三漾	去	ɕiaŋ214
3010	样	喻以	宕开三漾	去	iaŋ214
3011	略	来	宕开三药	入	lyo214
3012	掠	来	宕开三药	入	lyo214
3013	爵	精	宕开三药	入	tsye214
3014	雀麻雀	精	宕开三药	入	tɕʰyo214
3015	鹊喜鹊	清	宕开三药	入	tɕʰyo214
3016	嚼	从	宕开三药	入	tɕʰiau214
3017	削	心	宕开三药	入	ɕye214
3018	着着衣	知	宕开三药	入	tʂo214
3019	着睡着,附着	澄	宕开三药	入	tʂho44
3020	酌	照章	宕开三药	入	tʂo214
3021	绰绰号	穿昌	宕开三药	入	tʂʰo214
3022	绰绰起棍子	穿昌	宕开三药	入	tʂʰo214
3023	[焯]	穿昌	宕开三药	入	tʂʰo214

编号	汉字	古声母	韵部	古声调	自贡方言读音
3024	勺勺子	禅	宕开三药	入	无
3025	芍芍药花	禅	宕开三药	入	ʂʰo214
3026	若	日	宕开三药	入	ʐo214
3027	弱	日	宕开三药	入	ʐo214
3028	脚	见	宕开三药	入	tɕyo214
3029	却	溪	宕开三药	入	tɕʰyo214
3030	虐	疑	宕开三药	入	ʐo214
3031	藿藿香	晓	宕合一铎	入	xo214
3031	疟疟疾	疑	宕开三药	入	nyo214
3032	约	影	宕开三药	入	yo214
3033	药	喻以	宕开三药	入	yo214
3034	钥钥匙	喻以	宕开三药	入	yo214
3035	跃	喻以	宕开三药	入	iau214
3036	光	见	宕合一唐	平	kuaŋ44
3037	荒	晓	宕合一唐	平	xuaŋ44
3038	慌	晓	宕合一唐	平	xuaŋ44
3039	黄	匣	宕合一唐	平	xuaŋ21
3040	簧锁簧	匣	宕合一唐	平	xuaŋ21
3041	皇	匣	宕合一唐	平	xuaŋ21
3042	蝗	匣	宕合一唐	平	xuaŋ21
3043	汪一汪水	影	宕合一唐	平	uaŋ44
3044	广	见	宕合一荡	上	kuaŋ53
3045	谎	晓	宕合一荡	上	xuaŋ53
3046	晃晃眼	匣	宕合一荡	上	xuaŋ53
3047	桄一桄线	见	宕合一宕	去	无
3048	旷	溪	宕合一宕	去	kʰuaŋ214
3049	郭	见	宕合一铎	入	ko214
3050	廓	溪	宕合一铎	入	kʰue214
3051	扩扩充	溪	宕合一铎	入	kʰue214
3052	霍	晓	宕合一铎	入	xue214
3054	劐用刀劐开	晓	宕合一铎	入	无
3055	镬锅	匣	宕合一铎	入	无
3056	方	非	宕合三阳	平	faŋ44
3057	肪脂肪	非	宕合三阳	平	faŋ44

编号	汉字	古声母	韵部	古声调	自贡方言读音
3058	芳	敷	宕合三阳	平	faŋ44
3059	妨妨害	敷	宕合三阳	平	faŋ21
3060	房	奉	宕合三阳	平	faŋ21
3061	防	奉	宕合三阳	平	faŋ21
3062	亡	微	宕合三阳	平	uaŋ21
3063	芒麦芒儿	微	宕合三阳	平	maŋ21
3064	匡	溪	宕合三阳	平	kʰuaŋ44
3065	筐	溪	宕合三阳	平	kʰuaŋ44
3066	眶眼眶	溪	宕合三阳	平	kʰuaŋ44
3067	狂	群	宕合三阳	平	kʰuaŋ21
3068	王	喻云	宕合三阳	平	uaŋ21
3069	仿仿效	非	宕合三养	上	faŋ53
3070	纺	敷	宕合三养	上	faŋ53
3071	仿相似	敷	宕合三养	上	faŋ53
3072	仿仿佛	敷	宕合三养	上	faŋ53
3073	网	微	宕合三养	上	uaŋ53
3074	辋车辋	微	宕合三养	上	无
3075	枉	影	宕合三养	上	uaŋ53
3076	往	喻云	宕合三养	上	uaŋ53
3077	放	非	宕合三漾	去	faŋ214
3078	访	敷	宕合三漾	去	faŋ53
3079	忘	微	宕合三漾	去	uaŋ214
3080	妄	微	宕合三漾	去	uaŋ214
3081	望	微	宕合三漾	去	uaŋ214
3082	逛	见	宕合三漾	去	kuaŋ214
3083	况	晓	宕合三漾	去	kʰuaŋ214
3084	旺兴旺，火旺	喻云	宕合三漾	去	uaŋ214
3085	缚	奉	宕合三药	入	fu214
3086	钁钁头，大锄	见	宕合三药	入	无
3087	籰收丝气	喻云	宕合三药	入	无

十三、江摄字

编号	汉字	古声母	韵部	古声调	自贡方言读音
3088	邦	帮	江开二江	平	paŋ44
3089	胖（膀）重	滂	江开二江	平	pʰaŋ21
3090	庞	并	江开二江	平	pʰaŋ21
3091	桩	知	江开二江	平	tʂuaŋ44
3092	噇	澄	江开二江	平	无
3093	窗	穿初	江开二江	平	tsaŋ44
3094	双	审生	江开二江	平	ʂuaŋ44
3095	江	见	江开二江	平	tɕiaŋ44
3096	扛	见	江开二江	平	kʰaŋ21
3097	豇豇豆	见	江开二江	平	tɕiaŋ44
3098	腔	溪	江开二江	平	tɕʰiaŋ44
3099	夯打夯	晓	江开二江	平	xaŋ44
3100	降降服,投降	匣	江开二江	平	ɕiaŋ21
3101	[绑]	帮	江开二江	平	paŋ21
3102	棒	并	江开二讲	上	paŋ214
3103	蚌	并	江开二讲	上	paŋ214
3104	攮用刀子攮	泥（娘）	江开二讲	上	无
3105	讲	见	江开二讲	上	tɕiaŋ53
3106	港港口	见	江开二讲	上	kaŋ53
3107	耩耩地	见	江开二讲	上	无
3108	项	匣	江开二讲	上	xaŋ214
3109	胖	滂	江开二讲	上	pʰaŋ214
3110	撞	澄	江开二绛	去	tʂuaŋ214
3111	双双生	审生	江开二绛	去	ʂuaŋ44
3112	降下降	见	江开二绛	去	tɕiaŋ214
3113	虹彩虹,单用	见	江开二绛	去	xuŋ21
3114	巷	匣	江开二绛	去	xaŋ214
3115	剥	帮	江开二绛	去	po214
3116	驳	帮	江开二觉	入	po214
3117	朴朴素	滂	江开二觉	入	pʰu214
3118	朴	滂	江开二觉	入	pʰu214
3119	雹	并	江开二觉	入	pau214
3120	桌	知	江开二觉	入	tʂo214

编号	汉字	古声母	韵部	古声调	自贡方言读音
3121	卓	知	江开二觉	入	tʂo214
3122	琢	知	江开二觉	入	tʂo214
3123	啄	知	江开二觉	入	tʂo214
3124	涿涿县，涿鹿	知	江开二觉	入	无
3125	戳	彻	江开二觉	入	to214
3126	浊	澄	江开二觉	入	tʂʰo214
3127	捉	照庄	江开二觉	入	tʂo214
3128	镯镯子	床崇	江开二觉	入	tʂo214
3129	浞水浞	床崇	江开二觉	入	tʂʰo214
3130	朔	审生	江开二觉	入	ʂo214
3131	觉知觉	见	江开二觉	入	tɕyo214
3132	角	见	江开二觉	入	tɕyo214
3133	饺饺子	见	江开二觉	入	tɕiɑu214
3134	确	溪	江开二觉	入	tɕʰyo214
3135	榷击，榷蒜	溪	江开二觉	入	tʂʰyo214
3136	壳	溪	江开二觉	入	kʰo214
3137	岳五岳	疑	江开二觉	入	yo214
3138	岳岳父	疑	江开二觉	入	yo214
3139	乐音乐	疑	江开二觉	入	yo214
3140	学	匣	江开二觉	入	ɕyo214
3141	握	影	江开二觉	入	o214

十四、曾摄字

编号	汉字	古声母	韵部	古声调	自贡方言读音
3142	崩	帮	曾开一登	平	puŋ44
3143	朋	并	曾开一登	平	puŋ44
3144	登	端	曾开一登	平	tən44
3145	灯	端	曾开一登	平	tən44
3146	腾	定	曾开一登	平	tən21
3147	誊	定	曾开一登	平	无
3148	藤	定	曾开一登	平	tən21
3149	疼	定	曾开一登	平	无

编号	汉字	古声母	韵部	古声调	自贡方言读音
3150	能	泥（娘）	曾开一登	平	tən21
3151	楞	来	曾开一登	平	lən21
3152	曾姓	精	曾开一登	平	tsən44
3153	增	精	曾开一登	平	tsən44
3154	憎	精	曾开一登	平	sən44
3155	曾曾经	从	曾开一登	平	tsʰən21
3156	层	从	曾开一登	平	tsʰən21
3157	僧	心	曾开一登	平	tsən44
3158	恒	匣	曾开一登	平	xən21
3159	等	端	曾开一等	上	tən53
3160	肯	溪	曾开一等	上	kʰən53
3161	凳	端	曾开一嶝	去	tən214
3162	镫	端	曾开一嶝	去	无
3163	邓	定	曾开一嶝	去	tən214
3164	澄水浑，澄一澄	定	曾开一嶝	去	tən214
3165	蹭磨蹭	清	曾开一嶝	去	tsʰən214
3166	赠	从	曾开一嶝	去	tsən214
3167	北	帮	曾开一德	入	pe214
3168	墨	明	曾开一德	入	me214
3169	默	明	曾开一德	入	me214
3170	得	端	曾开一德	入	te214
3171	德	端	曾开一德	入	te214
3172	忒忒杀，忒好	透	曾开一德	入	无
3173	特	定	曾开一德	入	tʰe214
3174	肋	来	曾开一德	入	le214
3175	勒	来	曾开一德	入	le214
3176	则	精	曾开一德	入	tse214
3177	贼	从	曾开一德	入	tsuei21
3178	塞	心	曾开一德	入	se214
3179	刻时刻	溪	曾开一德	入	kʰe214
3180	刻用刀刻	溪	曾开一德	入	kʰe214
3181	克	溪	曾开一德	入	kʰe214
3182	黑	晓	曾开一德	入	xe214
3183	冰	帮	曾开三蒸	平	pin44

编号	汉字	古声母	韵部	古声调	自贡方言读音
3184	凭	并	曾开三蒸	平	p^hin21
3185	陵	来	曾开三蒸	平	lin21
3186	凌	来	曾开三蒸	平	lin21
3187	菱	来	曾开三蒸	平	lin21
3188	征征求	知	曾开三蒸	平	tʂən44
3189	澄	澄	曾开三蒸	平	tʂən44
3190	惩	澄	曾开三蒸	平	tʂən44
3191	橙	澄	曾开三蒸	平	tʂən44
3192	蒸	照章	曾开三蒸	平	tʂən44
3193	称称呼	穿昌	曾开三蒸	平	tʂən44
3194	乘	床船	曾开三蒸	平	$tʂ^hən44$
3195	绳	床船	曾开三蒸	平	$tʂ^huən21$
3196	塍田塍	床船	曾开三蒸	平	$tʂ^huən21$
3197	升	审书	曾开三蒸	平	$tʂ^hən44$
3198	胜胜任	审书	曾开三蒸	平	şən214
3199	承	禅	曾开三蒸	平	şən21
3200	丞	禅	曾开三蒸	平	şən21
3201	仍	日	曾开三蒸	平	zən21
3202	扔	日	曾开三蒸	平	zən44
3203	凝	疑	曾开三蒸	平	ȵin21
3204	兴兴旺	晓	曾开三蒸	平	ɕin44
3205	应应当,应用	影	曾开三蒸	平	in21
3206	鹰	影	曾开三蒸	平	in44
3207	蝇	喻以	曾开三蒸	平	in44
3208	拯拯救	照章	曾开三拯	上	tʂən53
3209	瞪瞪眼	澄	曾开三证	去	tən214
3210	证	照章	曾开三证	去	tʂən214
3211	症（证）	照章	曾开三证	去	tʂən214
3212	称相称	穿昌	曾开三证	去	$tʂ^hən214$
3213	秤一杆秤	穿昌	曾开三证	去	$tʂ^hən214$
3214	剩	床船	曾开三证	去	şən214
3215	胜胜败	审书	曾开三证	去	şən214
3216	凝汤凝成冻了	疑	曾开三证	去	lin214
3217	兴	晓	曾开三证	去	ɕin44
3218	应应对,响应	影	曾开三证	去	ɕin214
3219	孕	喻以	曾开三证	去	zuən214

编号	汉字	古声母	韵部	古声调	自贡方言读音
3220	逼	帮	曾开三职	入	pi214
3221	匿	泥（娘）	曾开三职	入	ȵi214
3222	力	来	曾开三职	入	li214
3223	即	精	曾开三职	入	tɕi214
3224	鲫	精	曾开三职	入	tɕi214
3225	息	心	曾开三职	入	ɕi214
3226	熄	心	曾开三职	入	ɕi214
3227	媳（息）	心	曾开三职	入	ɕi214
3228	稙早种禾	知	曾开三职	入	tʂʅ214
3229	伤	彻	曾开三职	入	无
3230	直	澄	曾开三职	入	tʂʅ214
3231	值（直）	澄	曾开三职	入	tʂʅ214
3232	侧	照庄	曾开三职	入	tsʰe214
3233	测	穿初	曾开三职	入	tsʰe214
3234	色	审生	曾开三职	入	se214
3235	啬吝啬	审生	曾开三职	入	se214
3236	织	照章	曾开三职	入	tʂʅ214
3237	职	照章	曾开三职	入	tʂʅ214
3238	食	床船	曾开三职	入	ʂʅ214
3239	蚀	床船	曾开三职	入	ʂe214
3240	识	审书	曾开三职	入	ʂʅ214
3241	式	审书	曾开三职	入	ʂʅ214
3242	饰	审书	曾开三职	入	ʂʅ214
3243	殖	禅	曾开三职	入	tʂʅ214
3244	植	禅	曾开三职	入	tʂʅ214
3245	极	群	曾开三职	入	tɕi214
3246	忆	影	自开三职	入	i214
3247	亿	影	曾开三职	入	i214
3248	抑	影	曾开三职	入	i214
3249	翼	喻以	曾开三职	入	i214
3250	弘	匣	曾合一登	平	xuŋ21
3251	国	见	曾合一德	入	kue214
3252	或	匣	曾合一德	入	xue214
3253	惑	匣	曾合一德	入	xue214
3254	域	喻云	曾合三职	入	y214

十五、梗摄字

编号	汉字	古声母	韵部	古声调	自贡方言读音
3255	烹	滂	梗开二庚	平	pʰən44
3256	彭	并	梗开二庚	平	pʰən21
3257	膨膨胀	并	梗开二庚	平	pʰən21
3258	盲	明	梗开二庚	平	maŋ21
3259	虻牛虻	明	梗开二庚	平	maŋ21
3260	撑	彻	梗开二庚	平	tsʰən44
3261	澄	澄	梗开二庚	平	无
3262	铛烙饼用具	穿初	梗开二庚	平	无
3263	生	审生	梗开二庚	平	sən44
3264	牲	审生	梗开二庚	平	sən44
3265	笙	审生	梗开二庚	平	sən44
3266	甥	审生	梗开二庚	平	sən44
3267	更更换，五更	见	梗开二庚	平	kən44
3268	粳粳米	见	梗开二庚	平	kən44
3269	庚	见	梗开二庚	平	kən44
3270	羹	见	梗开二庚	平	kən44
3271	坑	溪	梗开二庚	平	kʰən44
3272	亨	晓	梗开二庚	平	xən44
3273	行行为	匣	梗开二庚	平	ɕin21
3274	衡	匣	梗开二庚	平	xən21
3275	猛	明	梗开二梗	上	muŋ53
3276	打	端	梗开二梗	上	tᴀ53
3277	冷	来	梗开二梗	上	lən53
3278	省省长	审生	梗开二梗	上	sən53
3279	省节省	审生	梗开二梗	上	sən53
3280	哽哽咽	见	梗开二梗	上	kən53
3281	埂田埂	见	梗开二梗	上	kən53
3282	梗埂子，茎	见	梗开二梗	上	kən53
3283	杏	匣	梗开二梗	上	xən214
3284	孟	明	梗开二映	去	muŋ214
3285	撑椅子撑儿	彻	梗开二映	去	tsʰən44
3286	锃锃光	澄	梗开二映	去	无
3287	硬塞	澄	梗开二映	去	无

编号	汉字	古声母	韵部	古声调	自贡方言读音
3288	更更加	见	梗开二映	去	kən214
3289	硬	疑	梗开二映	去	ŋən214
3290	行品行	匣	梗开二映	去	ɕin21
3291	百	帮	梗开二陌	入	pe214
3292	柏	帮	梗开二陌	入	pe214
3293	伯	帮	梗开二陌	入	pe214
3294	迫	帮	梗开二陌	入	pʰe214
3295	拍	滂	梗开二陌	入	pʰe214
3296	魄	滂	梗开二陌	入	pʰe214
3297	白	并	梗开二陌	入	pe214
3298	帛	并	梗开二陌	入	无
3299	挏打	明	梗开二陌	入	无
3300	陌陌生	明	梗开二陌	入	me214
3301	拆开	彻	梗开二陌	入	tsʰe214
3302	㡧皱	彻	梗开二陌	入	tsuŋ214
3303	泽	澄	梗开二陌	入	tse214
3304	择择菜,选择	澄	梗开二陌	入	tsʰe214
3305	宅	澄	梗开二陌	入	无
3306	窄	照庄	梗开二陌	入	tse214
3307	䂮豆䂮子,破豆	穿初	梗开二陌	入	无
3308	格	见	梗开二陌	入	ke214
3309	客	溪	梗开二陌	入	kʰe214
3310	额	疑	梗开二陌	入	ŋe214
3311	赫	晓	梗开二陌	入	xe214
3312	嚇恐嚇	晓	梗开二陌	入	xᴀ214
3313	浜一条浜	帮	梗开二耕	平	无
3314	棚	帮	梗开二耕	平	pʰuŋ21
3315	萌	明	梗开二耕	平	pʰuŋ21
3316	橙橙子	澄	梗开二耕	平	无
3317	争	照庄	梗开二耕	平	tsən44
3318	筝	照庄	梗开二耕	平	tən44
3319	睁	照庄	梗开二耕	平	tsən44
3320	耕	见	梗开二耕	平	kən44
3321	茎	匣	梗开二耕	平	tɕin44

编号	汉字	古声母	韵部	古声调	自贡方言读音
3322	莺	影	梗开二耕	平	in44
3323	鹦鹦鹉，鹦哥	影	梗开二耕	平	in44
3324	樱樱桃	影	梗开二耕	平	ŋən44
3325	蚌	并	梗开二耿	上	paŋ53
3326	耿	见	梗开二耿	上	kən53
3327	幸	匣	梗开二耿	上	ɕin214
3328	迸迸裂	帮	梗开二诤	去	puŋ214
3329	擘用手擘开	帮	梗开二麦	入	pan44
3330	檗黄檗，药名	帮	梗开二麦	入	无
3331	麦	明	梗开二麦	入	me214
3332	脉	明	梗开二麦	入	me214
3333	摘	知	梗开二麦	入	tse214
3334	责	照庄	梗开二麦	入	tse214
3335	策	穿初	梗开二麦	入	tsʰe214
3336	册	穿初	梗开二麦	入	tsʰe214
3337	栅栅栏	穿初	梗开二麦	入	无
3338	革	见	梗开二麦	入	ke214
3339	隔	见	梗开二麦	入	ke214
3340	核审核	匣	梗开二麦	入	xe214
3341	核果子核	匣	梗开二麦	入	xe214
3342	扼	影	梗开二麦	入	ŋe214
3343	轭	影	梗开二麦	入	无
3344	兵	帮	梗开三庚	平	pin44
3345	平	并	梗开三庚	平	pʰin21
3346	坪	并	梗开三庚	平	pʰin21
3347	评	并	梗开三庚	平	pʰin21
3348	鸣	明	梗开三庚	平	min21
3349	明	明	梗开三庚	平	min21
3350	盟	明	梗开三庚	平	muŋ21
3351	京	见	梗开三庚	平	tɕin44
3352	荆	见	梗开三庚	平	tɕin44
3353	惊	见	梗开三庚	平	tɕin44
3354	卿	溪	梗开三庚	平	tɕʰin44
3355	擎	群	梗开三庚	平	tɕʰin21

编号	汉字	古声母	韵部	古声调	自贡方言读音
3356	鲸	群	梗开三庚	平	tɕin44
3357	迎	疑	梗开三庚	平	in21
3358	英	影	梗开三庚	平	in44
3359	丙	帮	梗开三梗	上	pin53
3360	秉	帮	梗开三梗	上	pin53
3361	皿	明	梗开三梗	上	min53
3362	境	见	梗开三梗	上	tɕin53
3363	景	见	梗开三梗	上	tɕin53
3364	警	见	梗开三梗	上	tɕin53
3365	影	影	梗开三梗	上	in53
3366	柄	帮	梗开三映	去	pin53
3367	病	并	梗开三映	去	pin214
3368	命	明	梗开三映	去	min214
3369	敬	见	梗开三映	去	tɕin214
3370	竟	见	梗开三映	去	tɕin214
3371	镜	见	梗开三映	去	tɕin214
3372	庆	溪	梗开三映	去	tɕʰin214
3373	竞	群	梗开三映	去	tɕin214
3374	映	影	梗开三映	去	in214
3375	碧	帮	梗开三陌	入	i214
3376	戟	见	梗开三陌	入	tɕi214
3377	剧 剧烈	群	梗开三陌	入	tɕy214
3378	剧 戏剧	群	梗开三陌	入	tɕy214
3379	屐 木屐	群	梗开三陌	入	无
3380	逆 顺逆，逆风	疑	梗开三陌	入	ɲi214
3381	名	明	梗开三清	平	min21
3382	精	精	梗开三清	平	tɕin44
3383	晶	精	梗开三清	平	tɕin44
3384	睛 眼睛	精	梗开三清	平	tɕin44
3385	清	清	梗开三清	平	tɕʰin44
3386	情	从	梗开三清	平	tɕʰin21
3387	晴	从	梗开三清	平	tɕʰin21
3388	䗛	从	梗开三清	平	无
3389	贞	知	梗开三清	平	tʂən44

编号	汉字	古声母	韵部	古声调	自贡方言读音
3390	蛏蛏子	彻	梗开三清	平	无
3391	侦	彻	梗开三清	平	tʂən44
3392	呈	澄	梗开三清	平	tʂʰən44
3393	程	澄	梗开三清	平	tʂʰən44
3394	正正月	照章	梗开三清	平	tʂən214
3395	征	照章	梗开三清	平	tʂən44
3396	声	审书	梗开三清	平	ʂən44
3397	成	禅	梗开三清	平	tʂʰən21
3398	城	禅	梗开三清	平	tʂʰən21
3399	诚	禅	梗开三清	平	tʂʰən21
3400	盛盛满了	禅	梗开三清	平	ʂən214
3401	轻轻重，年轻	溪	梗开三清	平	tɕʰin44
3402	婴	影	梗开三清	平	in44
3403	缨	影	梗开三清	平	in44
3404	盈	喻以	梗开三清	平	in21
3405	赢	喻以	梗开三清	平	in21
3406	饼	帮	梗开三静	上	pin53
3407	领	来	梗开三静	上	lin53
3408	岭	来	梗开三静	上	lin53
3409	井	精	梗开三静	上	tɕin53
3410	请	清	梗开三静	上	tɕʰin53
3411	静	心	梗开三静	上	tɕin214
3412	靖	心	梗开三静	上	tɕin214
3413	省反省	邪	梗开三静	上	ɕin53
3414	逞逞能	彻	梗开三静	上	tʂʰən53
3415	整	照章	梗开三静	上	tʂən53
3416	颈	见	梗开三静	上	tɕin214
3417	并合并	帮	梗开三劲	去	pin214
3418	聘	滂	梗开三劲	去	pʰin214
3419	令	来	梗开三劲	去	lin214
3420	净	从	梗开三劲	去	tɕin214
3421	性	心	梗开三劲	去	ɕin214
3422	姓	心	梗开三劲	去	ɕin214
3423	郑	澄	梗开三劲	去	tʂən214

附录二 自贡方言字表

编号	汉字	古声母	韵部	古声调	自贡方言读音
3424	正	照章	梗开三劲	去	tʂən214
3425	政	照章	梗开三劲	去	tʂən214
3426	圣	审书	梗开三劲	去	ʂən214
3427	盛兴盛	禅	梗开三劲	去	ʂən214
3428	劲劲敌	见	梗开三劲	去	tɕin214
3429	璧	帮	梗开三昔	入	pi214
3430	僻	滂	梗开三昔	入	pʰi214
3431	辟	并	梗开三昔	入	pi214
3432	积	精	梗开三昔	入	tɕi214
3433	迹	精	梗开三昔	入	tɕi214
3434	脊	精	梗开三昔	入	tɕi214
3435	籍	从	梗开三昔	入	tɕi214
3436	藉狼藉	从	梗开三昔	入	tɕi214
3437	惜	心	梗开三昔	入	ɕi214
3438	昔	心	梗开三昔	入	ɕi214
3439	席	邪	梗开三昔	入	ɕi214
3440	夕	邪	梗开三昔	入	ɕi214
3441	掷	澄	梗开三昔	入	tʂʅ214
3442	支	照章	梗开三昔	入	tʂʅ44
3443	炙	照章	梗开三昔	入	tʂʅ214
3444	赤	穿昌	梗开三昔	入	tʂʰʅ214
3445	斥	穿昌	梗开三昔	入	tʂʰʅ214
3446	尺	穿昌	梗开三昔	入	tʂʰʅ214
3447	射	床船	梗开三昔	入	ʂe214
3448	适	审书	梗开三昔	入	ʂʅ214
3449	释	审书	梗开三昔	入	ʂʅ214
3450	石	禅	梗开三昔	入	ʂʅ214
3451	益	影	梗开三昔	入	i214
3452	亦	喻以	梗开三昔	入	i214
3453	译	喻以	梗开三昔	入	i214
3454	易交易	喻以	梗开三昔	入	i214
3455	液	喻以	梗开三昔	入	ie214
3456	腋	喻以	梗开三昔	入	ie214
3457	姘姘头	滂	梗开四青	平	pin44

编号	汉字	古声母	韵部	古声调	自贡方言读音
3458	[拼]	滂	梗开四青	平	pʰin44
3459	瓶	并	梗开四青	平	pʰin21
3460	屏围屏	并	梗开四青	平	pʰin21
3461	萍	并	梗开四青	平	pʰin21
3462	铭	明	梗开四青	平	Min21
3463	丁	端	梗开四青	平	tin44
3464	钉铁钉	端	梗开四青	平	tpin44
3465	靪	端	梗开四青	平	无
3466	疔	端	梗开四青	平	无
3467	听听见,听话	透	梗开四青	平	tʰin214
3468	厅	透	梗开四青	平	tʰin44
3469	汀	透	梗开四青	平	tʰin44
3470	亭	定	梗开四青	平	tʰin44
3471	停	定	梗开四青	平	tʰin21
3472	廷	定	梗开四青	平	tʰin21
3473	庭	定	梗开四青	平	tʰin21
3474	蜓蜻蜓	定	梗开四青	平	tʰin21
3475	宁安宁,泥泞	泥（娘）	梗开四青	平	lin21
3476	灵	来	梗开四青	平	lin21
3477	零	来	梗开四青	平	lin21
3478	铃	来	梗开四青	平	lin21
3479	伶	来	梗开四青	平	lin21
3480	拎	来	梗开四青	平	lin44
3481	翎	来	梗开四青	平	lin21
3482	青	清	梗开四青	平	tɕin44
3483	蜻蜻蜓	清	梗开四青	平	tɕin44
3484	星	心	梗开四青	平	ɕin44
3485	腥	心	梗开四青	平	ɕin44
3486	经	见	梗开四青	平	tɕin44
3487	馨	晓	梗开四青	平	ɕin44
3488	形	匣	梗开四青	平	ɕin21
3489	型	匣	梗开四青	平	ɕin21
3490	刑	匣	梗开四青	平	ɕin21
3491	陉井陉	匣	梗开四青	平	无

编号	汉字	古声母	韵部	古声调	自贡方言读音
3492	并	并	梗开四迥	上	pin214
3493	顶	端	梗开四迥	上	tin53
3494	鼎	端	梗开四迥	上	tin53
3495	艇	定	梗开四迥	上	tʰin53
3496	挺	定	梗开四迥	上	tʰin53
3497	锭（铤）	定	梗开四迥	上	tʰin53
3498	醒	心	梗开四迥	上	ɕin53
3499	盯盯住	端	梗开四径	去	tin214
3500	订订约	端	梗开四径	去	tin214
3501	听听其自然	透	梗开四径	去	tʰin214
3502	定	定	梗开四径	去	tin214
3503	宁	泥（娘）	梗开四径	去	lin53
3504	佞	泥（娘）	梗开四径	去	lin214
3505	另	来	梗开四径	去	lin214
3506	径	见	梗开四径	去	tɕin214
3507	经经纬，经线	见	梗开四径	去	tɕin44
3508	磬钟磬	溪	梗开四径	去	tɕʰin214
3509	壁	帮	梗开四锡	入	pi214
3510	劈	滂	梗开四锡	入	pʰi214
3511	觅	明	梗开四锡	入	mi214
3512	的目的	端	梗开四锡	入	ti214
3513	滴	端	梗开四锡	入	ti214
3514	嫡	端	梗开四锡	入	ti214
3515	踢	透	梗开四锡	入	ti214
3516	剔	透	梗开四锡	入	tʰi214
3517	笛	定	梗开四锡	入	ti214
3518	敌	定	梗开四锡	入	ti214
3519	狄	定	梗开四锡	入	ti214
3520	籴	定	梗开四锡	入	无
3521	溺	泥（娘）	梗开四锡	入	ni214
3522	历	来	梗开四锡	入	li214
3523	历历法	来	梗开四锡	入	li214
3524	绩	精	梗开四锡	入	tɕi214
3525	戚	清	梗开四锡	入	tɕʰi214

编号	汉字	古声母	韵部	古声调	自贡方言读音
3526	寂	从	梗开四锡	入	tɕi214
3527	锡	心	梗开四锡	入	tɕʰi214
3528	析	心	梗开四锡	入	ɕi214
3529	击	见	梗开四锡	入	tɕi214
3530	激	见	梗开四锡	入	tɕi214
3531	吃	溪	梗开四锡	入	tʂʰʅ214
3532	横横直	匣	梗合二庚	平	xuən21
3533	矿	见	梗合二梗	上	kʰuŋ214
3534	横蛮横	匣	梗合二映	去	xuan214
3535	虢虞虢	见	梗合二陌	入	无
3536	轰	晓	梗合二耕	平	xuŋ44
3537	轰轰出去	晓	梗合二耕	平	xuŋ44
3538	宏	匣	梗合二耕	平	xuŋ21
3539	轰	晓	梗合二诤	去	xuŋ44
3540	获	匣	梗合二麦	入	xo214
3541	划	匣	梗合二麦	入	xua214
3542	兄	晓	梗合三庚	平	ɕyŋ44
3543	荣	喻云	梗合三庚	平	yn21
3544	永	喻云	梗合三梗	上	yn53
3545	泳	喻云	梗合三映	去	yn53
3546	咏	喻云	梗合三映	去	yn53
3547	倾	溪	梗合三清	平	tɕʰyn44
3548	琼	群	梗合三清	平	tɕʰyn21
3549	营	喻以	梗合三清	平	yn21
3550	茔	喻以	梗合三清	平	yn21
3551	顷	溪	梗合三静	上	tɕʰyn44
3552	苘苘麻	溪	梗合三静	上	无
3553	颖	喻以	梗合三静	上	in53
3554	疫	喻以	梗合三昔	入	y214
3555	役	喻以	梗合三昔	入	y214
3556	萤	匣	梗合四青	平	in214
3557	荥荥阳	匣	梗合四青	平	无
3558	迥迥然不同	匣	梗合四迥	上	tɕyn53

十六、通摄字

编号	汉字	古声母	韵部	古声调	自贡方言读音
3559	篷	并	通合一东	平	puŋ21
3560	蓬	并	通合一东	平	puŋ21
3561	蒙	明	通合一东	平	muŋ21
3562	东	端	通合一东	平	tuŋ44
3563	通	透	通合一东	平	tʰuŋ44
3564	燑包子	透	通合一东	平	无
3565	同	定	通合一东	平	tʰuŋ21
3566	铜	定	通合一东	平	tʰuŋ21
3567	桐	定	通合一东	平	tʰuŋ21
3568	筒	定	通合一东	平	tʰuŋ21
3569	童	定	通合一东	平	tʰuŋ21
3570	瞳	定	通合一东	平	tʰuŋ21
3571	笼	来	通合一东	平	luŋ21
3572	聋	来	通合一东	平	luŋ21
3573	棕	精	通合一东	平	tsuŋ44
3574	鬃马鬃	精	通合一东	平	tsuŋ44
3575	聪	清	通合一东	平	tsʰuŋ44
3576	怱	清	通合一东	平	fu44
3577	葱	清	通合一东	平	tsʰuŋ44
3578	囪烟囪	清	通合一东	平	tʂʰuŋ44
3579	丛	从	通合一东	平	tsʰuŋ21
3580	公	见	通合一东	平	kuŋ44
3581	蚣蜈蚣	见	通合一东	平	kuŋ44
3582	工	见	通合一东	平	kuŋ44
3583	功	见	通合一东	平	kuŋ44
3584	攻攻击	见	通合一东	平	kuŋ44
3585	空空虚	溪	通合一东	平	kʰuŋ44
3586	烘烘干	晓	通合一东	平	xuŋ44
3587	红	匣	通合一东	平	xuŋ21
3588	洪	匣	通合一东	平	xuŋ21
3589	鸿	匣	通合一东	平	xuŋ21
3590	虹	匣	通合一东	平	xuŋ21
3591	翁	影	通合一东	平	uŋ44

编号	汉字	古声母	韵部	古声调	自贡方言读音
3592	懵懵懂	明	通合一董	上	无
3593	蠓蠓虫	明	通合一董	上	muŋ214
3594	董	端	通合一董	上	tuŋ53
3595	懂	端	通合一董	上	tuŋ53
3596	桶	透	通合一董	上	tʰuŋ53
3597	捅捅破了	透	通合一董	上	tʰuŋ53
3598	动	定	通合一董	上	tuŋ214
3599	拢	来	通合一董	上	luŋ53
3600	总	精	通合一董	上	tsuŋ53
3601	孔	溪	通合一董	上	kʰuŋ53
3602	[哄]哄骗	晓	通合一董	上	xuŋ53
3603	汞	匣	通合一董	上	kuŋ53
3604	冻	端	通合一送	去	tuŋ214
3605	栋	端	通合一送	去	tuŋ214
3606	痛	透	通合一送	去	tʰuŋ214
3607	洞	定	通合一送	去	tuŋ214
3608	齈多涕鼻疾	泥（娘）	通合一送	去	luŋ53
3609	弄	来	通合一送	去	luŋ44
3610	粽	精	通合一送	去	tsuŋ214
3611	送	心	通合一送	去	suŋ214
3612	贡	见	通合一送	去	kuŋ214
3613	控	溪	通合一送	去	kʰuŋ214
3614	空空缺	溪	通合一送	去	kʰuŋ214
3615	哄起哄	匣	通合一送	去	xuŋ214
3616	瓮	影	通合一送	去	uŋ214
3617	卜	帮	通合一屋	入	pu214
3618	扑	滂	通合一屋	入	pʰu44
3619	醭醋生白醭	滂	通合一屋	入	无
3620	仆倒	滂	通合一屋	入	pʰu44
3621	仆	并	通合一屋	入	pʰu44
3622	曝	并	通合一屋	入	pɑu214
3623	瀑瀑布	并	通合一屋	入	pʰu214
3624	木	明	通合一屋	入	mu214
3625	秃	透	通合一屋	入	tʰu214

编号	汉字	古声母	韵部	古声调	自贡方言读音
3626	独	定	通合一屋	入	tu214
3627	读	定	通合一屋	入	tu214
3628	牍	定	通合一屋	入	tu214
3629	犊牛犊子	定	通合一屋	入	tu214
3630	鹿	来	通合一屋	入	lu214
3631	禄	来	通合一屋	入	lu214
3632	族	从	通合一屋	入	tsʰu214
3633	速	心	通合一屋	入	su214
3634	谷谷子	见	通合一屋	入	ku214
3635	谷山谷	见	通合一屋	入	ku214
3636	哭	溪	通合一屋	入	kʰu214
3637	斛	匣	通合一屋	入	fu214
3638	屋	影	通合一屋	入	u214
3639	冬	端	通合一冬	平	tuŋ44
3640	农	泥（娘）	通合一冬	平	luŋ21
3641	脓	泥（娘）	通合一冬	平	luŋ21
3642	侬我，你	泥（娘）	通合一冬	平	luŋ21
3643	宗	精	通合一冬	平	tsuŋ44
3644	松松紧	心	通合一冬	平	suŋ44
3645	统	透	通合一宋	去	tʰuŋ214
3646	综织布机上的综	精	通合一宋	去	tsuŋ44
3647	豵牡豕	精	通合一宋	去	无
3648	宋	心	通合一宋	去	suŋ214
3649	笃	端	通合一沃	入	tu214
3650	督	端	通合一沃	入	tu214
3651	毒	定	通合一沃	入	tu214
3652	酷	溪	通合一沃	入	kʰu214
3653	沃	影	通合一沃	入	o214
3654	风	非	通合三东	平	fuŋ44
3655	枫	非	通合三东	平	fuŋ44
3656	疯	非	通合三东	平	fuŋ44
3657	丰	敷	通合三东	平	fuŋ44
3658	冯	奉	通合三东	平	fuŋ21
3659	隆	来	通合三东	平	luŋ21

编号	汉字	古声母	韵部	古声调	自贡方言读音
3660	嵩	心	通合三东	平	suŋ44
3661	中当中	知	通合三东	平	tʂuŋ44
3662	忠	知	通合三东	平	tʂuŋ44
3663	虫	澄	通合三东	平	tʂʰuŋ21
3664	崇	床崇	通合三东	平	tsʰuŋ21
3665	终	照章	通合三东	平	tʂuŋ44
3666	充	穿昌	通合三东	平	tʂʰuŋ44
3667	戎	日	通合三东	平	zuŋ21
3668	绒	日	通合三东	平	zuŋ21
3669	弓	见	通合三东	平	kuŋ44
3670	躬	见	通合三东	平	kuŋ44
3671	宫	见	通合三东	平	kuŋ44
3672	穷	群	通合三东	平	tɕʰyŋ21
3673	熊	喻云	通合三东	平	ɕyŋ21
3674	雄	喻云	通合三东	平	ɕyŋ21
3675	融	喻以	通合三东	平	zyŋ21
3676	讽	非	通合三送	去	fuŋ53
3677	凤	奉	通合三送	去	fuŋ214
3678	梦	明	通合三送	去	muŋ214
3679	中射中	知	通合三送	去	tʂuŋ214
3680	仲	澄	通合三送	去	tʂuŋ214
3681	众	照章	通合三送	去	tʂuŋ214
3682	铳放铳	穿昌	通合三送	去	tʰuŋ53
3683	嗅用鼻子闻	晓	通合三送	去	ɕiən214
3684	福	非	通合三屋	入	fu214
3685	幅	非	通合三屋	入	fu214
3686	蝠蝙蝠	非	通合三屋	入	fu214
3687	复复数	非	通合三屋	入	fu214
3688	腹	非	通合三屋	入	fu214
3689	覆反覆	敷	通合三屋	入	fu214
3690	服	奉	通合三屋	入	fu214
3691	伏	奉	通合三屋	入	fu214
3692	栿梁	奉	通合三屋	入	无
3693	复复原	奉	通合三屋	入	fu214

编号	汉字	古声母	韵部	古声调	自贡方言读音
3694	目	明	通合三屋	入	mu214
3695	穆	明	通合三屋	入	mu214
3696	牧	明	通合三屋	入	mu214
3697	六	来	通合三屋	入	lu214
3698	陆	来	通合三屋	入	lu214
3699	肃	心	通合三屋	入	su214
3700	宿	心	通合三屋	入	su214
3701	竹	知	通合三屋	入	tʂu214
3702	筑	知	通合三屋	入	tʂu214
3703	畜 畜生	彻	通合三屋	入	tʂʰu214
3704	逐	澄	通合三屋	入	tʂu214
3705	轴	澄	通合三屋	入	tʂu214
3706	缩	审生	通合三屋	入	so214
3707	祝	照章	通合三屋	入	tʂu214
3708	粥	照章	通合三屋	入	无
3709	叔	审书	通合三屋	入	ʂu214
3710	熟 煮熟，熟悉	禅	通合三屋	入	ʂu214
3711	淑	禅	通合三屋	入	ʂu214
3712	肉	日	通合三屋	入	zu214
3713	菊	见	通合三屋	入	tɕʰy214
3714	掬 一掬，一捧	见	通合三屋	入	无
3715	麹 酒麹，酒曲	溪	通合三屋	入	tɕʰy214
3716	畜 畜牧	晓	通合三屋	入	ɕy214
3717	蓄 储蓄	晓	通合三屋	入	ɕy214
3718	郁	影	通合三屋	入	y214
3719	育	喻以	通合三屋	入	y214
3720	封	非	通合三钟	平	fuŋ44
3721	峰	敷	通合三钟	平	fuŋ44
3722	蜂	敷	通合三钟	平	fuŋ44
3723	锋	敷	通合三钟	平	fuŋ44
3724	逢	奉	通合三钟	平	fuŋ21
3725	缝 缝衣服	奉	通合三钟	平	fuŋ21
3726	浓	泥（娘）	通合三钟	平	luŋ21
3727	龙	来	通合三钟	平	luŋ21

编号	汉字	古声母	韵部	古声调	自贡方言读音
3728	踪	精	通合三钟	平	tsuŋ44
3729	纵纵横	精	通合三钟	平	tsuŋ21
3730	从从容	清	通合三钟	平	tsʰuŋ21
3731	从跟从	从	通合三钟	平	tsʰuŋ21
3732	松	邪	通合三钟	平	suŋ44
3733	重重复	澄	通合三钟	平	tʂʰuŋ21
3734	钟钟情	照章	通合三钟	平	tʂuŋ44
3735	钟时钟	照章	通合三钟	平	tʂuŋ44
3736	盅	照章	通合三钟	平	tʂuŋ44
3737	冲	穿昌	通合三钟	平	tʂʰuŋ44
3738	舂舂米	审书	通合三钟	平	tʂʰuŋ44
3739	茸参茸	日	通合三钟	平	zuŋ21
3740	恭	见	通合三钟	平	kuŋ44
3741	供供给	见	通合三钟	平	kuŋ44
3742	胸	晓	通合三钟	平	ɕyŋ44
3743	凶吉凶	晓	通合三钟	平	ɕyŋ44
3744	凶凶恶	晓	通合三钟	平	ɕyŋ44
3745	雍	影	通合三钟	平	yŋ44
3746	痈	影	通合三钟	平	无
3747	容	喻以	通合三钟	平	yŋ21
3748	蓉芙蓉	喻以	通合三钟	平	yŋ21
3749	熔	喻以	通合三钟	平	yŋ21
3750	庸	喻以	通合三钟	平	yŋ44
3751	捧	敷	通合三肿	上	pʰuŋ53
3752	奉	奉	通合三肿	上	pʰuŋ53
3753	陇	来	通合三肿	上	luŋ53
3754	垄	来	通合三肿	上	luŋ53
3755	怂怂恿	心	通合三肿	上	suŋ53

编号	汉字	古声母	韵部	古声调	自贡方言读音
3756	冢	心	通合三肿	上	tṣuŋ53
3757	宠	知	通合三肿	上	tṣʰuŋ53
3758	重轻重	彻	通合三肿	上	tṣuŋ214
3759	种种类	澄	通合三肿	上	tṣuŋ53
3760	肿	照章	通合三肿	上	tṣuŋ214
3761	冗冗长,拨冗	日	通合三肿	上	zuŋ53
3762	绒鸟兽软毛	日	通合三肿	上	zuŋ53
3763	拱拱手	见	通合三肿	上	kuŋ53
3764	巩巩固	见	通合三肿	上	kuŋ53
3765	恐	溪	通合三肿	上	kʰuŋ53
3766	拥	影	通合三肿	上	yŋ53
3767	甬甬道	喻以	通合三肿	上	yŋ53
3768	勇	喻以	通合三肿	上	yŋ53
3769	涌	喻以	通合三肿	上	yŋ53
3770	俸	奉	通合三用	去	fuŋ214
3771	缝一条缝	奉	通合三用	去	fuŋ214
3772	纵放纵	精	通合三用	去	tsuŋ214
3773	诵	邪	通合三用	去	suŋ214
3774	颂	邪	通合三用	去	suŋ214
3775	讼	邪	通合三用	去	suŋ214
3776	种种树	照章	通合三用	去	tṣuŋ53
3777	供供养,上供	见	通合三用	去	kuŋ214
3778	共	群	通合三用	去	kuŋ214
3779	壅施肥	影	通合三用	去	无
3780	用	喻以	通合三用	去	yŋ214
3781	绿	来	通合三烛	入	lu214
3782	录	来	通合三烛	入	lu214
3783	足	精	通合三烛	入	tsu214

编号	汉字	古声母	韵部	古声调	自贡方言读音
3784	促	清	通合三烛	入	tsʰu214
3785	粟	心	通合三烛	入	su214
3786	俗	邪	通合三烛	入	su214
3787	续	邪	通合三烛	入	çy214
3788	烛	照章	通合三烛	入	tʂu214
3789	嘱	照章	通合三烛	入	tʂu214
3790	触	穿昌	通合三烛	入	tʂʰu214
3791	赎	床船	通合三烛	入	ʂu214
3792	束	审书	通合三烛	入	ʂu214
3793	蜀	禅	通合三烛	入	ʂu214
3794	属	禅	通合三烛	入	ʂu214
3795	辱	日	通合三烛	入	zu53
3796	褥	日	通合三烛	入	zu53
3797	锔锔碗	见	通合三烛	入	无
3798	曲曲折,歌曲	溪	通合三烛	入	tɕʰy214
3799	局	群	通合三烛	入	tɕy214
3800	玉	疑	通合三烛	入	y214
3801	狱	疑	通合三烛	入	y214
3802	欲欲望	喻以	通合三烛	入	y214
3803	欲	喻以	通合三烛	入	y214
3804	浴	喻以	通合三烛	入	y214

附录三 自贡方言声韵配合字表

(一)

	p	pʰ	m	f	t	tʰ	l	k	kʰ	ŋ	x
ɿ											
ʅ											
A	坝		马	发	打	塔	拿	嘎	卡	轧	吓
o	波	剖	末		多	妥	乐	果	壳	我	喝
e	百	拍	麦		德	特	那	嗝	克	额	核
ɚ											
ai	拜	排	买		呆	台	来	街	凯	爱	鞋
ei	背	培	美	废			那				
au	包	袍	卯		刀	涛	脑	窖	敲	咬	豪
əu					兜	头	楼	沟	口	呕	喉
an	班	盘	满	反	丹	坦	滥	甘	看	淹	含
ən	奔	盆	闷	粉	等	吞	嫩	更	肯	恩	恒
ɑŋ	帮	旁	忙	放	当	汤	郎	港	抗	昂	项
uŋ	崩	朋	亩	风	东	同	拢	供	空		红
i	逼	匹	眉		爹	提	力				
ia	扁	pʰia53			嗲		lia214				
ie	别	撇	灭		迭	贴	列				
iai											
iɑu	标	瓢	妙		雕	条	了				
iəu					丢		刘				
ian	边	偏	面		点	天	脸				
in	宾	平	明		丁	听	林				
iɑŋ							良				
u	不	铺	木	胡	毒	土	绿	谷	箍		
ua								瓜	跨		华

	p	pʰ	m	f	t	tʰ	l	k	kʰ	ŋ	x
ue								国	阔		或
uai								乖	快		坏
uei					堆	頹	内	归	奎		汇
uan					端	团	乱	官	款		欢
uən					顿	屯	仑	滚	昆		横
uaŋ								光	框		慌
y							虑				
ye											
yo							略				
yan											
yn											
yoŋ											

（二）

	tɕ	tɕʰ	ɲ	ɕ	ts	tsʰ	s	tʂ	tʂʰ	ʂ	ʐ	ø
ɿ					自	词	丝					
ʅ								知	迟	史	日	
ɑ					咋	擦	洒	渣	查	杀		阿
o					坐	错	梭	捉	浊	说	虐	饿
e					窄	泽	虱	者	扯	奢	热	
ɚ												二
ai					灾	才	赛	斋	柴	晒		
ei							这					
au					早	操	嫂	招	吵	绍	扰	
əu					邹	凑	瘦	周	丑	寿	柔	
an					赞	参	三	斩	缠	山	燃	
ən					争	存	生	针	成	审	人	
aŋ					脏	窗	丧	张	长	上	瓤	
uŋ					宗	从	送	中	鱼	ʂuŋ44	绒	翁
i	基	齐	泥	习								遗

附录三　自贡方言声韵配合字表

	tɕ	tɕʰ	ȵ	ɕ	ts	tsʰ	s	tʂ	tʂʰ	ʂ	ʐ	ø
ia	加	恰	ȵia44	霞								鸭
ie	结	切	业	斜								也
iai	皆			懈								
iau	交	巧	尿	笑								要
iəu	纠	求	牛	朽								右
ian	尖	前	年	险								烟
in	镜	琴	拧	心								引
iaŋ	将	抢	娘	象								央
u					祖	族	数	朱	处	熟	肉	无
ua								抓	tsʰua53	刷	揉	瓦
ue												
uai								跩	踹	帅		歪
uei					贼	翠	虽	追	捶	睡	锐	伟
uan					钻	窜	酸	砖	川	涮	软	万
uən					尊	村		准	蠢	顺	孕	文
uaŋ								装	创	爽		王
y	拒	渠	女	虚								鱼
ye	决	茄		穴								越
yo	脚	确		学								约
yɛn	捐	圈		宣								圆
yn	君	顷		迅								荣
yoŋ	tɕyoŋ53	穷		兄								拥

说明：

在此表中，部分空格有音无字或本字属生僻字，无法打出，故采用国际音标直接标注。

[pʰia53]：歪，蔫。如：他今天上班都没精神，蔫[pʰia53] [pʰia53]的。

[lia214]：挣脱。如：这个事肯定与他有关，他不要想[lia214]落。

[ʂuŋ44]：什么。如：你说的是[ʂuŋ44]个哎？我没听清楚。

[ȵia44]：娇气，撒娇。如：这个娃儿好[ȵia44]哦，一天到黑缠斗他妈。

[tʂʰua]：铲除，撤职。如：他犯了错误，科长职务着[tʂʰua53]了。

[tɕyoŋ53]：弓身，屁股翘起。如：你站好点，屁股不要[tɕyoŋ53]起。

附录四 自贡方言常用词汇例释①

（一）动作行为

【巴】ba44 ①张贴；粘贴：墙上~了一张布告。│信封上还没有~邮票。②黏上；紧贴：馒头掉在地上，~了好多灰。│一排房子~河边，一排房子~山脚。│你们~到墙站成一排。③（手）搭在……上：他把手~在弟弟的肩膀上。│你一只手~到栏杆，一只手~到墙，就摔不到了。④跟……亲近：这个娃娃，~他老汉，不~他妈。⑤巴结：这个人爱去~领到。⑥贴补：你不送礼就算了，连酒也舍不得~一点？

【坝】ba214 铺，垫：床上~了一床席子。

【踣】bai44 跛：他一只脚有残疾，走路~一~的。

【摆1】bai53 有意制造（事端）：跟他~点事，看他咋个收拾。

【摆2】bai53 谈；聊：他的笑话三天三夜都~不完。│你们两个~了半天，~些啥子？

【摆龙门阵】bai53long21men21zhen214 ①闲聊：几个老人坐在太阳坝边喝茶，边~。②讲故事：摆个警察抓小偷的龙门阵来听嘛。

【扳】ban44 ①使固定的东西分离：包谷秆上还有包谷没~下来。│快去竹林头~几根笋子来吃。②争辩：这个问题就这么定了，不要再~来~去了。│这点小事也值得~个输赢？

【板】ban53 ①乱动：这娃娃睡觉东~西~的，差点儿~到床底下了。②挣扎：这条鱼没死，丢在锅头还在~。不过嘛，想盖新房子，恐怕还够~几年呢。③抵赖；反抗：人证物证铁证如山，再他咋个说也~不脱了。

【板命】ban53min214 动物临死时候的挣扎：这只鸡颈项挨了一刀还在~。

【绊子】ban53zi53 鱼产卵，鱼产卵常用力蹦跳：池塘里头的鲤鱼在~，搞得水哗哗的响。

【坌（捹）】ben 蘸：糍粑~上白糖黄豆面，又甜又香。│海椒辣，~点

---

① 本部分形同而音义不同者，分立条目。为便于按音序查检，本例释声母、韵母用汉语拼音字母注音，拼写规则同汉语拼音方案，声调按五度标记法标注，因自贡方言中 n 与 l 是自由变体，故本部分混用。同时以字母组合 gn 代表舌面浊鼻音[ȵ]，用字母组合 ng 表示舌根音[ŋ]，用 e 单独作韵母，表舌面前半高不圆唇元音[e]，而不表示舌面后半高不圆唇元音[ɤ]。

醋就没得好辣啊。

【编】bian44 ① 找理由说服别人答应某事：我本来都不想去的，就是他东~西~的，把我说动了。｜媒婆今天来~你妈，明天来~你妈，要你妈答应这门亲事。② 找理由弄到（钱财）：他要我想办法找领导~几千块钱出来做活动经费。

【猋】biao44 ① 快速奔跑：号令一响，运动员就像箭一样~了出去。② 液体喷射或迅猛地流：手着刀子划开个口子，血直往外~。｜这一阵急得我冷汗长~。③ 不准确，歪：你不要像押宝，万一押~了，咋个办？｜这次考试，他又猜题，哪晓得按~了，一道题都没猜到。

【冰】bin44 用凉水浸泡：西瓜放在冷水头~起，吃起凉快。｜烫稀饭用冷水~一下，就吃得了。

【冰口】bin44kou53 裂开的口子：才铺开的水泥地不保养好，就会起~，起裂缝。｜一到冬天，我的手就要起~。另见名物指称。

【绷】bong44 硬撑，硬充；~面子。｜房子都是租的，~啥子有钱人嘛？

【挦】chan53 ① 用条状物打：~耳屎｜不准用条子~娃儿的屁股。② 用条状物驱赶（蚊蝇）、去除（灰尘）：~蚊子｜~灰尘。

【潮】cao21 ① 哄传：前一阵有人在~，粮食要涨价了。② 量词，帮，伙：他们一~人要去打架。另见性质状态。

【燥热】cao214re214 中医指使热性上来：狗肉~，冬天热了不怕冷。

【车】che44 转；转动：把脑壳~过来看倒黑板。｜墨水瓶盖子要~紧，墨水才不会漏出来。

【扯把（靶）子】che53ba53zi53 ① 撒谎：他想逃课，扯了个把子，说是肚皮痛，上不得课。② 说大话；吹牛皮：你不要听他吹得凶，他是~的。

【扯伸】che53chen44 见"拉伸"。

【扯垛子】che53do53zi53 找借口；借故；还没到下班时间，他就扯个垛子溜了。｜他生啥子病嘛，~的。

【扯拐】che53guai53 出故障：钟~了，不走了。｜今年天气不~，可以说是风调雨顺。

【扯霍（火）闪】che53ho214shan53 发生闪电：~了，要落雨。

【扯回消】che214hui21xiao44 给回音，回复：我们报上去好久了，上级还没给我们~。

【扯横筋】che53 huan21 jin44 蛮不讲理地争辩，争吵：我们讲道理，不要~！

【扯噗鼾】che53 pu21 han44 打鼾：他睡眠好，一挨枕头就~。

【扯指拇】che53zhi53 mur53 扳着指头计划或计算，多指经济拮据：才发工资你就~了，咋会呢？

【撑】cen53 用手或头按、压：他肚皮痛，手~到肚皮走进急症室。｜民警一下子扑上去，把犯罪嫌疑人~在地板上。

【撑】cen214 ① 手撑着物体站或坐（起来）：他从椅子上~起身来，在书架上取了一本书。｜病人勉强~起来，向查病房的护士点了一下头。② 态度生硬地争辩；顶嘴：他脾气不好，动不动就跟顾客~起来。

【吃梗黄鳝】chi214gen53huang21shan214 梗，整个的。比喻利益独行，不与他人分享：见者有份，你想~是不得行的。

【吃混糖（堂）锅盔】chi214hun214tang21go44kui44 混糖锅盔，一种混合食糖制作成的烧饼。指趁着混乱讨便宜：你们再闹嘛，~的来了。

【吃笋子炒肉】chi214sen53zi53chao53ru214 笋子炒肉，也说"笋子熬肉"，本是川菜名菜之一，这里借用笋子指体罚用的竹片。指受竹片打屁股的体罚：你再不听话，就请你~了。

【冲】chong214 ①（往上）冒；长：火苗~得好高哟。｜这娃儿今年又~了好大一截，长高了三公分。② 脾气坏，说话直接，冒犯人：他说话~得很，经常得罪人。

【冲冒壳】chong214 mao214 kur21 ① 闲聊：你们冲了半天冒壳，是不是该做正事了？② 吹牛：他哪有那么大的本事嘛，~的。也说"冒皮皮"。

【揍】cou44 ① 推；掀：前面是上坡路，你在车子前头拉，我在后头~。｜你好坏，要~他下坎呀！② 扶；扶持：柜子要倒了，快给我~到起。｜老总这样~我，我一定要好好工作，回报公司！

【凑合】cou44 ho21 扶持；帮助：没有他的~，我哪有今天？｜小伙子唱完歌，把拳一抱："各位，~一下，有钱的请丢几个。"

【杵（触、处）】chu53 ① 顶撞：我还没有说完，他就~我，弄得我开不起腔。｜这些话他要当到我说，非~他几句不可。② 接触；挨近：小孩说："阿姨跟叔叔鼻子~鼻子，他们在做啥子？"｜眼睛不要~那么拢。你不怕得近视眼嗦？

【跶】da214 跌；摔：他从自行车上~下来，腿~断了。

【打标枪】da53biao44qiang44 泻肚时大便像水一样喷射而出：昨天下午吃了不干净的东西，晚上就~了。

【打波】da53bor44 亲嘴：两个人躲在树子低下~。

【打得粗】da53de214cu44 能过比较艰苦的生活，能适应比较恶劣的环境：这娃娃不娇气，~。｜兰花这种花~，对水、肥要求都不高。

【打锭子】da53din214zi53 考前猜题：要全面复习，不要~。｜这回锭子没打准，不及格了。

【打肚皮官司】da53du44pi21guan44si44 有意见口头不说，在心里嘀咕：他们两个打了很久的~，最近才消除了隔阂的。

【打堆】da53dui44 同……聚在一起：他脾气太坏，大家都不爱同他~。｜现在会场里，两方不同的人，各打各的堆，各就各的位，对照鲜明。

【打发】da53fa214 ①赠予；施舍：他准备了些礼物，好~给来拜年的小孩儿。｜你们咋个拿烂家烂伙~人？是~讨口子嗦？②嫁出：三个女~了两个，还剩一个也快结婚了。

【打翻天印】da53fan44tian44yin214 弟子出师、学生成才后反过来攻击师傅、老师；也指领导栽培、提拔的人得势后以怨报德：武林中的人最忌讳徒弟忘恩负义，打师傅的翻天印。｜没想到他还会~，攻击把他栽培成材的领导。

【打胡乱说】da53fu21luan214sho214 胡说八道：不晓得情况就不要~。

【打黑摸】da53he214mor44 摸黑行动：今天晚上停电，只有~了。

【打伙】da53ho53 共同使用；合伙：这个房间你们三个~用。｜椅子不够，只有两个人~坐。｜他们~做生意，赚了一笔钱。

【打急抓】da53ji214zhua44 事到临头才急急忙忙地赶着做：平时不着急，要交差了才~，质量咋个有保障嘛。

【打假岔（叉）】da53jia214cha44 故意说话或做事，以岔开话头或引开别人注意力：我们在问你那天到底在哪里，你不要~，转移话题。｜小偷打了个假岔，趁我不注意，就把手机给我偷走了。｜眼看就要打起来了，他上前打了个假岔，才把那两口子岔开了。

【打脚】da53juo214 鞋不合脚，使脚疼痛，磨破：鞋买小了点，~。

【打空手】da53kong214shour53 空着手走路或上门做客：你提那么多东西，我~，多不好意思。｜我总不能~进门嘛，所以买了点小东西遮手。

【打麻诈】da53ma21zha214 用假话试探以套出真情：他听出她并没有掌握什么真凭实据，刚才的话是~的。

【打梦脚（觉、足）】da53mong214juo214 梦中踢脚，借指思想开小差：你上课~，老师讲的，你当然不懂。也说"啄梦脚"。

【打来吃起】da53lai21chi44qi214 截住别人的东西，据为己有：你把政府发给我的补贴~，我要告你。

【打烂仗】da53lan214zhang214 过穷愁潦倒、落魄失意的生活：他打了那么多年的烂仗，现在才混出点人样来。

【打脑壳】da53lao53ko214 ①使脑袋发晕：这酒质量差，喝了~。②费脑子；伤脑筋：这本书太深了，看起~。｜那件事情复杂得很，想起都~。

【打啰啰】da53lo53lo53 啰啰，口齿不清的声音。①指说话含混不清：不要再劝他酒了，他醉了，说话都~了。｜他不想说清楚，故意~应付你。②指随声附和：你咋不动脑筋，跟倒别个~呢？

【打偏偏】da53pian44pian44 行走不稳，偏偏倒倒的：他生了一场大病，还没完全好，走路还~。

【打水漂漂（飘飘）】da53shui53piao44piaor44 ①一种游戏，用片状石头斜着抛向水面，使其漂向前方，石块漂得远者胜：来，我们两个捡点石头~。②比喻付诸东流：养老金就这样~了，后半辈子咋个办？

【打平伙（瓶夥、拼伙）】da53pin21ho53 一起吃饭，费用平摊：我们今天晚上一起吃个饭，不是~，是我请客。

【打燃火】da53ran21ho53 怒火发作；动气：你最近脾气变坏了，动不动就跟人~。

【打让手】da53rang214shou53 做出让步：我是批量购买，你打个让手，一斤少一毛钱，我们就成交。

【打掉（调）】da53tiao53 相互对换位置：我们两个打个掉，我当你的男人，你当我的婆娘。｜班子换届后，他同老王在分工上打个了掉，老王管他原来管的工业，他管老王管的文教。

【打牙祭】da53ya21ji214 本指旧时店主或雇主每月月初、月中给员工吃一次有荤菜的饭，后泛指偶尔吃一次荤腥饭菜：今天中午~，我吃得太饱了。

【打整】da53zhen53 ①收拾；整理：原来凌乱肮脏不堪的院子，已经被~得干干净净的了。｜明天休假一满，家里这一摊子哪个来~？②对付；整治：他又歪又恶，才不好~哩！

【炟】dan53 烹饪术语，焯：菠菜~一下凉拌。

【得行】de21xin21 可以：并不是有钱就~，没得钱就不~。｜不给钱就把东西拿走，咋个~呢？另见性质状态。

【扽】den214 （底部朝下）放置（器物）：咋个把锅~在地上呢？｜吃饭的时候把碗端在手上，不要~在桌子上。｜地不平，背篓~不稳。｜过道上~了几个凳子，把路都当完了。

【抵拢】di53long53 ①临近（某一时候，某一地点）：你硬是要~六点才走啊？②到尽头，到终点：你对直去，~倒右手，走过挂长灯笼的悦来店就看得见了。｜家住公园口，~倒拐，一问便知。

【垫背】dian214bei214 做铺垫，当陪衬：这回提工资呀，两个提上去了，

其余六个~。|他垫了几回背了,这回该提拔上去了。

【揜】din214 扔;掷:捡个石头来~狗。|是哪个该死的~了一坨泥巴过来,刚好~到我的脑壳。

【豆(兜、逗)】dou214 ①凑;拼凑:我们先~一下情况,再研究对策。|小田结婚,办公室的同事每人~了一百块钱送礼。②连接;对上:他的肩关节脱了臼,医生已经给他~上了。|棒头脱了的桌子脚,我已经~起了。|发票跟现金~不拢,还差好大一截。

【渎】du214 烹饪术语,红烧:肉~豆腐。|多~一下,才会进盐味。

【短】duan53 拦截:警察在小路上埋伏下来,终于~到了逃犯。

【翻稍】fan44 shao44 ①赌场用语,指输家由输变赢:昨晚上打麻将,他输了想~结果越打越输。②泛指改变落后面貌或不利处境:人心齐,泰山移,只要我们团结奋斗,总有一天要~!

【方】fang44 给人难堪:莫拿这些臭排场来~我!我不是官,我懂不起那些过场!|他在会上点名要我表态,把我~起了,弄得我差点下不了台。

【发火】fa21ho53(给炉灶)生火:炉子里的火早就想了,要重新~。

【赶】gan53 ①扒;拔:他一上吃饭桌就往自己碗里~菜。②乘(车、船等):~哪一路公共汽车?|火车都开了,你咋个~得倒?|我没有~过船哦!③给礼金:他明天结婚,大家都要~礼。

【赶场】gan53chang21 赶集:今天~,街上人多。

【干】gan214 同意,愿意:兄弟,二哥有一事相商,你~就点头,不~就摇头。

【告】gao214 尝试:这双鞋你~一下,看穿不穿得。|自行车修好了,我~了的,没得问题。

【告口】gao214kou53 伤口或疮愈合:你的疮还有脓,一时还不能~。

【窖】gao214 收藏:天冷了,红薯该~起来了,放在外面容易烂。

【哽(梗)】gen53 ①(喉咙被食物)堵塞,噎住:你吃慢点儿,莫~倒了。|有牢骚你就发出来,~在心头,会~起病的。②困难地吞吐:他一口吃了几块饼干,~半天都~不下去。

【撵】gnian53 追赶:小偷在前面跑,民警在后面~。|跑远了,~不倒了。

【过】go214 用在别的动词前,表示采用某种方式、办法:教育小孩儿要~说服,不能~打。|买这种东西只有~碰,专门去买,不一定有。|这排骨~小火炖,不要~高压锅压。

【过话】go214hua214 把闲话、坏话传给当事人:我不是爱~的人,不会把你说的话传给他。

【拱】gong53 ①突起；冒出：他的额头不小心碰到柱子上，马上就~起一大包。②采用不正当的手段使人失去某种地位或出局：他才提拔不久，就着人~下来了。｜他本来已经上了提工资的名单的，有人去~他，就着刷下来了。

【跍（沽）】ku21 ①蹲：他~在地上看蚂蚁搬家。②呆；闲居：你一条到晚~在屋头，不出去走一下，会生病的。｜他都在家里头~了一年多了，还没有找到工作。

【估斗】gu53dou53 ①强迫；逼迫：我根本不愿意去，是他~我去的。｜你只要态度坚决点儿，哪个也估不斗你。②执意；他今天~请客，肯定有原因。

【刮】gua214 见"刮胡子"：领导见了废品，大发脾气，狠狠~了我们一顿。

【刮胡子】gua214fu21zi53 批评；责骂，训斥：他上班吊儿郎当的。班长经常刮他的胡子。也省为"刮"。

【剐】gua53 ①使（皮、衣等从主体）剥离：~兔子｜把猪板油~下来。②光，仅仅：~吃菜，不吃肉，是肯定会瘦的。

【剐油】gua53 you21 减少、去除油腻：顿顿不吃油荤，光吃~的青菜，连吃半个月，包你减肥。

【观（关）火】guan44 ho53（说话、做事）起绝对作用：我们学校还是书记~，校长说了都不一定行。

【管的】guan53de214 表示强烈的否定。①不管；不顾：有的人做生意，只要能够赚钱，~你什么商业道德。②别管：星期天该我休息，你~我做啥子。｜你~他的，他都这么大了，该懂事了。

【惯失（使、待）】guan214shi214 娇惯；溺爱：这娃娃不爱学习，不爱劳动，都是你~的。｜娃娃要啥你就给他啥，太~了嘛。

【灌脓】guan214nong21 化脓：不要沾水，沾了要~。也说"灌"。

【鬼扯】gui53che53 不着边际地乱谈；胡扯：他们天南地北地~了半天，没扯出啥名堂来。｜~！你不要在这里跟我乱造谣！我啥时候说过喜欢他的？

【哈】ha44 扒拉；翻动：不要鸡在垃圾头~东西，想找东西吃。｜锅头菜糊了！你快~一下。

【哈不转】ha44bu214zhuan214 扒拉不开，比喻能力不及，担当不了某方面的工作：那个单位问题成堆，他当领导怕是~！

【喊黄】han53huang21 因承受不了外界的某种压力或某项工作胜任不了而说反悔的话；叫苦：任务一再加码，哪个得干，那个不~？｜他这样黑起良心说话呀！我不得依，要~啦！

【薅刨】hao44pao21 ①薅草、刨地，泛指耕作：隔几天，那~过的莴笋又该浇粪了。②多方捞取（钱财、好处）：他家又种庄稼有养猪，还会做生意，当串串儿，最会~钱了。

【恨倒】hen214dou53 强迫：以前，在这儿做生意，黑道上的人每个月都要~收你啥子保护费。｜你打烂了我的碗，愿意赔就赔几个钱，不愿意赔，我也不~你赔。

【喝】ho44 骗：他没说实话，~你的。｜可我真正没得吃的了哒！~了你们，我是乌龟。｜连我娘屋里陪嫁的几个钱你都给我~出去赌钱，还没还我呢。

【伙斗】ho53dou53 合在一起；与……合伙：这几件衣服要掉色，不要~那些衣服洗。｜你愿意~我们干，你就留下。

【齁】hou44 气喘：你咋个有点~呢？是不是哮喘病发了？

【龂（噤、惊）】jin214 牙齿因受酸、冷等食物的刺激而感到酸痛：我不吃泡菜，吃起牙齿~。｜人倒霉了喝水都~牙齿。

【纠】jiu214 ①拧：墨水瓶盖子要~紧点儿。｜话说~起了。②把两股以上的条状物扭在一起：~麻花｜晚上你趁着火光~索子，我就坐在侧边纳鞋底，纺棉花。

【锔】ju44（针、刺之类锐物）刺：真把手指拇~倒了。｜钉子把鞋底都~穿了，差点~到脚板。

【吮】ju214 吮吸：你钱都输完了，我们吃啥子？只有~指拇了。

【蹮】juan53 使身体或四肢弯曲：随后他把身子~成一团，在地上滚来滚去，哇哇地发出欢乐的喊叫。｜那只狗~在狗窝里睡觉。

【捡】jian53 ①拾掇：你真是衣来伸手，饭来张口，吃了饭连碗都不~一下。｜桌子上的东西太乱了，~一下嘛。②收藏：把钱~好，不要让小偷看见了。｜她把珠宝~在了保险柜里了。③学；模仿：人家好好的地方~不到，人家毛病你样样~到了。④拾：你钱掉了，~起来吧。

【捡脚子】jian53juo21zi53 <泛>收拾残局：他把这个单位整得稀巴烂，还要别人给他~。

【捡顺】jian53shun214 ①收拾整齐：你把屋头的东西~，到处摆起，好烦嘛。②对付了；制服了：那件事怕只有他去才能~。｜他是个不好打整的人，你去怕捡不顺喔。

【见子打子】jian214zi53da53zi53 本是珠算口诀，指算盘上是几加上几，比喻头痛医头，脚痛医脚：做事情要有长远计划，不能~。

【将就】jiang44jiu214 将就顺着（某人心意）；迁就：有时，他不睬我，我还厚起脸皮去~他。｜我像~老人一样，啥事都依着他的意见办。

【焦人】jiao44ren21 使人心焦，烦躁：只怕地震半夜发生，逃不脱，才~哦！｜车还不来，等得~。

【焦心】jiao44xin44 为……着急；焦虑：她不~吃，不~穿，就是~女儿的婚事。另见名物指称。

【经佑】jin44you44 侍候，照料：她要服侍病人，~小孩儿，还要~菜地，咋个忙得过来嘛。

【惊叫唤】jin44jiao214huan21 大声叫喊：他从自行车上摔了下来，痛得~。

【卡】ka44 ①夹在中间，不能活动，因为瘦羊肉~住了牙齿，他习惯成自然地用筷子尖在牙缝里掏。②塞；插：他又走过去，拾起帽子，小心地~在用尼龙索做的裤腰带上。｜他把手枪~在牛皮腰带里。③可恶：他这个人很~，老是不同意我的意见。

【看白】kan214be21（~了）（把人）看得一钱不值：你不要太吝啬，让人~了。

【看笑成儿】kan214xiao214chenr21 看笑话：他不提醒我，就是想看我的笑成儿。

【康】kang53 ①（用盖子之类东西）盖：把锅~严。｜拿个鸡罩把鸡~倒。②掩盖：有啥事对大家公开，不要~斗蒙斗的。

【康不严】kang53bu214 ngan21 盖不严密，比喻处理不好：那件事情太复杂了，他去怕~。

【炕】kang214 加热使物体干燥；烘干：干辣椒节在锅内~起，待其~出糊香味时，铲起用刀铡细。

【敲棒棒】kao44bang214bang214 棒棒，棒子。敲竹杠：他狠狠敲了你一棒棒，让你多花一千多元。

【肯信】ken53xin214 用作反语，意思是不信，含强烈的不以为然意：我~缺你红萝卜就办不成席！

【搁平】ko44pin21 比喻把问题、纷争处理好，使大家没意见：双方都怕把事情整滥了脱不了手，所以都想互相让步，把事情~。｜你的事只有找总经理才搁得平。也说"摆平"。

【抠】kou44 搔；抓：他感到背上痒，一只手伸到背上~。｜他几天没洗头了，老在那里~脑壳，另见性质状态。

【抠个个钱】kou44go214go214qian21 个个钱，一个一个的钱。形容十分吝啬，锱铢必较：他最爱~，一分一厘都不让别人的。｜他的家是~发起来的。

【扣手】kou214shou53 相互配合（做某事）：只要打下手的~，做起来还是快。｜我看他有志气，有能力，跟你可以扣起手来干一番事业。

【箍】ku44 ① 只用竹篾或金属条捆紧：拿丝篾条~粪桶。｜打个铁箍~脚盆。② 比喻约束，管束：哪家好你到哪家去，反正这个家是~不住你的。｜小伙子天性好动，你硬把他~在家头，他心头总是不安逸。

【垮】kua53 ① 减少；降低：可怜那位老实的，急需钱用的老太婆，经不住顾客这番踏屑，终于~了价钱。② 下垂；降下：他不高兴了，两道浓眉一下~下来，脸黑的像锅底。◇她~下脸，嘟起嘴，大有得不到依从就吹的架势。③ 脱；褪：你没得钱，就把衣服~下来抵账。｜你穿裤子不扎皮带，裤子~了咋办？

【垮杆】kua53gan53 ① 衰落，衰败：从前，他父亲因为烧鸦片烟，把家当烧~了，只好去当跟班，侍候别人。｜去年天时不正，好些养牛户垮了杆。② 垮台：你们那样搞下去，我们的合作社，要~。

【欵】kuan53 ① 绊；挡：他走路没注意，着路边的树枝~了一下，摔倒了。｜门不要关死了，拿把椅子~倒一下就行。② 事情受阻：那件事不晓得在哪个环节着~起了。

【盔（亏）】kui44 严格地管束，教育：要考试了，把娃儿~紧点儿。｜师傅一直到把她~顺，使她基本功大有长进，方才放心。

【魁（箍）】kui44 从里面撑起：这双鞋大，像你那样的大脚穿起来才~得起。｜一天两顿饭都没有吃饱过，肚儿~不圆，哪有气力做活路嘛。

【麻】ma21 蒙蔽；欺骗：总之，有人认为：是外国学者说的就~得住人。｜你想~我？办不到！我啥子都晓得。另见性质状态。

【马（码）】ma53 ①（面部）表情严肃；沉下（脸）来：你看他的样子哟，昂着头，~着脸，半天不吱一声，比我们老总的架子还大！｜他经常~起一张脸，好像人人都对他不起一样。② 强迫，欺压：他经常把大家~倒~倒的，大家都讨厌他。

【码】ma53 烹饪术语。把待烹饪的肉、鱼等拌合上盐、豆粉等：肉丝要~豆粉，吃起来才嫩。｜把鱼先~点盐，放一下再下锅，这样才入味。

【码不实在】ma53bu214shi21zai214 琢磨不清；评估不准：黑板上的字太小，写的到底是不是他的名字，他也~。

【默】me214 考虑，估量：他仔细~了~，觉得有搞头，可以做。｜让我~一下。这事好像风险大，容易吃力不讨好。

【默斗（到、道）】me214dao53 ① 以为（一般用在主观假设与客观实际不相符合的情况下）：你~人人都像你，天不怕地不怕的！｜~自己弄得多就

整到了。屁，祸事才整到了！②打算（做某事）（一般用在打算未能实现的情况下）：|他~想跑，才走几步就着抓到了。

【闷】men214 憋在心里不说话；不吭声：有想不通的，不要~在心头，说出来还好过些。|爹骂我像野人，一起床就跑了！我也一声不响，就那么~起。另见性质状态。

【眯】mi44 ①闭上眼睛：快把眼睛~倒，谨防灰尘吹到眼睛头。②小睡，打盹儿：让他~一下，昨黑了十二点多才睡，今天早晨三点就起来了。|好不容易昏昏沉沉~着不久，忽然堂上大喊大叫起来。

【面】mian214 铺；垫：这里的所谓街道，尚不似正经街道~有红砂石版。|戏台前面的广场成为操场，~着一片银白的细沙。另见性质状态。

【搣】mie53（把较软的东西）掰开：把面包~一半给幺弟。

【明砍】min21kan53 明白地说；挑明：朋友之间有啥子事，你应该~，不要说一句，留半句的。|你要想跟她好，就给人家一个准信儿；不想跟她好，也要跟她~！

【摸哥儿】mo44gur44 窃取别人身上的财物：他在公交上~，着民警抓了。

【没得】mei44de214 没有：都听懂了，~问题。

【拉伸】na44shen44 本指拉直。①引申指不加干扰（做某事）：他加了几天班，累了，让他~了睡一觉。|②通盘：拉通（计算）饭菜、酒水~算，看一共花了多少钱。|一个月一个月地~算，不要一天天地算。也说"扯伸"。

【浪】nang214 ①摇荡；晃荡：那索桥很长，人走在上面~来~去的。|端好！看碗里的水~出来。②那么：他来了~久，还不晓得规矩啊？

【捞】nao53 ①扛：他左肩挎一个小包袱，右肩头~一根梭镖。②抬，举（腿、手）：手一~，金手表就亮出来了。|把脚杆~起，我好扫地。③拿：你咋个~起笔乱画？|你们可曾听见我~起嘴巴说过你们啥子秘密话来？

【捻】nen44 捻：（他）取下一根纸烟，用手~了~，又在膝头上顿一顿，凑在嘴上。|（他）还将一把计数目的毛钱，从枣木钱盘上抓在左掌上，右手几根指头非常灵巧地~着，数着。

【轧】nga44 压；挤压；哎哟，你的板凳脚~斗我的脚拇指了。|把核桃放在门槛那里，门一关过来，就~烂了。

【挨边】ngai44bian44 靠近；接近：他可恶得很，家里什么事都不管，从来不~。

【挨斗】ngai44dou53 挨着，靠近：好热哦，你不要~我坐。

【安心】ngan44xin44 下决心；存心（不限于坏事）：~要把我们当成客人

来待啦！｜他恐怕是安了心的，眼睛里毫无怯意。

【安逸】ngan44 yi214 对……感到高兴，对……感到满意（多用于否定句或反问句中）：他接任到现在，规则多如牛毛，动辄记过处分，大家早就不~他了。另见性质状态。

【谙】ngan21 估计；推测：就是他干的嘛，我一~就~到它八成。｜他估计女儿会答应，不~她会有这个态度。｜"我不会病的！""那咋个~得到。"

【谙斗】ngan21 dou53 估摸着（干）；适可而止（地干）：谁也没见过那旗子，几个人商量之下，只好本着~做的原则，用两段窄土布拼成一幅三尺四寸见方的旗子。｜你~点儿，整凶了要出事。

【按】ngan214 扑：那老虎一耸身像武松~过来。

【盎】ngang44 发出（响亮的）声音：早上，广播一~，他就起床。另见性质状态。

【傲（熬）】ngao44 ① 坚持（高价，高条件）：本来可以~一~价钱，可你这黄瓜摘晚了两天，老了，~不起价了。｜那些乡巴佬的猪多了，屠宰场有资格~了，想收就收，不想收就不收。② 拿架子：钱又没得几个，你~啥子嘛。

【拗】ngao214 ① 用扁担、棍棒之类工具的一端挑起东西：他把一对箩筐用扁担~在光膀子上。｜迎面过来一个老汉，肩上一把锄头，~着两个鸳笼。② 泛指拿着、扛着或含着长条物的一端：人群中有个缺牙巴老头~着一根叶子烟杆。③ 撬：~开地板一处处找，还是没有！

【梗（隐）】ngen53 ① 说话有顾虑，不愿痛快吐露：他想把话说完，但说了一句又~了一下。｜有话就说出来，不要~在心头。② 彼此有隔阂，关系不融洽：他们两个~起好久了，不晓得矛盾在哪里。

【欧起】ngou44 qi53 拿架子，摆谱：你是长辈，你就要~，看他咋个办。

【怄】ngou214 ① 怄气；生气：珍珍的嘴撅起来了，爷爷说，不~不~，给你买。② 使生气：他连连跺脚道："你还要~我！"｜那边落雨这边晴，你看~人不~人。③ 伤心：同你分别后，天天阴斗~！越~人越瘦。

【理抹】ni53 ma214 ① 清理，清查：他记的账一塌糊涂，该~一下了。② 处理；惩治：不要打，不要打，问清楚再~他！｜并不是要把凡是搞那些名堂的农民，一个个都弄来~，打整。

【俩】nia214 ① 滑；掉：眼睛脚脚松了，戴不稳，一会儿又往下头~。｜你一天到黑光耍，莫把皮耍~了。② 比喻推卸（责任）：这件事要集体负责，哪个都莫想~脱。

【撩】niao44 ① 用手工缝、补：你衬衣划破了个口子，我来给你~几针。

② 专指一种缝衣法，略近于挑花的挑，针仅从衣料的反面挑起很少几根纱。这种缝衣法可使衣料正面上的针脚不明显，多用来缝合袖边、脚边等：～脚边。

【落】no214 ①（雨雪等）降落：在我们童年的时候，每逢～雪，我们总爱偷偷戴了大人的斗笠，赤了脚，在街石上走着玩。② 遗失，遗漏："是拖通信站转的，信里还有夹着一张相片。""是吗？那恐怕是寄～了。"｜你抄～了一段话。

【落屋】no214wu214 着家；回家：一天到晚不～，只晓得在外头耍。

【暖】nuan21（舌头）转动：你不好好吃东西，舌头在嘴巴头来～去～干啥？

【暖不转】nuan21bu214zhuan214 ① 舌头转不动了：你嘴巴不要含那么多饭，不然舌头～。② 口齿不清：他是大舌头，说话～。③ 比喻不能说清楚：你背着人搞的那些丑事，你当然～啰。

【排轮子】pai21nen21zi53 排队：啥子东西那么俏？还要～买！

【盘】pan21 辛勤抚育；培养：她省吃俭用，好不容易才～大了两个娃娃。｜他把三个娃娃都～成了大学生了。

【搒】pang53 触动；碰撞：他用手肘把坐在身旁的工兵排长～了一下。｜他望起脑壳走路，～斗墙了，～起多大个包。

【泡汤】pao214tang44 正在酝酿或正在进行的事告吹；落空：那件事看来就只有～，办不成了啰？｜那席酒怕是吃不稳了，礼钱算泡了汤了！

【溋】pen44 ① 靠；依靠：扁担～在门后头的。｜你～斗树子站起，就不得跶扑爬了。② 挨近，靠近，沿：你～斗阶沿走，不得遭雨打湿。｜你～河边走，就不得走错了。③ 巴结：他还没当上官，就有人去～他了。④ 靠着物体打盹儿，也泛指小睡：你就在沙发上～一会嘛。｜昨天晚上熬了夜，现在精神不好，想～一下儿。

【片（揙）】pian214 用刀、斧头等削：这棒棒太粗了，～小点儿。另见计量单位。

【谝】pian53 用言辞讨好；人家会～，当官的又听得进，咋不该他吃糖嘛。

【飘】piao44 打赌："今天这场球赛，我说红队会赢，敢不敢～嘛？""～就～，红队赢了我请客，红队输了你请客。"

【抨】pin44 用刀横切成薄片，也泛指切少许：把瘦肉～下来炒肉片。｜师傅，请你再～点儿精瘦肉给我。

【泼烦】po214fan21 厌烦：你不要提钱字，我听斗就～你。｜他倒不～

钱，就是~做事情。

【烰】pong44 ①（尘土）飞扬；（烟、火）冒，涌：洒点儿水再扫地，灰尘就不得~。｜火尾子~起好高。｜啥子东西燃起来了，烟子到处~。②扑；蜂拥而至：他硬要~起进去打人家，拉都拉不住。｜街上出一点屁大的事，看热闹的人马上就~起过来了。

【仆】pu44 俯：~起睡不好，会压迫内脏。｜把那个碗~起放，不要仰起。｜（背书）要是第三天还背不得，学生就要自己脱了裤子~在板凳上由私塾老师用竹板子打屁股。

【起】qi53 ①长出（可用于植物）：黄瓜还没~蒂蒂。②形成（某种样子）：人多得~堆堆。｜马路上的汽车~串串。另见计量单位。

【忴】qian214 想念；思念；牵挂：他第一次离家外出上学，过了一个学期，还~家，~妈妈。

【俏头】qiao214 tou21 炒菜时加点的配菜：肉片里头的~是木耳。

【亲候】qin44 hou214 收拾；处罚：不听话嘛，我要来~你哈。

【认黄】ren214 huang21 讲信义；讲交情：在生死存亡关头，对朋友他也只好不~了。｜把我惹毛了我不~的哟！

【日白】ri21 be21 吹牛；夸口；说谎：他~的，一年收入哪有那么多嘛。｜他平素最爱~扯谎，莫得人信他的。

【挼】rua21 揉；搓：~泥巴。｜一些小碟子里面盛着~好了的各种颜色的画。｜这篇文章材料不少，就是还没~拢来。

【杀（煞）偏】sha214 pian44 没有说到正题或有意转移话题：他听了别人的发言才意识到自己刚才的话远离会议主题了，~了。｜他多次~，想转移话题。

【靸（趿）】sa214 穿鞋时不把鞋后帮提起来而踩在脚下；穿（拖鞋）：鞋子穿好，~起穿容易把鞋后跟穿变形。｜一听到敲门声，他来不及穿戴整齐，~起拖鞋就去开门。

【煞搁（果）】sa214 go214 结束，完毕：别个话还没~，你就不要接倒说。｜闹~，工钱没涨一分。

【收拾】sou44 shi21 打扮：他经常把自己~得漂漂亮亮的。｜你不看见她那身打扮，还不晓得一个人还可以这样~。

【收手】shou44 shou53 洗手不干；罢手：他当过几年小偷，从牢里放出来后才~的。｜你要见好就~。

【耍】shuar53 ①玩儿；玩耍：城头的娃儿不肯同我们一块去~。｜方芳和她的~得很好，活像亲密无间的姐妹一样。②休假：~国庆大假。｜她才

275

生了娃儿，在~产假。|庄稼人不像机关单位，从来不兴~礼拜。|她把假期存起集中~。③闲居：他辞职以后一直没找到工作，都在家里~了一年多了。

【耍秤】shua53chen214 在称秤时耍花招，使分量不准：我称的秤，只有多，绝不~。|到王鸭子那里去提个肥鸭子，跟他说是我老龙要的，莫~！|这人心术不正，帮国家收购东西还耍农民的秤。

【耍横】shua53huan21 表现出蛮横的态度：他最爱~，不讲道理。

【耍朋友】shua53pong21you53 结交异性朋友，指找对象；谈恋爱：中学生不要~。|他才20岁，就耍过3个朋友了。|老二原来对我还好点儿，耍了朋友就变了。

【甩】shuai53 ①丢；抛弃：你手里的蘑菇有毒，还不快点~了！|他又把女朋友~了，一年里头耍了三个，~了三个。②（垂着的东西）摆动：挂在屋檐下的一串串红辣椒，在风中~来~去。③比喻不落实，不安慰：地震过去几个月了，如果救灾措施还不到位，灾民的心头，当然会是~的。

【踏屑（削、亵）】ta214 xue214 故意贬低：经常~别人，抬高自己。

【抬（胎）】tai44 ①掂量：你~一下看，大概有好重？②（不情愿地）承担：这件事哪个来~斗都是祸事！这是他该上的课，咋个有我们~斗呢？③衬：你那件上衣，肩头上~布没有？

【汤】tang44 遭遇：~斗他这样的坏蛋，不说你，连我们旁的人都生气哪。|要是我~斗你这样的事情，我不跟他吵个大翻身！

【烫】tang214 欺骗，诈骗：这是假货，你着~了。|我是他朋友，未必他还会~我？另见性质状态。

【讨】tao53 摘：这茄子是才在菜地头~的，新鲜得很。|他心想~朵花来戴，脑壳上又没得毛。

【腾】ten214 互相观望，采取同等的行动：你~我，我~你，大家~斗起，都不想先动手。|挣不到钱算了，大家~斗耍嘛。

【提劲】ti21jin214 鼓励，引申为说大话，逞威风：没有落到自己头上，可以~，自己碰了个头破血流就晓得厉害了。|这些人在乡里称王称霸，在场上~提惯了，谁惹得起？另见性质状态。

【舔肥】tian53 fei21 "舔肥屁股"的省文，拍马屁，巴结：他的朋友老杨当官以后，他怕人家说自己~，就主动疏远了老杨。|我说你好，不是舔你的肥，是因为你确实为大家做了好事。

【塞包袱】se214bao44fu214 行贿：他塞了好多包袱，才得到这个职位。

【闪火】shan53ho53 本指煮东西时，中途火力变小或熄火，比喻松劲：

前头要上坡了，大家鼓点劲，闪不得火哟。｜去年秋季接手的一个重点班，刚刚扶上正轨，倘若中途~，后果就不堪设想。

【烧】shao44 ①抽（烟）：田颂尧正坐在椅子上~水烟。｜他烟瘾大得很，一天要~一包。②愚弄；捉弄；坑害：董事长千辛万苦跑来，难道是想~大家吗？｜人家打火求财，还讲个信用。而今~内伙子，那啷个要得啊！③含沙射影，旁敲侧击地攻击：你发言就发言，不要一会~这个，一会儿~那个。

【骚搅】sao44kao21 乱搅动：你少在那里~，一锅稀饭着你搅成稀汤汤。｜好端端一个单位，着他一~，就乱糟糟的了。

【臊皮】sao214pi21 ①丢脸：这件事弄得我好~，我都没脸见人了。②使伤面子；使丢脸：叫他搽起脂粉游街，臊他的老皮！｜任你管家小姐，平日架子再大，一旦被痞子臊起皮来，依然没办法，只好受欺负。

【折财免灾】she214cai21mian53 zai44 虽然折了钱财，但却免遭了灾害。迷信认为运气不好的人，不折财，就遭灾，多用来安慰钱财受损的人：车子掉了没关系，~嘛。

【生】sen44 ①粘住：搅一下，稀饭~锅了。｜这两种东西~不拢，要多刷点胶水，不然不相~。②无中生有：没得那些事，你偏要给我~一坨。

【乘】shen21 承受；承担：这么大的责任，要我一个人来~，不行啰。｜绳子这么细，~不起人。

【识相】shi21xiang214 会看别人的神色行事；知趣：大路不平旁人铲，~的各自收刀捡卦。｜村里情况也变了，以后他应该~点，各自滚远些。

【梭】so44 ①滑动；滑行：那是个斜坡坡，东西放上去要~的。｜山路被林木隐没，宛如巨蟒~进了林中。｜那娃儿马上~下牛背，把牛拴在竹子上进来了。②悄悄地走；溜：他趁天黑的时候，悄悄地~到房子外边的小树林里去了。｜他硬是~得快，会还没开完，就溜走了。

【收荒】shou44huang44 收购废旧物品：他爸爸、妈妈在城头一边打工，一边~，供他上学。

【收捡】shou44jian53 收拾；收藏：旅店服务员正在~客人用过的铺盖。｜刚才从银行取回来的钱，你~好没有？

【贴】tie214 巴结：他~当官的，当官的当然要照顾他。｜老经理下台了，他又去~新经理。

【贴起】tie214qi53 ①紧紧跟着：老总走前头，两个保镖跟他~。②支持着：不要怕，你放手去闯，有我们跟你~。

【拖】to44 ①拉；抢夺：一把~过他手中的棍子。②带领（队伍）转移：

前好多天他就把队伍~往别处去了。③组建(队伍):兄弟这次回来,是要~点队伍。|~一营人是营长,~一连人就是个连长。

【脱】to214 掉落,失掉,可单用,也常用于动词之后表动作行为的结果:这衣服才洗了一次,颜色就~了。|他旷了半个月,着老板辞退,工作整~了。

【脱不了爪爪】to214bu214dao53zhao53zhao53 爪爪,谑指手。指脱不了干系:不能贪污,贪污~的。

【嚲(軃)】to53 下垂:裙子~到地上了。|他自己晓得做错了事,站在老爸面前,手~起,脑壳也不敢抬。

【偷人】tou44 ren21 与人私通:都说他~,着人家老公逮到了整了一顿。|他今天偷你的鸡你不管,只怕以后要偷你家头的人。

【抖】tou53 ①揍:你小子咋搞的?看我~你!②踢:~你一脚,看你龟儿还歪不歪?

【团】tuan21 聚合;使聚合:他还经常把班上的战友~在一堆,给大家读报纸。|他决定把投军的学生~在一起,另自成立一支学生军。

【挖】wa53 舀取:~一碗米~两瓢水来。

【外搭】wai214da214 另外加上:他一个晚上就输掉了身上带的全部钱,~一只瑞士表。

【弯酸】wan44 suan44 ①挑剔;刁难,宾语通常指人:他今天翻来覆去挑刺,真把我们~够了!|那个时候,肉是凭票供应,他在卖肉,经常~我们。②讥诮;挖苦:一个供销社的干部看到我的苦楚,~我说:"老哥,你咋个还在外头受这份苦?"|说~话我不要你教。

【玩格】wan21ge21 闹享受;摆排场:他的命好,该他~,我就将他一点有算啥?|你这一趟天南海北,~玩安逸了嘛。|那个时候,虽然香烟一盒才四五角钱,我却一直没玩过那洋格。

【网】wang53<贬> ①束缚:他的话没说清楚,自己把自己~起了。②交往;结交:大队长在外头关系广,~得宽,哪方的人他不认得?|哪晓得,他跟几个女知青~起,惹莉莉生气,闹吹了。③兜揽;招揽:吃了饭,你挑箩筐下山,去~生意,态度要拿好点。另见计量单位。

【卫向(相)】wei214xiang214 偏向;偏袒:妈妈是~外婆,还是~爸爸?|这些话我是~你才跟你说的,你不要到处传哈。

【稳起】wen53qi53 沉住气,不动声色:大家都等他发言,他~不开腔。|该你出牌了,你~做啥子?

【洗刷】xi53shua214 羞辱;斥责,讽刺:我们结婚是冲破双方家庭重重阻碍的，还一直闹上了法庭，晚报还把我们双方父母~了一顿。｜哪个叫你违反工作纪律？着领导~活该！

【下烂药】xia214nan214yuo214 说坏话，使坏主意：老板处罚我，是有人在他面前下了我的烂药。

【相】xiang214 看；盯：大家你~到我，我~到你，不晓得该咋办。｜人家在吃饭，你~到做啥子？

【晓得】xiao53de214 知道，其否定式是"不晓得"或者"清不到"：我不~他叫啥子名字。

【歇】xie21 住宿；投宿：今天晚上就在这家旅店~。｜过去从成都到重庆，坐汽车都要~一晚上才能到。

【写】xie53 ①租赁（房屋、土地）：我在街上~了间铺子做生意。｜解放前，他家~了地主几亩田来种。②承揽：这笔生意有赚头，可以~到。

【焮（炘）】xin214 ①火气炙人；烤：火势太大，站在几十米以外，都~得乘不住。②用微火使变热：在蜂窝煤炉子上~点儿水来洗脸。｜饼子冷了不好吃，放在锅头~一下。③映照：晚霞~红了半边天空。｜你看，那边天那么亮，那是山林大火~起的。④映衬：你的文章写得那么好，跟我们的放在一起，不是把我们写的~倒了吗？｜他怕我把他~丑了，从来不准我跟他一起上街。

【雄起】xiong21qi53 ①本指雄鸡打架时昂首振翅，血脉贲张的样子，借指争吵的架势；争吵：我又没有惹你，你凭啥子跟我~？｜那个人脾气火爆，来不来就跟人~。②鼓起劲头；加油：全兴队，~！｜中国队，~！

【虚】xu44 心中无底，害怕：你再歪我也不~你，不信我们试一下嘛。｜我没有复习好，有点儿~这回子的考试。

【吆】yao44 赶；驱赶；把鸡~到坝子头去。｜不把他~回老家，我们四川人咋子过日子哟！

【吆鸭子】yao44ya214zi53 本指赶鸭子，赶鸭子的人总在最后，引申指排名最末：今年的大、中专升学考试，我县的成绩很不理想，和兄弟县比较起来，几乎吆了鸭子。｜他又~了，跑了个倒数第一。

【要得】yao214de214 行，可以，否定式是"要不得"：我想了个办法，你看~不？｜"今天晚上吃抄手，要不要得？""~。"

【引】yin53 ①带领：把妹妹~去看划龙船。②照看（孩子）：我们两口子上班都很忙，只有把老丈母娘请来~娃儿。

【荫】yin214 浇：隔壁在给花~粪，怪不得好臭！｜这一阵天干，水~勤一点儿。

【扎（拃）起】zha53qi53 本袍哥用语，指撑腰；做后台：有老总给你~，你怕啥子？｜我们都跟你~，你放手去搞。

【鲊】zha53 ①盐、碱等刺激，使不舒服：你带双手套，免得石灰把手~倒。｜手着碱~得好痛。｜糖吃多了~心。②沤：娃儿的胯着尿不湿~烂了，要擦点儿药。｜地下室太潮了，一双布鞋才放几天就~烂了。

【宰】zai53 砍；刹：把排骨~断。｜这块肉~细了做丸子。｜猪草要~一下，才下锅煮。

【展（搌）】zan53 ①移动；挪动：把桌子~到窗子那个地方去。｜这窝树子是从那边~过来的。②特指搬家，迁居：~家｜新房子装修好了，下半年就要~过去住了。

【张】zhang44 理睬；理会，多用于否定句：我好心好意请人打牌，鬼也没一个~我的。｜大家都不~他，把他孤立起来了。也说"张识"。

【奘】zang21 砸：他捡了个石头~核桃。｜一锤~下去，~得稀烂。

【长醒】zhang53xin53 长大成熟：这黄瓜还没~，咋个不嫩嘛。｜这不过是一只没~的小母鸡，还不会下蛋。｜你都二十岁了，还那么不懂事，永远长不醒啊？

【掌】zhang53 ①扶；握：~倒，~倒，自行车要倒了。｜你骑车子，两只手都不~龙头，危险！②（用皮子或废旧轮胎）钉补（鞋底）：~皮鞋｜鞋底磨穿了，~一块皮子上去。

【涨】zhang53 液体沸腾：水烧~了，冒好大的泡儿。｜水~了才把挂面丢下锅煮。

【着（遭）】zhao21 遭遇到不好的事：二娃~了，他偷东西，警察把他抓起来了。｜我的自行车又~掉了。

【争】zen44 欠；差：做生意没赚到钱倒不说，倒~一屁股的账。｜我们班的同学还~几个没有来。｜花了~点儿一千元钱。

【跐】zi44 用手擦拭或用脚掌在地上前后揉擦，或贴着物体表面移动：你的脚不要在地上~来~去的。又不是铅笔写的字，橡皮擦子~不脱。

【走展】zou53zan53：变动：质量没得问题，价钱也不能~。｜期限是定好了的，~一丝一毫都不行。

【抓屎糊脸】zhua44shi53fu21nian53 比喻硬把不光彩的事硬往自己身上扯：李老栓，你借钱不还，还~。

【啄】zhua214 ①用鹤嘴镐一类工具挖、掘：就从这儿往下~，要~深一点儿。②使（头）向下移动一下立即恢复原位：他不住~脑壳，表示同意。③下垂：脑壳抬起来，不用~起。④踢：~足球｜你为啥子~我一脚？

【啄梦脚】zhua214mong214juo214 见"打梦脚":书记在大会上讲了,你咋个不晓得呢?~去了?

【拽】zhuai44 勉强别人接受东西:你卖不脱的菜~起~卖给我,我不要。

【跩】zhuai44 摔:他没站稳,从楼梯上~了下来。

【跩瞌睡】zhuai44ko21shui214 见"啄瞌睡":打起精神来,不要~。

【装疯迷窍】zhuang44fong44mi21qiao214 故意装作糊涂的样子:你少在我面前~的,你明明晓得,还说不晓得。

【装怪】zhuang44guai214 故意不配合:他~,明明晓得,就是不跟你讲。

(二)性质状态

【巴谱】ba44pu53 靠谱,指说话不离题:你说话咋那么不~哦!

【巴适】ba44shi214 ① 住这个小区~得很。② 漂亮,用于物:这间屋布置得好~!③ 妥帖:书稿装订得很不~,页码都是乱的。④ 合适:这双鞋子肥了点儿,穿起点儿都不~。

【冰浸】bin44qin214 冰冷:洗脚要用热水,~的水洗脚不好。|你手咋个~的哎?

【冰人】bin44ren21 冰凉:你脚~得很,不要挨到我。|这水烧了半天,咋个还是~的呢?

【不胎孩】bu21tai-44hai-21 没出息;不正经:几十岁的人了,还做这种不要脸的事,真是老~。

【奓(岔)】cha53 阔;大:你问他嘴巴有好~呀?四个汤圆排起来不打挤。

【燥热】cao214re214 中医指使热性上来,狗肉太~了,夏天吃了不好。

【扯】che53(说话,表情)好笑;不庄重:你的话才~呢,开玩笑嗦?另见动作行为。

【伸(撑)】chen44 多做补语。① 直;平展:把手打~,不要弯起。|衣服皱的,没~。② 清楚:你还欠我的工,大家把账理~算了。|陈谷子的事情,哪个扯得~哦?

【伸抖】chen44tou44 ① 舒展:伸伸抖抖过日子。|那时候兵荒马乱的,随时都提心吊胆,日子没有一天~过!② 漂亮:虽是长得~点,也是各人的福气。|那娃儿伸伸抖抖的,追的人多。③ 清楚:话都说不~,推销啥子保险哦?

【伸展】chen44zhan53 ① 平展:这件衣服熨得很~。② 清楚:几十块钱,数了半天都没数~。③漂亮：去见女朋友嗦？穿得那么~。

【撑】cen214 口气生硬，不和气：小伙子，说话和气点，咋那么~呢？另见动作行为。

【拙】cho214 可恶：你不要那么~哈。

【冲】chong214 脾气暴躁，性情鲁莽：他原本很~，平常没事还像吃了炸药一样。｜人家话还没说完你就闹，你咋个那么~嘛！

【打挤】da53ji53 拥挤：房间比较大，住四个人也不~。｜春运的时候，火车上好~，站都没得地方站。

【得行】de214xin21 能干，厉害：他才~，做活路一个人顶两个人。｜你英语好~啰，口语简直跟老外一样！另见动作行为。

【敦笃】den44du21 身材粗壮，结实：这娃娃~，壮得像头牛。｜他身体好，长得敦敦笃笃的。

【逗硬】dou214ngen214 坚持原则：这儿不是水场合，样样都~。｜说来骗人的，他们一直坚持原则，从来没有逗过硬。

【对头】dui214tou21 ① 正确；正常：这个数字才~，那个数字不~，差几千。｜那两个人脚跟脚的尾随在他后头，他觉得有些不~。｜年纪大了，眼睛不~了，穿针都困难了。② 合适：要是觉得~，下回再来照顾我的生意哈。③ 应答用语，表肯定：签名那位是王老师吧，~是他。

【二恍恍】er214huang53huang53（~的）粗枝大叶，不踏实，不认真：做事情不能~的，你咋个总是不听啊？另见名物指称。

【二麻二麻】er214ma21er214ma21（~的）形容喝酒微醉的样子：他都~的了，不能再喝了。

【二甩甩】er214shuai53shuai53（~的）①（话、事情）不肯定：你说得~的，喊我咋子相信你？② 吊儿郎当：你看他一副~的样子，哪里像个正派人？

【二通二通】er214tong44er214tong44（~的）半通不通：写个发言稿都~的，还要出书？

【烦】fan21 混乱，脏乱，令人心烦：那段时间，火车站广场~得很，骗子到处都是。｜好泼~哟！这个哭那个闹的。｜屋头几天不打扫，~得很。

【肥】fei21 ① 含脂肪多：这块肉膘好厚，~得很。② 收入多，富裕：他这几年做生意，搞~了。｜这家人才~，别墅就有好几套。

【费】fei214 顽皮：娃娃都很小，~得不得了。｜随便好~的娃娃，在李老师面前都规规矩矩的。还可以说"迁翻儿"。

【干】gan44 ① 干旱：妈妈同我讲，说她小时候家乡天~，饿死人了，她们是逃荒逃到四川来的。② 净；白白地：结果县太爷收了捐税四万元，~

赚一万元。│动工那天，甚至有慕名的人跑来帮~忙，他也不拒绝。③ 枯瘦：这人好~，一身尽是骨头。④ 缺钱：这两天~得很，哪里有钱请客哦？

【过筋（经）过脉】go214jin44go214me214 比喻关键的、要害的：讲到~的地方，总要反复强调几次。

【勾腰驼背】gou44yao44to21bei214 勾，弯曲。形容腰、背不直的样子：你~的，脊柱有毛病啊？

【刮（寡）毒】gua53du21 狠毒：清朝末年，赵屠夫赵尔丰才~，杀了好多四川人！

【寡】gua53 未受精的（蛋）：~鸡蛋│这鸭蛋是~的，咋个抱得出鸭儿嘛。另见方式程度。

【寡淡】gua53dan214 很淡，没有咸味：你炒的菜~，像没放盐一样。

【拐】guai53 ① 错；差：咋个越走越远呢？是不是方向搞~了？│你听爹妈的话不得~。② (~了) 坏；糟糕：~了，锅又烧干了。│~了，钱都没带，买啥子东西嘛。

【光】guang44sen44 ① 光滑；光洁：墙壁上的水泥抹得很~生，蚂蚁都爬不上去。② 光彩，体面：他为集体办大事，名声好，你脸面也有~。

【归一】gui44yi214 表示完成或达到完善的地步：早点穿~，免得走时再换。│我们先把话说~事情办不成你不要怪我。

【哈】ha53 傻：真是俗话说得好，老实人干~事！│经常都在上当受骗，你咋个那么~呢？

【行势】hang21shi214 能干：大嫂才~，那么大个家，管得巴巴适适的。

【好生】hao53sen44 小心在意，好好儿：~点！你看到路走，不要东张西望的。│你~站到，免得跌跤。│你走路~一点儿嘛，把我的脚踩到了。

【红火】hong2lho53 ① 火辣辣：今天是~大太阳！② 兴旺发达：他有房子日子要好~有好~！│他们的公司办得才~，规模越来越大。

【黄】huang21 外行：我们的手艺~得很，不敢班门弄斧。

【恍】huang53 ① 粗心大意：这娃娃~得很，莫把钱搞掉了哈。② 糊涂：娃儿，你咋子不睁眼看看，现在是什么时候了，你还这样~。│~了20多年，脑壳才开了窍。③ 行为不检点，浪荡，特指胡嫖乱赌：刘三恍子从前家资富足，可是就因为~，几年家业便凋零了。

【恍兮惚兮】huang53xi44fu21xi44 (~的) ① 粗心，不在意：我那时候啥事都~的，连我们住的地方，连爹爹的名字，都弄不明白。② 精神恍惚：这一棒真把我打瓜了，一连多少天，做什么事都~的。│体温39度，都烧得~的了。

【昏】hun44（~了）用于动词、形容词之后作补语，表示程序很深：吓~了。｜忙~了。｜盼盼心里十分明白，就是身体软得不能动弹，像瞌睡来~了一样。｜你又着急~了，那么远的路，咋能说来就来嘛？

【夹】jia214 吝啬：他好~哦，找他要口水喝都不得行。

【奸】jian44 聪明；狡黠：这家伙~得很，一踩九头翘。｜老实厚道的人都学~了。

【贱】jian214 不娇气，生活条件要求不高：这娃儿带得~，打得粗。｜这个品种的小麦，性最~，肥料少点也关系不大。

【僵】jiang44 形容（手脚）困冻而不灵活：北风停止了，不觉得很冷，只是手指有点~。｜他的鞋已经破了，陷在雪里脚不~么？

【讲礼】jiang53li53 客气：你太~了，快吃菜呀！

【交】jiao44 遍；全，用在动词后，作补语：母亲死后，催着吴嫂赶做的三双素面鞋，全换~了。｜那么多地方，你三天三夜也跑不~。

【椒盐】jiao44yan21 带不纯正口音的：~四川话｜"是，总司令！"这句是用~普通话回答的——学他老子的份儿。

【狡】jiao21 能言善辩；强辩：你嘴巴~，我说不赢你。｜留分头的小伙脸上一红，但是嘴巴上还是~，说出口的话比石条还硬撑。

【经事】jin44si214 结实牢固，经久耐用：这种布，看起来很薄，其实很~。｜从前的人真~，七八十岁活得硬邦邦的。

【经用】jin44yong214 经得起花费、消耗：你的钱硬是~哈，几百块钱的工资还有存款。｜为什么擦黄腊？那擦起~，摇起车子转得快。

【惊风火闪】jin44fong44ho214shan53（贬）咋咋呼呼：他多远就~地喊道："李书记，几时回来的？"｜女人见识，没见过世面，芝麻大点事就~的。

【惊抓抓】jin44zhua44zhua44（贬）形容大声吼叫、喧嚷：小女娃儿躺在地上，~地哭喊。｜小声点要得不？~的，闹啥子？

【筋筋绊绊】jin44jin44pan214pan214 形容有东西拦住或缠住，使行走不便的情况：那边是建筑工地，~的，不好走。｜方案都出来几个月了，~地硬是通不过。

【筋筋刷刷】jin44jin44shua214shua214 形容破烂不完整的样子：一件衣服烂得~的了，还穿哪？｜这块肉割得不好，~的。

【精蹦】jin44bong214 形容精力旺盛的样子：你八十多岁的人，还骑自行车，这么~，真不简单。

【精灵】jin44nin21 聪明：这个娃儿~得很，每次考试都得100分。｜你以为个个都是瓜的，只有你一个人~完了。

【劲仗（涨）】jin214zhang214 有劲头；厉害：好~的烟！这不是你平时抽的那种哈。

【卡白】qia53be214 ①形容没有血色，多指因病、体弱或因害怕而肤色发白：他的手~，哪像健康人的手嘛。｜女人一脸~，吓得已经说不出话了。②泛白，多指不该发白的东西发白了：一件蓝颜色的衣裳，洗得了~，还穿起走人户。

【抠】kou44 斤斤计较；吝啬：她那个女婿~得很，丈母娘过生都舍不得送个红包。另见动作行为。

【狂眉狂眼】kuang21mi21kuang21yan53（~的）形容瞠目结舌，不知所措的样子：刚才，他着吓了一大跳，吓得~的。

【浑】kun21 形容形体完整，多指食品：早上吃了两个鸡蛋，红苕蒸~的，不切开。｜用~鸡~鸭招待客人。

【浑董董】kun21dong53dong53 ①形容形体完整：一个~鸡蛋，你吞得下去？②比喻不加分析的：你那话~的，大家还没完全弄懂。

【麻】ma21 形容饮酒过量，微醉而神智不很清醒的神情或感觉：你都喝~了，再喝就要发酒疯了。我今天喝多了点，喝得有点儿~了，但是还说不上醉。另见动作行为。

【麻杂（炸）】ma21za21 稀里糊涂，不清不楚：这个账目有点儿~。｜他故意不交代清楚，话说得很~。

【莽】mang44 ①粗壮；粗笨：他长得牛高马壮的，人家叫他~娃。｜这棒棒太~了，要打磨一下。②憨厚；傻：人家叫你跳岩，你也跳岩，那么~嗦？③鲁莽：虽然有老四、老九、田征葵在壮胆，但两个是混蛋，一个是~汉，成事不足，坏事则都有余。

【毛（茅）焦火辣】mao21jiao44ho53na214 形容十分焦躁：几说几激，把老杜搞得~。

【霉】mei21 倒霉：老子要看到你~得来衣裳裤儿都没得穿的。｜买了股票就天天跌，你说~不~？

【霉绰绰】mei21cho214cho214（~的）发霉的样子：这屋太潮了，~的。

【满荡荡】men53dang21dang21（~的）满满的：苏二哥~的三十岁了，还没有耍朋友。｜那里已经~摆了一桌菜。｜他端来一碗醪糟荷包蛋，~的五个。

【闷】men44 不聪明；不灵活：你咋个那么~呢？打酱油的钱就打不得醋啊？另见动作行为。

【闷人】men214ren21 ①使人感到不透气：这屋门窗关得死死的，好~！

② 食物中油脂过多，使人感到油腻：这肉太肥了，~得很。

【闷油】men214you21 不想吃油腻的东西：我这几天感冒了，~，不想吃肉。

【绵】mian21 ① 软而韧，不脆：花生没炒脆，吃起~得很。② 拖沓，疲沓：厂里八点上班，他总要~够七点三十五才起床。

【绵扯扯】mian21che53che53（~的）① "绵①"的生动形式，较软而韧，不脆：这东西吃起来~的，一点都不脆。② "绵②"的生动形式，程度较轻：他生成一个~的性子，做啥子事都不着急。③ 形容缠绵：又不是生离死别，~的，半天走不出门。

【爱好】ngai214hao53 讲究衣着、打扮：她很~，一天要换三次衣服。你娃是个技术员啰，么么不~！你看你脚上那双鞋，烂了个洞，老子都比你娃讲究！

【安逸】ngan44yi21 ① 舒服；舒畅：她更知道当太太的、奶奶的、少奶奶的、小姐的、姑娘的、姨太太的，是那么舒服~。｜这个周末耍得好~哦。② 优点多，令人满意：这些玩具做得好~。③ 用在动词或形容词之后作补语，表示程度深，厉害：这海椒把我辣~了。｜前几天降温，把我冷~了。另见动作行为。

【晏】ngan214 晚；迟：这时候并不算~，寻常人家不过才吃过晌午饭。｜短袖衫不快地睁开眼睛，情不自禁地打了一个呵欠："昨晚睡~了。"

【睉（盎）】ngang44 响亮：办公楼的人，基本搞忘了山顶上这个脾气暴，喉咙~的怪老头。｜哪一回不是说得凶，闹得~，过几天就水了？｜这件事情大家都说~了，你还装做不晓得呢。

【拗】ngao214（担子、杠杆之类两头不平衡，轻的那头）向上翘：担子~的，不好挑。｜秤杆~起那么高，太旺了。

【硬火】ngen214ho53 质量好的；有分量的：你的货不~，傲不起大价钱。｜不要吹了，拿点~的本事出来露一手！

【硬肘】ngen214zhou53 坚硬；结实：这石头~，做磨子好得很。｜他八十岁了，身体还多~的。

【欧起欧起】ngou44qi53 ngou44 qi53（~的）（贬）形容说话有意带外地腔调，也泛指拿架子，装腔作势的样子：你~的做啥子？哪个不晓得你的底细呀？

【脸红筋胀】nian53hong21jin44zhang214（~的）形容因发急、发怒或因害羞、剧烈运动而面部、颈部红胀：说话和气点嘛，~的做啥子？｜他已经~的了，再笑他，他更不好意思。｜他跑得~，气都喘不过来。

【灵醒】nin21xin53 ①机灵；清醒：此人脑袋极其~，最会随机应变。| 这几年，别人越活越~，你就越活越糊涂！②灵活；灵便：我妈呢，眼睛又不~，做不得针线活了。

【溜】niu44（路）滑：那是农村的土路，一下雨就很~。| 那天下大雨，他不会走乡间的土路，一下就~到路边的水沟里了。

【落教】no21jiao214 通情达理；讲交情，守信用：干部也不能一概而论，比如队长就很~。| 张三娃借钱不还，很不~。

【偻】nou21 寒碜；不体面；丢脸：他穿得太~，也不怕人笑话。| 那么大个人了，还去要人家的东西吃，才~哦！也说"偻撒""偻垮"。

【炊】pa44 ①软（跟"硬"相对）：到肉~、菜熟时，即下水豆粉；烧白蒸得好~，筷子都拈不起来。②发软，没有力气：干起活来~得很，总是那么提不起劲。| 刚刚生了一场病，脚~手软的。

【炊和】pa44ho21 软和：姜糖吃起来~、滋润、香甜细嫩。| 这床棉絮才弹的，很~。

【仆爬跟斗儿】pu214pa21gen44dour53（~的）形容急急忙忙的样子：我怕火车开了，~地赶起来。| 你~的，要赶到哪儿去？

【七拱八翘】qi214gong53ba214qiao214（~的）①形容板子之类不平，高高低低的样子：实木地板没铺好，一受潮就~的。②形容集体里意见不统一，闹矛盾：干部做了很多工作，大家还是~，意见统一不起来。也说"七翘八拱"。

【迁翻儿】qian44fanr44 调皮：你再~，罚你晚上不看动画片！有时说"费"。

【浸人】qin214ren21（东西）使人感到凉、冷：雪水好~啦。| 这水烧了半天还是~的。

【然瓦】ran21wa53 做事不干脆，不痛快：他那个人哪，~得很，半天拿不定主意。

【瓤】rang21 ①（布、纸等）很薄很软；不结实：这纸太~了，经不起铅笔画。②软弱无力，没有精神：拉了一天车，周身都是~的。

【苕】shao21 本指红薯，形容土气、俗气：他嫌乡下姑娘~，不答应这门亲事。| 你看她那身打扮哟，大红大绿的，硬是~得很。

【神】shen21 ①特别高超或出奇；神奇（可单独作谓语）：他耍的魔术好~哦。| 他的预报是在省台广播预报前十天报出的，这就了~。②入神，走神；发愣：哎呀，看人家的新娘子都看~了！③神经质的：我们没有说你，你咋子噇~嘛，东怀疑、西怀疑。④形容说话漫无边际或无根据：他们边走边~扯着。

【神戳戳】shen21cho214cho214（~的）神经质的，莫明其妙的：他一天到黑~的，是不是脑子有毛病？｜你又没有过错，道啥子歉嘛，~的。

【松活】song44ho214 ① 不感到有负担；轻松：行李都给骡子驮起了，走起路很~。｜他很照顾这个小兄弟，总是安排些~的事情让他去干。② 宽绰；宽裕：就这么个车，坐几十号客，人要不穿衣服就好了，要不，人都是衣服就更~了。｜打从嫁到王家，她总算过了十打十年~日子！

【㞞】song21 寒碜；寒酸：那么有钱还要捡废纸卖，做得那么~。｜穿得烂稀稀的，~得很。

【苏（舒）气】su44qi214 ① 漂亮；好看：哎哟，今天的三娃儿才打扮的~哦！｜好漂亮，好~的妹仔，看花了眼，还当是下凡的七仙姑。② 大方，脱俗：与一般向下新娘子，见了胜任，便死死把头埋着，一万个不开口，比并起来，自然她就~多了。

【水】shui53 ① 说话不算话；办事敷衍塞责：他~惯了，说的话信不得。｜他最~，上课经常迟到早退。｜自从当了芝麻官，全村最~的李二娃也一本正经起来。② 单位、组织纪律松弛；办事不坚持原则：政治学习要考勤，我不敢~。｜那个学校才~，只要交钱，就发文凭。｜哪一回不是说得凶，闹得凶，过几天就~了？

【水垮垮】shui53kua53kua53（~的）<贬>① 形容水淋淋的样子：这东西~的，装在衣兜里要不得。② 形容词"水"的生动形式：他做事~的，要把他盯紧点儿。｜他经常~的，他的话怕靠不住。

【烫】tang214 厉害；棘手：现如今，生意~得很，没事还能给你说一坨来摆起哩！｜这种事情~得很哦，你不要去自找麻烦。

【跳颤】tiao214zan214 ① 活蹦乱跳的样子：这娃娃那么~的，有啥子病哦？② <贬>过于活跃，好出风头：他那个人很~，啥事都要出头显示一番！

【歪】wai44 凶狠，厉害：说得那么吓人，比老虎还~。｜你别看这不过是一个芝麻大的官，在乡下却~得很哩。

【歪浑】wai44kun21（~了）浑，作补语，表示打到很高的程度。指很厉害、凶狠：他蛮不讲理，简直~了。

【歪】wai53 ① 假冒的，质量低劣的：他在地摊上买了双耐克鞋，哪晓得是~的，假名牌。｜这车子才~哟，骑了几天就扯拐了。② 非正规的；不讲原则，不负责任：~中介公司｜这培训班好~嘛，没得教师，也没得学生。｜这次的考试才~，监考老师都不设。

【亡命】wang21min214 不顾性命；不顾危险：我打架最~，那些娃儿都不敢惹我。｜带病加班，好~！你们的加班费肯定高。｜工作不要太~，身体也要紧。

【瘟（温）】wen44 愚笨；低能：敌人飞行员技术太~，没把炸弹投中目标。

【相因（应）】xiang44yin44/214 便宜：质量又好，价钱又~，多买点。不要只图~，~无好货。

【心欠欠】xin44qian214qian214（~的）心里没有得到满足：这顿饭吃是好吃，就是分量少了点儿，吃的~的。

【醒豁】xin53ho214 清楚；明白：看~哈，这是你亲自写给我的借条。你搞~，风水轮流转，现在不是我求你的时候了。

【醒事】xin53si214 成熟；懂事：都快三十的人了，还不~！

【朽儿】xir44（质地、质量）等很差劲：他的体质~得很，稍微受凉就感冒。这床才~，睡几天就散架了。

【朽】xiu53 腐烂：这木头长期泡在水里，已经~了。

【悬吊吊】xuan21diao214diao214（~的）①悬空的：高空作业~的，你要注意安全。②心理不踏实，无着落：任务没有完成，心头~的。

【洋歪歪】yang21wai53wai53（~的）样样得意的样子：才考第三名嘛，~的做啥子？

【幺】yao44 排行最末的：他是他妈的~儿，从小娇生惯养。｜我的~妹小我10岁。

【妖艳儿】yao44yanr214<贬> ①妖冶，艳丽：你看她那一身穿戴，好~哦。②故意捣蛋：只要紧箍咒一念，哪个还敢~？③摆阔；拿架子：人家有钱，该他~。

【芋】yu214 磨损：石头的棱角磨来磨去，早就~了，变得很光滑了。｜才穿一个月，鞋底板上的花纹就磨~了。

【遇缘】yu214yuan21 恰好碰在某种机缘上；正好：你要找他，真来的~！他平时都不来，今天正好来了。｜硬是不~，回回促销活动我都没赶上。

【渣渣瓦瓦】zha44zha44wa53wa53（~的）①零碎；琐碎：每天都有很多~的事情做不完。②爱说闲言碎语的：这个人~的，你不要理他。

【扎实】zha214shi21 结实：他的衣服很~，不容易穿烂。

【造孽】zao214gnie21 可怜：他从小父母双亡，~得很。

【周吴郑王】zhou44wu21zhen214wang21（~的）为《百家姓》上的一句话，谐"周正"。（穿戴）齐整：小王今天要去相亲，穿得~。参看"周正"。

【周正（整）】zhou44zhen214 ①（位置或长相）端正：那副油画没有挂~。小伙子长得很~。②（穿戴）齐整：今天小陈要上台领奖，西装领带的，穿得好~哦。③纯正：这瓶酒的味道很~。

【贼呵呵】zui21ho44ho44（~的）贼头贼脑的样子：那人~地到处看，怕是小偷在踩点咯。

（三）名物指称

【坝坝】ba214ba214（~儿）空的平地：球场~｜几个老年人在~头晒太阳。

【坝坝电影】ba214ba214dian214yin53 露天电影。

【欂单】ba214dan44 床单：床上铺了一床旧~。

【跰子】bai44zi53 跛子。也说跰跰。

【棒老二】bang214nao53er214 旧时称土匪：~抢人了。也叫"棒客"。

【包包】bao44bao44 ①装东西的口袋：这~太重，我提不动。②（~儿）衣裤口袋：他从内衣~里拿出来一部手机。③（~儿）花苞；芽苞：月季又发了几个小~。④身体或物体上鼓起的疙瘩：娃娃的脑壳上长了一个~。

【包谷】bao44gu214 玉米。

【抱鸡婆】bao214ji44po21 孵蛋的母鸡。

【白墨】be214me214 粉笔：一堂课下来，衣袖上尽是~灰。｜给老师拿几支彩色~来。

【鼻子】bi214zi53 可指鼻涕：他感冒了，清~不断流。｜你看那娃娃，~流到嘴巴头了。

【别个】bie214go214 别人：上车的，等~下了车在上。

【冰口】bin44kou53 皮肤因冷冻而起的裂口，也泛指裂口：他的手到了冬天就满是~。

【抄手】chao44shou53（~儿）馄饨。因包馅时要将两边的面皮向中间抄过来，犹如抄着手一样而得名，自贡有名小吃"郑抄手"：清汤~｜红油~。

【扯谎坝】che53huang53ba214（~儿）指爱撒谎的人：我不是~，我说的都是实话。

【撮撮】co214co214 撮箕：买个~（儿）来撮垃圾。

【撮撮帽】cho214cho214mao214 带帽檐：他戴的~叫棒球帽。

【串串儿】chuan44chuanr44 ①倒卖紧俏物品的人：他在~手头买的火车票，一张票多花几十元。②中介人；商业掮客：他辞职后当起了房屋~。｜他是个钱~，专门倒卖外汇。

【铲铲】chuan53chuan53 ①铲子。②粗俗语，也说"球"，表示强烈否定，相当于"屁"：饭都吃完了才喊我们吃，吃个~！

【串串香】chuan214chuanr214xiang44 一种类似火锅而更平民化的食品，因肉、菜品用竹签穿成串，放入有类似火锅底料的锅中烫着吃而得名：同兴路的~，经常有好多学生去吃。

【炊二哥】cui44er214go44 炊事员，含谐谑味：他是食堂的~，头上戴顶白帽子。

【锤子】chui21zi53 粗俗语。①男阴。②表示强烈否定，相当于"屁"，但更粗俗：闹闹！闹个~！

【电马儿】dian214ma53er21 电动车：他骑的是摩托车，不是~。

【二话】er214hua214 牢骚话：他一贯服从组织分配，不管安排他搞什么工作，他都从来不说~。

【二回】er214hui21 下次；以后：这回没整对，重新来过。｜欢迎各位~再来照顾我们的生意。也说"二回子"。

【二天】er214tian44 以后：今天不批条子了，~再说。｜你不要么凶，老子~才找你娃算账。

【房圈】fang21quan44 卧室：妈，你那小箱箱的钥匙是不是在你~里的枕头底下，我给你拿啊？

【街娃儿】gai44war21 街头男小混混，有时泛指街头小混混：那些~吃饱了没得事，又在打群架了。

【盖面菜】gai214mian214cai214 ①放在面碗上作面子的、质量最好的菜，也泛指席桌上最好的菜：只有面上的~才是肉，下面的全是小菜。②比喻头等的人或物：无论讲资格，讲地位，讲威望，他都算得上这块偏僻小镇的头一块~，所以经常都是他代表镇上抛头露面。

【干疮】gan44chuang44 疥疮：他一身长了好多~，痒得不得了。

【杠杠】gang214gang214 ①直线条过马路还要看路面上有没有白~。②指某种规定、规格：对于才能超拔的人物，大可悉心委任，何必死扣~？更何必任意提高~，挑剔一些不想干的毛病？

【女娃儿】gnv53wa21er214-44 女孩子，与"男娃儿"相对：她生了两个~，还想生个男娃儿。｜他才结婚几个月，就把~丢在家头，自己跑到深圳打工去了。

【锅盔（魁、块）】go44kui44 一种烧饼，有白面、椒盐、混糖、肉馅等品种，白面的可在中间夹凉粉、凉面、卤肉等，是常见的大众化快餐食品。

【过场】go214chang21<贬>①（有意为难人的）名堂；花样：这个人一会儿提个要求，多得很。②有意做给人看的言语行为：假~｜做~。

【沟（尻）子】gou44zi53 屁股的粗俗说法：你娃~上有屎，不怕他抓你把柄吗？

【寡蛋】gua53dan214 未受精而又孵过的蛋：这蛋抱过的，你买到~了。

【哈包ㄦ】ha53baor44 哈，傻。指傻瓜。有的地方说"哈儿"。

【海椒】hai53jiao44 辣椒。

【闲场天】han21chang21tian44 不逢集的日子：今天是~，街上卖菜的农民很少。也说"闲天"。

【红油海椒】hong21you21hai53jiao44 川菜常用调料。菜油煎熟趁热倒入辣椒粉中制成。也说"熟油海椒"。

【灰灰】hui44hui44 ①灰，粉末：桌子上好多~。②常与"末末"连用，指隔了多代的后代：他至多算是苏轼的~末末了。

【灰面】hui44mian214 面粉。

【回锅肉】hui21guo44ru214 家常川菜，带皮猪肉煮至六成熟，切成薄片，放回锅中加调料煎炒而成。也说"熬锅肉"。

【鸡婆】ji44po21 母鸡。

【几娘母】ji53gniang21mu53 母亲和几个子女的总称：男人在外头打工，~在家头种庄稼。

【几爷子】ji53ye21zi53 ①父亲和几个子女的总称：和一般生活俭朴、人口又多的农家一样，平常头发长了，~就换手搔背地互相理发。②<贬>几个人；一伙人：都关了店门了，~还跑来打门，硬把老板从铺盖里喊起来。｜怕只怕事情败露，那~就只有栽崖了！

【架架ㄦ】jia214jiar214-44 贴身穿的背心ㄦ：他脱掉衬衣，露出了里面穿的~。

【架势】jia214shi214 势头：看他那~，今天好像要大干一场的样子。

【謇巴郎】jian53ba44lang44 口吃的人：他是~，说人结巴得很。也说"夹舌ㄦ"。

【焦心】jiao44xin44 焦虑的心情：他这一向~太重了，人都瘦了。

【酒谷】jiu53gu214 糯米谷子。

【酒米】jiu53mi53 糯米，因常用来酿制江米酒而得名。

【脚脚】juo214juo214 ①动物的脚：｜你咋个不吃鸡肉光啃~？②器物的腿：桌子~｜板凳~｜他上穿丹布马褂，下穿毛织贡大~裤子。③某些蔬菜的根：豆芽要掐了~才好吃。④残渣；剩余的东西：你不要尽把好的吃了，光给人家留些~。｜人家在街上买不到小菜——连小菜~都买不到。⑤也说"脚子"。指液体里残留在容器底部的沉淀：这水壶烧出来的开水~太多了。

【刻刻】ke53ke53 ①刻划而留下的痕迹：他在船上用刀子刻了个~，表示剑是从哪儿掉下河里的。②比喻规定的范围、限度：还是定个~，没到一百三十斤的猪不收。｜再自由也有~，天黑人稀的转竹林，也自由得么？

【壳子】ko214zi53 ①无关紧要的话：你们~也吹够了，也该干点儿正经事了。②大话，夸口话：如此说来，有房产是冲的~，有汽车也是~了！③喜欢闲聊或吹牛的人：老张是著名的张~，惯会遇事生风，乱吹壳子。

【瞌睡虫】ko21shui214chong21 ①使人瞌睡的虫，含谐谑味，源于《西游记》中孙悟空拔毫毛变瞌睡虫放到人身上，催其入睡，所以瞌睡了，谐称为"瞌睡虫来了"：这娃儿~来了，吃饭都在啄瞌睡。②比喻贪睡的人：你简直是个~，一天睡到黑都像睡不醒。

【口口】kou53kou53 ①口儿；口子：这瓶子~是破的。｜手割着了一条~。｜街~上有一家中国银行。②刀、剑、剪刀等的刃：幸好是菜刀背背，万一是菜刀~的话，哎哟！才不得了。｜这把剪刀~都剪缺了，不磨咋个用？

【款款】kuan53kuan53 用以绊住物件的东西：门上~都没得，光溜溜的，咋个款得到嘛。

【麻辣烫】ma21na21tang214 四川风味小吃。把蔬菜、肉、动物内脏、禽蛋等用竹签串好，放入装有类似火锅底料的汁水的锅中烫着吃，一般认为"串串香"即由此演变而成：吃点儿~，打点儿小麻将。

【莽子】mang44zi53 ①身材粗壮的人；胖子：~娃儿胖嘟嘟，就像我家大白猪。②很憨厚或不爱动脑筋的人：二哥~其实并不莽，只不过脾气很犟。｜他这人绰号~，是不大会用思想的。

【米米】mi53mi53 ①泛指去壳或皮后的种子，多指可以吃的：花生~｜包谷才挂上了红胡须，还没长~。②小而硬的粒状物：石头~。

【摸哥儿】mo44gor44 扒手儿；小偷儿：手机放好，公交车是~多。

【抹豁】mo53ho21（~儿）不应得而得或不付代价而白得的东西：吃了别个好多~。｜~拿多了要不得，吃进去好，吐出来恼火。

【木脑壳】mu21nao53go21（~儿）比喻无头脑、任人摆布的人：可惜我不是~，不想进你圈套。有的地方说"木走走"（肘肘）。

【男娃儿】nan21wa21er44 男孩子，与"女娃儿"相对，有的地方也指男朋友或丈夫：她已经生了两个~，还想要一个女娃儿。｜她的~是个做生意的，他们好了一年多，准备结婚了。｜结婚才半年，她~就到深圳打工去了。

【烂脑壳】nan214nao53ko21 头脑灵、主意多的人，多含贬义：他是个~，鬼点子多得很。

【烂药】nan214yuo21 ①喻指鬼点子、坏主意：他想利用大家急于发财的心理，放点儿~，把众人引上邪路。②比喻爱使坏的人：他觉得自己如果不听那个~同事的话，就不会上当。

【烂友儿】nan214your53 流氓；痞子：他是个~，正经女娃子都不想跟他要朋友。也说"烂眼儿"。

【躴巴儿】nang44bar44 ①瘦弱的人或动物：他是个~，担得起那么重的担子呀？｜一挑鱼大的卖完了，只剩些~了。②专指小指头：大拇指儿，二指弟，中三娘，王伙计，请你~吃个屁。

【嚷瓤】nang44rang21 通融的余地：这些事情没啥子可说的，一点~都没得，要逗硬。另见性质状态。

【捞捞】nao44nao44 ①笊篱之类捞取东西的工具：拿个~捞面。②值得捞取的东西：这清汤寡水的，没得啥子~。｜这生意跑一趟才赚几十块钱，有啥~嘛。

【老把子】nao53ba53zi53 对中老年男子的尊称，多用于不相识的人，尊敬意不很强：~——不！不！老人家。多谢谢你了。②指父亲，多含谐谑味：~，妈喊你回家吃饭啰。

【老果果】nao53go53go53-21 ①年纪大的人：我们这些~，哪能跟年轻人比哟。②老手：他从小就在市场上混饭吃，几十年来已算得上~了，可以说无往不胜，不往不利。

【老几】nao53ji53 略等于"家伙"，指人（含轻视或玩笑意）：那几个~算啥子？我随捡！｜你这~才笑人呢，自家人还这么客气。

【老人公】nao53ren21gong44 公公。

【老子们】nao53zi53men44 话说人自称（不限于男性），有强烈的自负义：~有钱就该住别墅，开宝马。

【脑壳】nao53ko214 ①头；脑袋：狗~｜猪~｜若真的挨上这一拳头，他的~怕真的破面开花了。②脑筋：碰到这种事情，他那灵动的~，油滑无比的舌头，一时也全失去了作用。｜你平时显得很有~，咋个今天就没得办法了呢！③脑子，脑海：他~里一再出现刚才的事情。｜昨天那件事，总是在我~头打转转。④指头发，与剪、剃、洗、梳、吹、烫等动词连用；剪~｜剃~｜梳~｜我三个月烫一回~。⑤某些器物的顶端；植物的与末梢相对部分或根部：烟杆~｜锄~｜菜~｜他吃莴笋只吃~，不吃颠颠和叶子。

【龙门阵】nong21men21zhen214 ①故事：这可是几十年前武林中的一件真事情，你可以不要把它当成一般的~来听啊！②闲谈的话：这期间他们经常一起下棋，吹~，成了忘年交。｜那是酒席上的~，你不要太认真了。

【内伙子】nui214ho53zi53 内部成员：他们~说不出来，外人咋个晓得？

【炮耳朵】pa44er53do44 指惧内的人。炮，软，惧内的人耳朵很软，什么都听老婆的：他是~，在婆娘面前说不起话。

【炮和】pa44ho21 容易获取的或不需要付出相应劳动的东西；便宜：他花的钱少，默倒买了个~，哪晓得买到个假货。｜这任务简单，你还是把它接到手，说不定还捡了一个~呢。｜我这儿没~好吃，主要是跟大石块打交道，活路可是有点重。另见性质状态。

【婆娘】po21gniang21〈贬〉① 已婚的女人："哪个背时~喊你回来的？" "你妈喊我回来的！" ② 老婆：我~回娘屋去了，把娃娃也带走了。｜那娃儿三十岁了，朋友都没耍，哪得~嘛。

【婆】po21 外祖母，家婆。

【婆婆娘】po21po44gniang21 婆婆。

【仆爬】pu214pa21 因为失去平衡而摔倒的动作：脚下一滑，摔了一~。

【魌（欺）头】qi44tou21 指价钱便宜的东西；不应得的小利；不劳而获得好处：这猪儿买到~了，少说也要三十六七块。｜他两个知道，水不搅浑，是摸不到鱼的，他们想望~，不制造点事端，吃不到嘴。｜草堆堆头的蛋是人家的鸡生的，你咋个见到~就想伸手呢？

【青沟（尻）子】qin44gou44zi53 本指有青色胎记的屁股，引申指年纪不大的，不懂世事的人：他还是个~娃娃，懂得啥子嘛？｜总而言之，是这个眼睛四海的~大学生，打乱了三江镇的平静、秩序、和气。

【青头子姑娘】qin44tou21zi53gu44gniang44（~儿）黄花女儿：媳妇是~嫁过来的，不是啥子二婚嫂。

【球】qiu21 粗俗语，同"锤子"，但粗俗味不及"锤子"强烈。

【缺牙巴】que21ya21ba44 牙齿缺损的人：他门牙缺了一颗，是个~。

【缺嘴】que21zui53 ① 唇裂的人：他那娃娃，生下来就是个~，去年才做手术把嘴唇补好的。② 嘴儿有缺损的器物：那把壶是个~。

【让手】rang21shou53 可能退让的余地，可以商量的余地："就是这个价吗？有~没有？" "没~！一分都不少！" ｜你没看见有的落实政策的干部，在我们招待所来住起，条件一是一，二是二，不得打一点点~。

【烧白】shao44be21 即"扣肉"，传统川菜名。底子是芽菜、冬菜之类的称"咸烧白"，底子是糯米的称"甜烧白"。

【声气】shen44qi214 声音：咋个没得~了，是不是睡着了？｜你上课~好大，马路上都听得倒。

【收荒匠】shou44huang44jiang214 收废品的人：喊个~来把破烂收走。｜那个~就靠收废品挣钱养家，供娃娃上学。

【熟油】shu214you21 煎熟的菜油。

【熟油海椒】shu21you21hai53jiao44 见"红油海椒"。

【天棒】tian44bang214〈贬〉粗鲁的、不怕事的人：他是个~，说话、做事很冲动，不动脑筋。

【贴心豆瓣】tie21xin44dou214ban214（~儿）心腹，亲信：你不能只相信你那几个~。

【头】tou21 用于名词性词语之后表方位，相当于"里"：锅~有了，碗~也有了。｜大教室~坐满了学生。｜车子停在大楼右边的那个坝子~。另见计量单位。

【头回】tou21hui21 上次：~你答应得好好的,咋个今天就变了？也说"头回子"。

【头头】tou21tou44 ① 植物的根茎部分：甘蔗~比颠颠甜。｜你们连莴笋叶叶都舍不得丢~。｜小菜好贵哟，还敢尽吃~？② 物体的端头部分：我们小区的~上经常有农民在那卖菜。｜现在已经是农历二月~上了。③ 领导：他是他们单位的~。

【娃儿】wa21er44 小孩儿：她生了三个~，都是儿。

【歪人】wai44ren21 凶狠、厉害、蛮不讲理的人：他是个出了名~，哪个敢惹他？

【旺子】wang214zi53 供食用的动物血：猪~。有时说"血旺"。

【乡坝头】xiang44ba214tou21 乡下；乡村：~空气新鲜，城里人周末都喜欢来。

【乡巴（坝）佬】xiang44ba44nao53<贬>乡下人：你真是~进城，啥子都觉得稀奇。

【小菜】xiao53cai214 蔬菜：这顿饭只有~，没得肉。

【心子】xin44zi53 ① 食用动物的心脏：猪~｜卤鸡~。② 馅儿；某些事物的中心部分：汤圆~｜这包子是白糖~，不是肉。｜这个枕头是人造棉~。

【醒场合】xin53chang21ho21 不严肃、不认真的场合：大家注意点，这不是啥子~，严肃点儿。

【兄弟伙】xiong44di214ho53 ① 旧时袍哥称自己组织中的成员：他把龙头大爷、仁义两堂的~都请来了。② 泛指自己小集团中的成员；哥们儿：争斗双方都叫来了自己的~，差点酿成一场大械斗。｜大家都是~，何必客气嘛。

【血旺】xue21wang214 供食用的动物血。有时候叫"旺子"。

【眼流水】yan53liu21sui53 泪水：~都没得，干哭。

【崽崽】zai53zai53 ①小孩儿：她丈夫出去打工，她一个人带两个~。｜那个鬼~又把我的花掐走了。②也说"崽儿"，指幼畜：猫猫下了三个~。｜私房银子不拿出来用干啥子呀？未必放在箱箱里头会下~呀？

【颤花儿】zan214huar44 爱出风头，好表现的人：满屋子人都那样讲，你偏要这样讲，人家不说你是~呀？｜你七姐的"那个"来了，是一个留小胡子的~，讨厌死了！

【蘸水】zan214shui53 供吃菜时蘸着食用的液态调料，用多种调味品调制而成，可以根据食用者的喜好，调成不同口味：茄子蒸熟了，打点儿~蘸起吃。

【走展】zou53zan53 可以改变、退让的余地：这是原则，不能有丝毫~。

【啄啄】zua21zua21 ①鹤嘴锄一类工具：拿个~把地啄开。②物体上突出的部分：那山顶部朝前突出，形成一个~。｜（脑壳）前啄金，后啄银，没得~怄死人。

（四）方式程度

【八方】ba214fang44 到处；各方（"四面八方"的省文）：为了孩子上学的事情两口子不得不~求人。

【大声武气】da214shen44wu53qi214 (~的)嗓门提得很高地说话：光听见他~地闹麻了，不晓得闹的啥子。｜不要~地吼，轻言细语的我听得见。

【对直】dui214zhi21 直直地：把汽车~开过去，不要转拐。｜她~向老汉走来。

【飞叉叉】fei44cha44cha44 速度迅速，带贬义：看见几个女生在排练舞蹈，他~地跑过去看热闹。｜她肚皮痛，~地朝茅厕头跑。

【跟倒】gen44dao53 ①马上，立刻：打完这圈麻将，我~就来。｜号令一响，运动员~就冲了出去。②即将，接着：大暑过了好几天了，~就要到立秋了。｜不要着急，打了针，吃了药，病~就会好的。

【格外】ge214wai214 另外，在所说范围之外：除了酱油，~还买点啥子不？｜算错了没来头，~算一遍嘛。

【高矮】gao44ngai53 无论如何：任命书都下了，他~不上任。｜大家都不同意，他还是~要坚持自己的意见。

【寡】gua53 只：~说不做｜你~吃菜，不吃饭，哪得那么多菜给你吃？

【寡是】gua53shi44 只是：你~说，又不动手，那咋个行呢？｜不要~喝酒，多吃点菜。

【何犯于】ho21fan214yu21 何必，犯不着：你一个大人，~跟娃娃生气？｜这件事跟你没有关系，你~去承担责任？｜明明晓得会败诉，偏要去打官司，~嘛。

【好倒说】hao53dao214shuo214 那就是了；知道了还说：你要去我家吃午饭的噻？~，我们约好了的哒。

【横顺】huan21shun214 ① 反正：等我回家吃了饭，梳了辫子，亲自送过去好了。我~有点事要找他的。｜~没有客人来，我就给你摆一摆嘛。② 无论如何：这女人第一难惹，~不讲道理。｜说了半天，他~听不进去。

【尽都】jin214dou44 全部，一定范围内无例外：年轻人~打工去了，家头尽是老家伙。｜这个消息~晓得了，还用你说。

【紧（尽）斗】jin53dou53 一直，老是；不停地：老天~不下雨，庄家都干死完了。｜早一点去，不要让人家~等。｜~走，~走！脚都走痛了。也说"紧"。

【脚跟脚】juo214gen44juo214 形容紧紧跟随或紧接着某人的行动而行动：认都认不到的女娃子，你~地在后头撵啥子？｜这个娃娃懒得很，大人一出门，他~地就梭出去耍。

【看斗】kan214dou44 眼看着；马上：~就要下雨了，咋不带把伞喃？｜~房子就要垮了，还不愿意搬家。｜~人家都要哭了，还在说啥子嘛。

【硬是】ngen214shi44 ① 偏；就：病得那么恼火，他~不去医院。｜喊他做作业，他~要打游戏。② 确实；果然：你还不信嗦？人家~得了第一名。｜你不要理他，这个人~麻烦得很。｜说起下雨，~就下起来了得嘛。

【完】wan21（~了）用于形容词之后作补语，表示程序达到了极点：对~了｜好~了｜干净~了｜体面~了｜明明做错了，还一副~了的样子。｜你哥子平时精灵~了的，咋个会上当受骗喃？

【未必】wei214bi214 难道，用于加强反诘语气：大风大浪都过来了，~还会在阴沟翻船？｜怪了，~还要我这个当老汉的去给娃娃赔罪嗦？｜都是大学生了，~你还不会用电脑？也说"未必然"。

【喜（希）得好】xi53de214hao53 幸好，辛亏：那是一伙搞非法传销的骗子，你~没有跟他们一起去哦。｜天气一下降温了，~我带了件毛衣。｜~没有签这个合同，不然的话就亏多了。也说"幸得好"。

【先不先】xian44bu214xian44 先，首先：话都说不清楚，就~地闹起来。｜~动手打人，就应该受到处罚。｜不要~地乱表态，等情况调查清楚再说。

【一下】yi21ha214 ① 通通，全部：这些钱~拿去，我一分都不要。｜

那半瓶酒,你把它~喝了。② 总共:住五天酒店,~花了不到两千块钱。|会议室里头~坐了三十多个人。

【眼鼓鼓】yun53gu53gu53 急切地看着事情发生却无可奈何:他这个月请了三天事假,月底只有~地看着别人领奖金。|大家没有没有看清楚车牌号,~地看着肇事车逃跑了。

【要不要】yao214bu214yao214 有时;偶尔:~地喝点酒,也多大关系。|他~地写篇文章投到报社去发表。|身体情况还好,只是~地感冒一下。

【阴斗】yin44dou53 跟表面情况相反或不同:这个工作看起来轻巧,其实~恼火。|不要看他精神好,~病多得很。|看不出来哈,这幅画~贵得很哦。|会还没开完,他就~梭起走了。

【再】zai214 从来;一直:走廊上的灯~没有关过,一直开起。|我爸爸~不为这些事情打我。

【早不早】zao53bu214zao53 说话之前较久的时间,或比某个时候靠前的时间:门都没有开,你~跑来等起做啥子?|他们~就托了熟人,当然好办啰。|结婚年龄都没到,咋~就办结婚证?

【昼时】zhuo214shi21 不停地;经常:住在大路边上,~不得清静。|太婆身体不好,身边~离不得人。

(五)计量单位

【坝】ba214 用于地面成片的东西,数词说为"一":那里修了一~房子。|地震遇难者的遗体摆了一~。另见动作行为。

【饼】bin53 用于饼状的东西:一~火炮|糖化了,粘成饼一~了。

【撮】co21 用于粉状或小颗粒的东西,指少量:在碗里放了一~盐。|勾一~芡粉在汤里面。|他觉得米少了,又加了一~。

【道】dao214 ① 动量词,结合面比普通宽:河上有一~桥。② 动量词,相当于"遍":这篇文章改了两~了。|这么简单的问题,说了三~他都没听懂。|话说三~难,篾缠三~稳。

【墩】den44 ① 用于指呈方形、有一定厚度的东西:一~肉|一~豆腐|修那道河坎用了八~石头。② 用于指叠在一起、有一定厚度的东西:桌上堆了一~书。|那~栗子好厚哦,可能有好几万呢。③ 用于楼房:一~房子|一~教学楼|那~宿舍住新生。

【杆】gan44 用于烟杆:一~叶子烟|两~红塔山。

【架】jia214 用于有支架的东西,结合面比普通话广,可用于桥、车辆等:

三~梯子｜一~抽水机｜修一~天桥｜买了一~自行车。｜停了几~大卡车。

【溜】niu44 用于狭窄的条状物：一~纸｜一~布｜一~木条条｜把面团切成一~一~的。

【泡】pɑ44 用于排泄物：一~口水｜一~尿｜不小心踩到一~屎。

【籸拉】pɑ44lɑ44 用于杂乱、成串的人或物，数词多用"一"，常用与事情、话语等：说了一~，没有听出个名堂。｜屋头还有一~事情等我回去做。｜刚打发走了一~闹事的，接倒又来了一~。

【匹】pi21 ①用于指条形、片状物：一~叶子｜两~篾条｜一~肋巴骨。②用于指砖、瓦：一~砖｜三~瓦。③用于指山：一~山｜翻过那~大山就到了。

【片】pian53 用于切削、剥离、分离下来的片状物：一~回锅肉｜一~土豆｜把海带切成一~一~的。｜把白菜叶子分两~下来。另见动作行为。

【泼】po44 ①用于成群或成批的人：商店开门了就来了一~买主。｜家里来了一~客人。｜今天走了两~实习生。②用于雨、雾：刚下了一~大雨。｜把它放在露天坝头，晚上扯几~露水。

【起】qi53 用于人或物，相当于"种"或"类"：我从来不用那~纸写信。另见动作行为。

【台】tɑi21 用于酒席，请以此客人吃酒席"一台"：一~酒席摆了30桌。｜给娃娃做满月都摆了两~席。｜结婚的时候，城里头摆了一~酒席，回乡下去又摆了一~席。

【筒】tong21 用于圆筒状的东西。①用于卷成筒状的东西：把地板胶卷成一~。｜他肩头上扛了一~草席。②用于人，含贬义：立起那么大一~了，还不醒事。

【头】tou21 用于人的高度，数词多用"一"：咋个哥哥比弟弟还矮一个~哦？｜这个娃娃又长了一~。另见名物指称。

【坨（砣）】to21 ①用于团状或状的东西：一~肉｜一~石头｜一~泥巴｜他把稿子捼成一~。②用于聚在一起或结成一伙的人：那边围了一~人。｜因为意见不合，一个单位的人分成了三~。

【窝】o44 ①用于一胎所生或一次孵出的动物：这一~猪生了五个。｜这~狗儿有白的，有花的。

【网】wang53 集合词量，用于网状或大片掉落的东西：把那几~烂布巾巾拿出去丢了！｜头发一~一~地掉。｜外墙上垮下来一~墙砖。｜坡上垮下来~泥巴。另见动作行为。

【歇】xie214 ①动量词，指干活过程中，以歇息分开的时段：每天上午

干两~活路。|一~活路差不多两个小时。|都干了三~了，咋一点进展都没有喃？②动量词，只跟动词"歇"组合，相当于"次"：你咋个那么偷懒喃？锯一块木板就歇了两~。|这捆书太重了，我歇了三~才提到办公室。另见动作行为。

六、熟　语

【白毛猪儿家家有】be21mao21zu44er21jia44jia44you53 同样的、平常的东西谁都可能有。意指并非某人专有。也说"黑毛猪儿家家有"。

【背起娃儿找娃儿】bei44qi53wa21er44zhao53wa21er44 犹如说"骑马找马"。

【比斗箍箍买鸭蛋】bi53dou53ku44ku44mai53ya21dan214 比倒，比着，照着。箍箍，箍儿，这里指规格、规章。字面上指比照着箍儿买跟他一样大小的鸭蛋。比喻照某种要求办事，也比喻不知变通：他喊买三块钱一斤的橘子，我只有~了。|~嗦？哪有那么合适的？不能灵活一点儿吗？

【趁浑水打虾芭】chen214hun44shui53da53xia44pa21 虾芭，竹制捕虾工具。犹如说"浑水摸鱼"：你想~，捞点好处，想得美！

【吃的亏，打得堆】chi214de214kui44，da53de214dui44 打堆，在一起相处。不怕吃亏的人，别人才能同他相处。

【吃屎的反倒把筤屎的麻倒】chi214shi53ne44fan53dao214ba44o44shi214ne44ma53dou53 麻倒，强迫人做某事。比喻受惠者反而欺负施惠者。

【大家马儿大家骑】da214jia44ma53er21da214jia44qi21 比喻利益均沾。

【地皮都没踩热】di214pi21dou44mei44chai53re21 地皮子，地皮。犹如说"初来乍到"：你才来几天，~，不要轻易插手这件事。

【吊起锅儿打当当】diao214qi53go44er21da53dang214dang214 "当当"，敲锣声。打当当，即当锣打。比喻无米下锅，断炊：工资没到月底就用完了，~了。

【豆腐盘成肉价钱】dou214fu53pan21chen21ru214jia214qian21 盘，运，比喻长途贩运，使贱价品成为高价品。

【翻过来牛皮鲊，翻过去鲊牛皮】fan44o214lai21gniu21pi21zha53，fan44go214ji214zha53gniu21pi21 指翻来覆去重复同一内容。

【喷嚏都打不出来】fen214ti214dou44da53bu214chu214lai21 上当或吃亏后不便说出，有口难言：他因为贪小便宜吃了大亏，害得自己~来。

【狗做筅篼——不识抬举】gou53zo214yuan44dou44——bu214shi214tai21ju53

筶筶，竹篾做成的类似畚箕一样的盛物用具。狗通常都是自己走路，让它坐在筶筶里抬它，好比让人坐轿。常用来骂人不识抬举，不接受或不珍视别人对自己的好意。

【管他牛打死马，还是马打死牛】guan53la44gniu21da53si53ma53，hai21shi44ma53da53si53ginu21 比喻不介入与己无关的斗争、矛盾。

【红眉毛，绿眼睛】hong21mi21mao44，lu21yan53jin44 形容横眉怒目，怒气冲冲的样子：有话好好说，何必这么~的。

【皇帝爱长子，百姓爱幺儿】huang21di214ngai214zhang53zi53，be21xin214ngai214yao44er21 幺儿，排行最小的儿子。指普通人往往疼爱自己最小的孩子。

【黄瓜还没有起蒂蒂】huang21gua44hai21mei44you53qi53di214di214-44 起蒂蒂，长出瓜蒂。比喻事情还没有开头，离成功还远。

【鸡公屙屎头节硬】ji44gong44o44shi53tou21jie214ngen214 字面上指公鸡拉屎只有第一节干而硬，后面则是稀的。比喻做事虎头蛇尾。

【见人屙屎屁股痒】jian214ren21o44shi53pi214gu53yang53 见到别人做啥，自己也想做啥。比喻自己缺乏主见，随意随人行动：你莫~，别个炒股，你也去炒股。

【久走夜路要撞鬼】jiu53zou53ye214lu44yao214chuang53gui53 撞到，碰到。比喻久做坏事者终究要倒霉：~，他不会有好果子吃的。

【抠鼻子屎吃】kou44bi21zi53shi53chi21 鼻子屎，鼻屎。形容人极其吝啬。

【猫儿抓糍粑——脱不到爪爪】maor44zhua44ci21ba44—to214bu214dao53zhao53zhao53 爪爪，爪子。字面指糍粑很黏，猫爪子如果抓上了，就很难弄掉。比喻脱不了干系：他干的坏事，证据确凿，~了。

【茅司头的石头——又臭又硬】mao21si44tou21ne44shi21tou21—you214chou214you214ngen214 指固执的令人生厌。

【霉得起冬瓜灰】mei21de214qi53dong44gua44hui44 冬瓜灰，字面上指冬瓜成熟后表面的白粉，因其形状像霉，所以运用中指"倒霉"或"糊涂"的"霉"，形容倒霉到极点或糊涂到极点：我一连掉了两个手机，硬是~。

【哪里黑，哪里歇】na53ni53he214，na53ni53xie214 走到哪里天黑了，就在哪里住宿。比喻办事无计划，随意行事：你要有长计划、短安排，不要~。

【懒牛懒马屎尿多】nan53gniu21nan53ma53shi53gniu214do44 骂人借解便偷懒。

【聋子的耳朵——摆设】nong44zi53ne44er53do44—bai53she214 比喻徒有形式，没有实用价值的东西：他说这个副职是~。

【绊倒不抠，爬起来才抠】pan214dao53bu214ngou214，pa21qi53nei21cai21ngou214 抠，生气。摔倒的时候不生气，爬起来的时候才生气。比喻事后失悔或想不通。

【泡儿都没冒一个】paor214dou44mei44mao214yi214go214 比喻毫无动静，毫无影响：花了那么大一笔钱去开后门，结果~。

【屁股上有粑粑】pi214gu53shang214you53ba53ba53 粑粑，屎，儿语。比喻有可被人利用的把柄：你~，咋个说得起硬话嘛。｜我又不是~，不怕他整我。

【人心隔肚皮】ren21xin44ge214du214pi21 肚皮，肚子。指人心难测。

【山西骡子学马叫】shan44xi44no21zi53xuo214ma53jiao214 嘲笑人不说本地话而说外地话或外语：我不想听你学成都话，简直是~。

【屎胀了挖茅厕】shi53zhang214a53wa44mao21si53 比喻临渴掘井。

【顺倒毛毛抹】shun214dou53mao21mao44ma214 顺着某人心意、脾气说话或做事。

【心头有个打米碗】xin44tou21you53go214da53mi53wan53 比喻心中有数。

【一根肠子通屁股】yi214gen44chang21zi53tong44pi214gu53 比喻心性耿直：他是个直性子人，~，很好打交道。

【一竿竿打翻一船人】yi214gan44gan44da53fan44yi214chuan21ren21 竿竿，撑船的竹竿或木杆。比喻说话不当，伤及众人：你莫~，我们几个就是规规矩矩的人。

【月亮坝耍刀——明砍】yue214niang214ba214shua53dao44—min21kan53 明砍，字面上指在明处砍，运用中指明说，即打开窗子说亮话的意思。

【找不到地方擦癞子】zhao53bu214dao53di214fang44ca214lai214zi53 擦癞子，指皮肤发痒时找地方摩擦皮肤以止痒。指随便找人发泄怒气：你不要惹他，他正~呢。

【自己的稀饭都吹不冷】zi214ji53ne44xi44fan214dou44chui44bu214len53 比喻自己的事情都弄不好，多用来提醒人家少管别人的闲事或说明自己无力管别人的事：~，你还去管人家的事。｜我~，哪有精力管别人的事哟。

附录五　自贡方言语法举例

一、名词的构成和变化

（一）重叠式名词

用 AA 式的重叠方式构成名词。
普通话：玻璃杯没有塑料杯结实。
自贡话：玻璃杯杯没得塑料杯杯经事。

（二）后缀"~子"

后缀"子"有很强的构词能力，能构成名词。
普通话：他今年在山上种了些树，还养了几只羊。
自贡话：拉今年子在山上载了些树子，还喂了几条羊子。

（三）后缀"儿"

儿尾有较强构词能力，能构成名词。
普通话：家里养了五头猪。
自贡话：屋头喂了五只猪儿。

（四）重叠并儿化

重叠并儿化的方式可以构成名词。
普通话：买了一个锅，还有一些杯子、勺儿。
自贡话：买了一个锅儿，还有一些杯杯儿、瓢羹儿。

（五）名词的复数形式：

名词后面加"些"表复数。
普通话：家里的人都走了，孩子，还有养的猪、狗、羊谁管呢？
自贡话：屋头的人些都走了，娃儿些，还有喂的猪啊、狗啊、羊啊嘞些哪个管哎？

二、代词的所属格

自贡方言用"代词+的"表示代词的领属格。
（1）普通话：他是我的儿子，我还有个女儿，是他的妹妹。
　　　自贡话：拉是我的儿，我还有个女儿，是拉的妹。
（2）普通话：你有书吗？这是不是你的书？不是我的，是他的。
　　　自贡话：你有书没得？这书是不是你的？不是我的，是拉的。

三、动词的体貌

（一）用"斗"表示动作持续或进行

普通话：坐着比站着舒服。
自贡话：坐斗比站斗舒服。

（二）用"斗"表示要求停止在某一动作行为上，这是持续义的引申

普通话：站住！
自贡话：站斗！

（三）用助词"啊"表示动作完成

普通话：A：你吃饭没有？B：吃了。
自贡话：A：你吃啊饭没？B：吃啊。

（四）用"哆"表示先行体

普通话：A：走了吧。B：玩儿一会儿再说。
自贡话：A：走啊嘛。B：耍哈儿哆。

（五）在动词后加"过"表重复体

普通话：衣服没洗干净，重洗一下就是了。
自贡话：衣服没洗干净，重新洗过就是啊。

四、形容词的生动形式

（一）在颜色词前加语素，表示形容词的生动形式

（1）普通话：他穿一件雪白的衬衣。
　　 自贡话：拉穿啊件迅白的衬衣。
（2）普通话：他皮肤很黑。
　　 自贡话：拉皮肤漆黑。

（二）用"二A二A"的形容词生动形式，相当于普通话的"半A不A"的格式

普通话：英语学得半通不通的。
自贡话：英语学得二通二通的。

（三）用"卡鸡儿"表示"可恶"，"讨厌"之意。

普通话：他那个人很可恶。
自贡话：拉很卡鸡儿。

五、量词的形式和意义

（一）自贡话特有的量词

（1）砣：用于成团状或成块状的东西，也比喻聚成一堆或结成一伙。
　　 如：一坨肉；一坨泥巴；一坨纸；那个单位的职工不团结，分成了几砣。
（2）墩：用于带方形的有一定厚度的东西。
　　 如：一墩房子。
（3）溜：用于狭窄的条状物。
　　 如：一溜纸；一溜布。
（4）炽拉：用于成堆成串的事物，有贬义色彩。
　　 如：一炽拉废话；一炽拉事情。

（二）与普通话用法有异的量词

（1）匹：可用于某些长条形的并有一定平面的东西。

如：一匹山；一匹菜叶子；一匹肋巴骨；一匹砖；一匹瓦。
（2）架：可用于床、车辆、桥等。
如：一架行军床；一架梯子；一架自行车；一架桥；
（3）路：可用于成行的东西。
如：黑板上有一路大字，一路小字；那路秧子栽歪了。
（4）道：可用作动量词，相当于"遍"。
如：这篇文章我又改了两道；泡茶的时候头道水不要。

（三）数量短语的重叠

（1）可将数量短语重叠做方式状语，表依次或轮番。
普通话：每次数五个，要快一些。
自贡话：五个五个地数，要快些。
（2）数量短语重叠作方式状语，且数词为"一"时，第一个"一"省略。
普通话：一个一个地说。
自贡话：个一个地说。

（四）量词的特殊组合

用"大""小"等形容词跟量词组合，构成特殊的"形+量"式形容词。
普通话：这家卖的小笼包子个头大一点。
自贡话：这家没的小笼包子大个点。

（五）主观量的表达方式

（1）可在量词的重叠式中间插入助词"打"表示主观量大。
普通话：我一点儿酒都不喝，一杯酒怎么能喝下？
自贡话：我点儿都不喝酒的，一杯打杯酒咋子喝得下去嘛？
（2）在"位数+量词"的格式中，可将位数重叠，并在中间插入助词"打"表示主观量大。
普通话：一盒儿盒饭就用了十块钱，多贵啊！
自贡话：一盒盒饭就去了十打十块钱，好贵哟！
（3）可在量词的重叠式中间插入助词"把"表示主观量小。
普通话：他酒量很大，才一杯酒怎么够喝？
自贡话：他会喝得不得了，杯把杯酒咋子够喝哦？

六、特殊的副词

（一）范围副词

用"一哈"表示总共、全部。
（1）普通话：两样东西一共一百元。
　　自贡话：两样一哈一百块钱。
（2）普通话：这些钱你通通拿去。
　　自贡话：这些钱你一哈拿去。

（二）时间、频率副词

（1）用"要不要"表频率，表"有时候"或"时不时"的意思。
　　普通话：他有时候来一下。
　　自贡话：他要不要来一哈。
（2）用"这一向"表时段，指近时；用"紧"或"紧斗"表频率，表示"一直不停地"的意思。
　　普通话：这段时间老下雨。
　　自贡话：这一向紧（紧斗）落雨。

（三）程度副词

（1）用"得批爆"表程度高（有詈语成分，多用于非正式的场合）。
　　普通话：汶川大地震非常厉害。
　　自贡话：汶川大地震凶得批爆。
（2）用"多+鸡儿"表程度高（有詈语成分，多用于非正式的场合）。
　　普通话：那个人挺爱说大话。
　　自贡话：嘞个人多鸡儿爱冲帽壳儿。
（3）用"好+鸡儿"表程度高（有詈语成分，多用于非正式的场合）。
　　普通话：那个人很傻。
　　自贡话：拉好鸡儿哈哦。

（四）语气副词

（1）用"硬是"表语气，相当于普通话"实在""确实"的意思，有较强烈的主观色彩。
　　普通话：我实在撑不住了。
　　自贡话：我硬是着不住啊。

（2）用"横顺""高矮""硬是"表示排除一切条件的"无论如何"。
　　普通话：他无论如何都不答应。
　　自贡话：他横顺（高矮）不答应。/他硬是不答应。
（3）表示推测语气，并含担心的主观色彩，用"害怕"。
　　普通话：价钱好便宜，恐怕是假冒伪劣商品。
　　自贡话：价钱郑相因，害怕是歪货哦。

（五）情态副词

（1）用"嘿起"表普通话情态副词的"使劲"。
　　普通话：他使劲儿跑，一下儿就跑不见了。
　　自贡话：拉嘿起跑，一趟就不在啊。
（2）用"挑生"表示普通话的"特意"
　　普通话：他特意留给你吃的。
　　自贡话：拉挑生留给你吃的。

七、特殊的语气词

（1）用"得"表示说话人的否定态度，有时略带夸张意。
　　普通话：是不是？不是。
　　自贡话：是不是哦？不是得。
（2）用"哈"表申辩、提醒、告诫等。
　　普通话：这话我没说过，你别乱说。
　　自贡话：这个话我没说过哈，你不要乱说哈。
（3）用"哒"表示解释、申辩的意思。
　　普通话：我是四川人呀。
　　自贡话：我是四川人哒。
（4）用"噻"表示确认事实或事理。
　　普通话：钱给够了的吧？
　　自贡话：钱拿够啊的噻？
（5）用"嘎"表示求得证实，有"该是这样的吧"的意思，用于疑问句，但疑问语气很弱。
　　普通话：你是四川人吧？
　　自贡话：你是四川人，嘎？

八、特殊短语和句式

（一）被动式

（1）用"着""拿跟"引进动作行为施事构成被动句。
　　普通话：房子被地震震垮了。
　　自贡话：房子着（拿跟）地震震垮了。
（2）用"着"直接附加在动词前构成被动句。
　　普通话：房子被震垮了。
　　自贡话：房子着震垮了。

（二）表程度的特殊格式

（1）用"惨""到了住"表示虚化程度最高，只表程度义，组合对象不分褒贬。
　　普通话：九寨沟非常好玩儿。
　　自贡话：九寨沟好耍儿惨了/九寨沟好耍儿到了住。
（2）用"伤心"表示虚化程度较低，做程度补语只跟贬义词语组合，并保留着相应的词汇意义。
　　普通话：那个人笨得要命。
　　自贡话：那个人哈得伤心。
（3）用"只有恁+形容词+了"表示程度极高。
　　普通话：这辣椒辣得不能再辣了。
　　自贡话：这海椒只有恁辣呀。
（4）用"阵"表示程度高，一般表示近指。
　　普通话：这东西这么贵，我不买了。
　　自贡话：这个东西阵贵，我不买啊。

参考文献

[1] 中国社会科学院语言研究所. 方言调查字表[M]. 修订本. 北京：商务印书馆，2011.
[2] [法]梅耶. 历史语言学中的比较方法[M]. 广州：世界图书出版公司，2008.
[3] 崔荣昌. 四川境内的"老湖广话"[J]，方言，1986（3）.
[4] 郝锡炯，等. 四川方言音系[J]. 四川大学学报（哲社版），1960（3）.
[5] 杨时逢. 四川方言调查报告[M]. 台北：中央研究院历史语言研究所，1984.
[6] 周及徐.从移民史和方言分布看四川方言的历史层次[J]. 语言历史论丛（第五辑），成都：巴蜀书社，2011.
[7] 谭红. 巴蜀移民史[M]. 成都：巴蜀书社，2006.
[8] 孙晓芬. 清代前期的移民填四川[M]. 成都：四川大学出版社，1997.
[9] 陈世松，等. 四川通史·卷五·元明[M]. 成都：四川人民出版社，2009.
[10] 陈世松，等. 四川通史·卷六·清[M]. 成都：四川人民出版社，2009.
[11] 四川省地方志编纂委员会. 四川省志·方言志[M]. 北京：方志出版社，2013.
[12] 孙宏开，等. 中国的语言[M]. 北京：商务印书馆，2007.
[13] 袁家骅. 汉语方言概要[M]. 2版. 北京：语文出版社，2006.
[14] 宋欣桥. 普通话水平测试员实用手册[M]. 增订本. 北京：商务印书馆，2010.
[15] 王浩. 明代移民与四川自贡、仁寿地区方言形成研究[J]. 中华文化论坛，2014（1）：75-79.
[16] 王余杞. 自流井[M]. 北京：大众文艺出版社，2009.
[17] 王文虎，张一舟，周家筠. 四川方言词典[M]. 成都：四川人民出版社，1989.
[18] 刘孝利. 自贡方言词语研究[D]. 四川大学，2007.
[19] 萧玲玲. 自贡方言音系[J]. 四川大学学报（社科版），1995（4）.
[20] 教育部语信司. 中国语言资源调查手册·汉语方言[M]. 北京：商务印书馆，2015.
[21] 黄玹. 自贡仲权话音系研究[D]. 四川师范大学，2007.

后 记

自从学习了方言学的基本研究方法以后，便有了把自贡方言进行完整记录，探索方言源流的想法，但由于自己的懒惰和繁杂事务的影响，一直未能付诸实践。然而在看到导师邓英树教授在退休以后仍然老骥伏枥、保持笔耕不辍的状态，受到老先生深厚的学术造诣和崇高的敬业精神之感召，笔者终于决定要将自贡方言的研究进行下去。

在本书的写作中，笔者以邓英树教授主编的《四川省志·方言志》为蓝本展开研究，力求语言上描写客观翔实，内容上科研与科普并存。力图为自贡方言的保存尽一份力，也为方言爱好者提供一份可供参考的读物，使学术走出书斋，走进社会。本书付梓之际，首先要感谢四川师范大学邓英树、周及徐两位教授的教导，没有他们的悉心指导，笔者也难以走上方言研究的道路。特别是邓老师不顾自己患有眼疾，坚持读完了全文，并对书稿提出了宝贵的修改意见，使书稿质量得到了显著提高。老师的谆谆教诲不仅让我学会了做事，更学会了做人。在恩师身上获得的财富，笔者必将终身受用不尽。其次要感谢语言学研究前辈兼原同事、成都大学范崇高教授的鼓励，是他的鼓励使笔者最终走上了方言研究的道路。再次要感谢我的祖母、父母和同事胡永华、钟顺玉、宋颖、明丽等诸位老师，他们作为自贡方言重要的发音人和调查对象，为本书的写作提供了宝贵的第一手语言资料。同时，还要感谢四川理工学院的王益教授和何青教授，二位教授慷慨地与笔者共享了他们的研究成果，为本书中自贡方言与普通话语音对比、自贡方言音乐方面的研究奠定了良好的基础。最后我要感谢我的妻子和岳母，在书稿写作期间，他们承担了几乎所有的家务和照顾年幼儿子的责任，没有她们在我背后的默默支

后　记

持，本书是无法写作下去的。在此，我对所有为本书出版给予支持的人们表示衷心的感谢。

由于学识的浅陋、能力的匮乏、时间的仓促，本书必有一些欠缺之处。虽经恩师提点，仍不免会有遗漏之处，望各位同仁发现后及时予以批评指正，以免贻笑大方。同时本书主要是充当抛砖引玉的作用，希望能为自贡方言研究的发展当一块垫脚石，引出更多更好的著作来。

王　浩

2016 年 2 月